宾县行政中心

哈尔滨信
息工程学院

哈佳铁路宾州站

繁华的农贸市场

中共北满分局旧址

王以哲将军纪念馆

宾县大千中学

宾西国家级经济技术开发区

哈尔滨奥瑞德光电技术有限公司

北大荒垦丰种业

黑龙江宾西牛业

今麦郎面品

哈尔滨永和菜业

哈尔滨高泰食品公司

肉牛规模养殖

永利村光伏发电站

国家AAAA级二龙山风景区

国家AAAA级英杰风景区

香炉山国家森林公园

长寿山国家森林公园

居仁三合
朝鲜族新村

广场健身操

新农村建设

宾州夜景

宾县革命老区发展史

宾县老区建设促进会　编

黑龙江教育出版社

图书在版编目（CIP）数据

宾县革命老区发展史 / 宾县老区建设促进会编. --
哈尔滨 : 黑龙江教育出版社，2021.5
ISBN 978-7-5709-2199-7

Ⅰ. ①宾… Ⅱ. ①宾… Ⅲ. ①宾县－地方史 Ⅳ.
①K293.54

中国版本图书馆CIP数据核字(2021)第078433号

顾　　问　于万岭
丛书主编　杜吉明
副　主　编　白亚光　张利国　李树明　李　勃

宾县革命老区发展史
Binxian Geming Laoqu Fazhanshi

宾县老区建设促进会　编

责任编辑　高　璐
封面设计　朱建明
责任校对　杨　彬
出版发行　黑龙江教育出版社
地　　址　哈尔滨市道里区群力第六大道1305号
印　　刷　哈尔滨博奇印刷有限公司
开　　本　787毫米×1092毫米　1/16
印　　张　20.75
字　　数　260千
版　　次　2021年5月第1版
印　　次　2021年5月第1次印刷
书　　号　ISBN 978-7-5709-2199-7　　定　价　48.00元

黑龙江教育出版社网址：www.hljep.com.cn
如需订购图书，请与我社发行中心联系。联系电话：0451-82533097　82534665
如有印装质量问题，影响阅读，请与我公司联系调换。联系电话：0451-51789011
如发现盗版图书，请向我社举报。举报电话：0451-82533087

总 序

在举国欢庆新中国成立70周年前夕，中国老区建设促进会王健会长请我为《全国革命老区县发展史》丛书作序，作为一名在老区战斗过并得到老区人民生死相助的老兵，回首往事，心潮澎湃，感慨万千，深感义不容辞，欣然应允。

中国革命老区，是以毛泽东为代表的中国共产党人在领导人民推翻帝国主义、封建主义和官僚资本主义三座大山，争取民族独立和人民解放伟大斗争中建立的革命根据地，在这片红色的土地上，诞生了无数可歌可泣的革命英雄儿女，为后人树起了一座不朽的丰碑。她是新中国的摇篮，是党和军队的根。

在艰苦卓绝的战争年代，老区人民把自己的命运与中华民族的命运紧紧地联系在一起，与中国共产党和人民军队的命运紧紧地联系在一起，他们生死相依，患难与共。我曾亲历过战争年代，并得到过老区红哥红嫂的救助，切身感受到发生在身边的一幕幕撼天动地的革命故事，在那极其艰难的条件下，老区人民倾其所有、破家支前，不怕艰难困苦，不怕流血牺牲。"最后一碗米送去做军粮，最后一尺布送去做军装，最后一件老棉袄盖在担架上，最后一个亲骨肉送去上战场"，这是当时伟大的老区人民为建立新中国做出巨大牺牲的真实写照，它将永远镌刻在中国共产党、中国人民解放军、中华人民共和国的历史丰碑上。他们的光辉业绩永载史册，他们的革命精神必将影响一代又一代的革命新人，造就一代又一代的民族脊梁。

在社会主义革命和建设时期，革命老区和老区人民响应党的号召，面对落后的面貌、脆弱的经济、恶劣的生态环境，他们本色不变，精神不丢，自力更生，艰苦奋斗，干一行爱一行。始终坚持"革命理想高于天"，自觉做共产主义远大理想的坚定信仰者和忠实实践者，勇于向恶劣的自然环境和贫穷落后宣战，他们在各条战线上为国建功立业，用平凡的双手创造了一个又一个不平凡的奇迹，彰显了老区人的崇高精神和人格力量。

在改革开放的伟大进程中，老区人民解放思想，勇于创新，发奋图强，攻坚克难，老区的经济社会建设取得了辉煌成就。特别是在改变中国的面貌、中华民族的面貌、中国人民的面貌、中国共产党的面貌的伟大实践中发挥了至关重要的作用。老区人民既是改革开放的参与者，也是改革开放的推动者。

艰苦练意志，危难见精神。老区人民在近百年的革命战争、社会主义建设和改革开放的伟大实践中，孕育形成了伟大的老区精神：爱党信党、坚定不移的理想信念；舍生忘死、无私奉献的博大胸怀；不屈不挠、敢于胜利的英雄气概；自强不息、艰苦奋斗的顽强斗志；求真务实、开拓创新的科学态度；鱼水情深、生死相依的光荣传统。这是党和人民宝贵的精神财富、丰厚的政治资源，是凝心聚力、振奋民族精神的重要法宝，也是社会主义核心价值观的重要内容。

中国老区建设促进会怀着强烈的政治责任感和历史使命感，组织全国各地老促会人员克服困难，尽心竭力编纂《全国革命老区县发展史》丛书，记录老区的光辉历史和辉煌成就，传承红色基因，弘扬老区精神，是功在当代，利及千秋的一件大事。手捧这部丛书的部分书稿，读着书中的故事，倍感亲切，深感这部丛书具有资政、育人、存史的社会功能，有着重要的时代和历史价值。它是不忘初心、牢记使命的源头活水，是赞颂共产党、讴歌老区人民的一部精品力作，是弘扬老区精神、传承红色记忆的丰厚载体，是一项继承优秀传统文化、弘扬革命文化、发展社会主义先进文化，坚定"四个自信"的宏大文化工程。它必将成为一种文化品牌，为各界人士了解老区宣传老区支持老区提供一部有价值的研究史料。希望读者朋友们能从中了解并牢记这些为党和民族的利益不断奉献的老区人民，从中得到教益，汲取人生奋斗的精神动力。

新时代赋予新使命，新起点开启新征程。让我们更加紧密地团结在以习近平同志为核心的党中央周围，坚持以习近平新时代中国特色社会主义思想为指导，增强"四个意识"，坚定"四个自信"，做到"两个维护"，弘扬老区精神，铭记苦难辉煌。为实现"两个一百年"奋斗目标，实现中华民族伟大复兴的中国梦做出新的更大的贡献！

2019 年 4 月 11 日

编写说明

  2017年6月，中国老区建设促进会组织全国各地老促会启动编纂《全国革命老区县发展史》丛书，按照"建立中国共产党、成立中华人民共和国、推进改革开放和中国特色社会主义事业"三大里程碑的历史脉络，系统书写革命老区百年历史，深入挖掘革命老区红色文化资源，这对于充实丰富中国革命史籍宝库、在新时代传承红色基因、弘扬革命精神、强固根本，对于激励人们在新的历史条件下夺取中国特色社会主义伟大胜利，实现中华民族伟大复兴的中国梦具有重要意义。

  丛书编纂以习近平新时代中国特色社会主义思想为指导，以《中国共产党历史》《中国共产党的九十年》等重要文献为基本依据，以党的领导为核心，以老区人民为主体，以老区发展为主线，体现历史进程特征，突出时代发展特色，坚持辩证唯物主义和历史唯物主义相统一、历史真实性与内容可读性相统一的原则，书写革命老区从站起来、富起来到强起来的光辉革命史、不懈奋斗史、辉煌成就史，把老区人民的伟大贡献、伟大创造、伟大成就、伟大精神充分展示出来，形成一部具有厚重历史特征和鲜明时代特色的精品力作。这是一部培根铸魂、守正创新，既为历史立言，又为时代服务，字里行间流淌着红色血脉、催生着革命激情的传世之作。丛书的编纂出版将成为讴歌党讴歌人民讴歌时代、传播红色文化、为革命老区和老区人民树碑立传的重要载体。丛书按照编年体与纪事本末体相结合、以编年体为主的编写体例确定框架结构；运用时经事纬、点面结合的方式记述史实；坚持人事结合、以事带人的原则处理人与事的关系；采取夹叙夹议、叙论结合以叙为主的方法展开内容。做到史料与史论、历史与现实、政治与学术统一，文献性、学术性、知识性相兼容。

为编纂好《全国革命老区县发展史》丛书，打造红色文化品牌，中国老区建设促进会认真组织积极协调，提出政治立场鲜明、史料真实准确、思想论述深刻、历史维度厚重、时代特色突出、编写体例规范、篇目布局合理、审读把关严格、出版制作精良的编纂出版总要求，力求达到革命史籍精品的精神高度、思想深度、知识广度、语言力度，增强丛书的权威性和社会影响力。各省（区、市）、市（州、盟）、县（市、区、旗）老促会的同志，以强烈的使命感、责任感和紧迫感，勇于担当，积极作为，认真实施，组织由老促会成员、专家学者等参加的十余万人编纂队伍。编纂工作主体责任在县，省、市组织协调、有力指导、审读把关。各方面人员以高度负责的精神和科学严谨的态度，满腔热情地投入工作，为丛书编纂出版做出了重要贡献。丛书编纂工作还得到了党和国家有关部委、地方各级党委政府及有关部门的大力支持和积极参与，社会各界也给予了热情帮助。中共中央政治局原委员、中央军委原副主席、原国务委员兼国防部长迟浩田上将，对老区人民怀有深厚感情，对革命老区建设发展十分关注，欣然为《全国革命老区县发展史》丛书作总序。

丛书由总册和1 599 部分册（每个革命老区县编纂1部分册）组成，共1 600 册。鉴于丛书所记述的史实内容多、时间跨度长和编纂时间紧，不妥之处，敬请批评指正。

中国老区建设促进会

目　录

序 言

　　革命老区是宾县用光辉的历史得到的实至名归，是宾县的殊荣与骄傲。红色基因，源远流长。

　　依据中国老区建设促进会《关于编纂全国1 599个革命老区县发展史的安排意见》文件精神，在中共宾县委、县政府的领导下，县老促会积极运作、悉心策划、精心组织；编纂人员担当奉献、凝心聚力、严谨考证，琢璞成璧。《宾县革命老区发展史》一书将完稿付梓了。这是宾县向中国共产党成立一百周年大庆献上的一份厚礼，也是宾县政治、经济、文化和社会全面进步上的一大收获，特作序以示祝贺。

　　宾县前行的足音铿锵。不仅历史悠久，而且素以国家级革命老区著称。在波澜壮阔的历史长河中，宾县人民饱经革命斗争洗礼，谱写出惊天地泣鬼神的一页页历史画卷。宾县革命精神熠熠生辉。具有教育知识界觉醒快，中国共产党革命活动早，杰出人物多，重大革命斗争事件多，高层领导机构驻地多，贡献大等特点。

　　这部发展史较翔实地再现了宾县人民为争取自由、民主、解放、幸福而进行的艰苦卓绝的斗争场景。以清末宾县人民愤然抵御沙俄入侵，掀起轰轰烈烈的抢盐抗税风潮，拉开了反帝反封建斗争的序幕。聚焦到五四运动新思想新文化的传播，宾县地下党的建立与活动，抗日斗争，解放战争，土地革命，迎接新中国诞生各个革命斗争历史阶段。深情地讴歌了前赴后继的革命英烈。

五四爱国运动的新文化、新思想的春风首先在宾县中小学校开始引起反响。宾县知识界的杰出代表邓洁民追随孙中山、李大钊、周恩来，曾撰文悼念列宁，是宾县反帝反封建斗争的一面旗帜，被誉为哈尔滨市六大历史名人之一。

1929年宾县早期著名的共产党员有臧稔、冯仲云、吕大千、张树声、安作宾、金策、赵三声、韩谋智等。这些共产党人理想信仰坚定，情操气节高尚，抛头颅、洒热血、不屈不挠、勇往直前。赵濯华、诚允、李杜、冯占海、姚秉乾等铁血爱国将领，挺起民族脊梁，率部在宾县迎战日寇。赵尚志、李兆麟、冯仲云、关化新等，高举共产党抗日斗争旗帜，在宾县开创出抗日游击区和根据地。在中共宾县党组织的配合和人民群众的支持下，不断扩大"红地盘"，取得了"木炮轰宾州""三岔河突围战""虎头山大战"等战斗的辉煌胜利，重创日军。

吉林省政府曾在宾县设立公署，宾县一度成为吉林省抗日斗争中心。陈云率中共北满分局及松江省省委、省军区进驻宾县。松江省第一次代表大会在宾县召开，冯仲云当选主席，政府设在宾县。解放战争时期，陈云、高岗、张闻天、李立三、李天佑、蔡畅、聂鹤亭、赵德尊、钟赤兵、马斌、邹家华、吴亮平等一大批著名的党政军要人直接领导了宾县乃至全省全东北的建党、建政、建军、剿匪、"土改"斗争。为建立巩固的东北根据地，支援全国解放战争起到了举足轻重的作用。宾县也得到"东北小延安"的殊荣。抗日战争、解放战争重要历史时期，在宾县设置的省以上领导机构，先后达6个；在宾县留下战斗足迹的老一辈革命家和开国将领数十人之多。

从宾县走出去的著名抗日将领王以哲、老红军苏菲、县自卫大队第一任政委季铁中、海军战斗英雄张逸民等，是宾县人民的骄傲。

我们的前辈和先烈们，为理想和信仰，为追求民族独立、人民自由民主幸福、社会富强繁盛，进行了艰苦卓绝的伟大斗争，用鲜血和生命铸就了不朽的丰碑，给宾县人民留下了永久的记忆和宝贵的财富。这宝贵的财富，在这部《宾县革命老区发展史》中蕴藏。

新中国成立后，宾县人民发扬革命老区光荣传统，前进脚步始终跟着党在不同历史阶段的路线、方针、政策、目标走。宾县与时俱进，不断创出历史奇迹。1978年党的十一届三中全会后，宾县踏上改革开放之路，把全县工作重心转移到社会主义现代化建设上来。1993—1994年宾县对国有、集体工商企业进行产权制度改革，此举为全国先例。被评为全国中小企业改革先进县，是全国产权制度改革四大典型之一。宾县改革受到党和国家领导人的重视和肯定。

发展是这部书的核心要义。翔实地记述了宾县老区光辉革命史、壮丽70年、奋斗新时代的发展历程。展示出宾县人间正道的大势，人杰地灵的优势，开拓创新的模式，磅礴向上的气势，是宾县革命、建设、改革的发展史篇。

党的十八大以来，宾县站在新的历史起点上，高举中国特色社会主义旗帜，从第一个百年奋斗目标迈向第二个百年奋斗目标，全面提升了宾县的发展定力。党的十九大描绘了我国发展今后30多年的美好蓝图，中共宾县委、县政府带领全县人民脚踏实地把既定的行动纲领、战略目标、工作蓝图变为现实。高质量发展，全方位进步，努力创造属于新时代的宾县光辉业绩。

发展经济和改善民生，永远是中共宾县委、县政府工作的重中之重，实现共同富裕，全面建成小康社会，是全县人民的期望，更是县委、县政府的历史责任。

历史的闪光点一定要在今后发展历程中大放异彩，红色基因一定是岁月长河的活水源头，宾县将续写出更加辉煌壮丽的历史新篇。

中共宾县县委书记　郑永刚

2019.9.30

宾县概述

宾县，古北国荒漠之地。遥在帝舜时，息慎族发祥。后来族更国替，沧桑演近。烽台戍楼，兵屯民作。经历代设治开发，渐成战略要地。待女真人兴起白山黑水，攻城略地，金戈铁马，剑指关内，在此地征建州左、右二卫。至清初划为军事管制区。1880年设治宾州厅，称宾州为"东北最要咽喉"。在反帝反封，抗日斗争，解放战争中，宾县战略地位举足轻重。新中国成立后，宾县发扬革命光荣传统，在党的领导下，实现了由站起来到富起来的伟大发展。

在新社会起步前行，开启社会主义道路。在全面建设社会主义道路上探索，战胜了各种艰难险阻；在社会主义现代化建设上改革开放，发奋图强谋振兴；在中国特色社会主义新时代笃定前行，圆两个一百年发展梦。

宾县地域广袤，自然环境百态千姿，物产颇富得天独厚，水陆交通要冲，风土人情纯粹，政治、经济、文化、社会全面振兴。

宾县，哈尔滨的卫星城，工业新园区，省经济综合实力十强县。

地大物博

　　远在清光绪六年（1880年）建宾州厅时，以厅治所址荸子沟为中心，东120公里至蚂蜒河与依兰厅属方正泡接界。东南150公里至亮子河，与宁古塔接界。南100公里至帽儿山，与五常厅接界。西南85公里至古城店，与双城厅接界。西北50公里至东马场店子，与呼兰厅接界。北22.5公里至松花江南岸，与呼兰厅接界。东北90公里至黄鱼圈沟与木兰接界。版图东西245公里，南北122.5公里。面积为25 102.5平方公里。清光绪二十八年（1902年），在厅东南蚂蜒河设延寿县（当时称长寿县），从宾州厅地界划出熟地34 148.22垧，隶属宾州直隶厅管辖。清宣统元年（1909年），在宾州府属地宾持区东方正泡设方正县。以腰岭子为界，划出熟地19 564.74垧。同年11月，在宾州府属地西阿什河地方增设阿城县，以蜚克图为界划出9个区（老八牌）耕地145 731.3垧。1938年6月，又划出二道河子保。1956年5月又将英杰乡红星7个自然屯划归阿城县。1960年1月经哈尔滨市人民委员会批准，阿城县蜚克图人民公社与宾县宾西人民公社合并，划入宾县版图。并入10个管理区、63个自然屯，熟地13 246垧。1961年4月，将划入的又原样回归阿城县。至此宾县地域稳定至今。地跨东经126°55′41″—128°19′17″，北纬45°30′37″—46°1′20″。东、南以分水岭为界与方正、延寿、尚志接壤，西以蜚克图河为界与阿城毗邻。北至松花江，与呼兰、巴彦、木兰、通河，隔江相望。东西最长点107.8公里，南北最宽处58.8公里。版图面积3 844.7平方公里。仅为宾州厅时的15.32%。

　　宾县的自然资源和环境，是张广才岭和松嫩平原交汇形成的。

　　宾县东部、南部群山环绕，巍巍青山昂首天外，造就了宾县人民敢于挺身而出、顶天立地的品格。峰峦叠翠，覆盖大半个宾县，属长白山张广才岭。由东沿东南部呈带状延伸，蜿蜒经南到西南形成60多个主要山头，1 600多个昆仲脉系。主要山峰有老爷岭、城墙砬子、太平山、高丽帽子山、杨木顶子、双鸭子岭、花砬子、大青山、虎头山、玲珑山、大白砬、香炉山、大个子岭、吊水湖岭、大小团山、大顶子山等。宾县的每一座山、每一片林，在宾县革命斗争发展史上都留下了传颂不已的红色故事。宾县的山是革命的山，是金山银山。宾县依山靠江。境内有松花江及其水系8条主要河流。松花江和历史长河一样奔腾向前、浪飞涛卷，象征宾县人民百折不回、前赴后继的精神。八大河流是蜚克图河、海里浑河，柳板河、涛淇河、马蛇子河、淘汽河、摆渡河和鸟河，每条河都见证宾县人民英勇斗争的历史。

2017年宾县统计资料数据，全县总面积3 843.17平方公里，其中耕地167 381公顷，占总面积的43.55%；森林面积134 319.8公顷，占34.92%；水域面积22 200公顷，占5.8%；草地面积6 187公顷，占1.61%。

宾县森林植被属小兴安岭至老爷岭植物区和小兴安岭至张广才岭植物亚区。以天然次生林群落为主，其中材质优良、经济价值较高的40余种。红松、樟子松、落叶松、水曲柳、核桃楸等珍贵树种尤多，杨、桦、榆、柳、槐、柞等树郁闭，山核桃、山里红、山丁子、山杏、山枣布满山谷。药用类森林地植物600余种，防风、龙胆、黄芪、人参、党参、平贝、柴胡、桔梗、黄芩、五味子、刺五加等名贵药材广有分布。高山丛林中繁衍着珍禽异兽。珍贵的毛皮动物紫貂、银狐、水獭、猞猁、麝鹿等密度较大，鹿、狍、野猪、山兔等野生动物经常出没。宾县人民遵守野生动物保护法，不仅野兽类恢复到生态平衡，同时野禽类也种类多，数量大。主要有雉鸡、沙鸦、沙鸡、树鸡、鹌鹑、灰鹤、鸿雁等近百种。

两栖类有黑龙江林蛙、中国林蛙和极北鲵等，爬行类有棕黑锦蛇、虎斑游蛇等。

水产类有鲤、草、鲢、鳙四大家鱼、松江"三花五罗"等珍贵鱼种。

宾县是山野菜著名产地，榛蘑、猴头、木耳称为山珍。刺五加、刺嫩芽、蕨菜应季时畅销，加工后打入了省内外市场，往往供不应求，有的远销海外。

宾县矿产资源主要有铜、锌、石英、石灰石、陶粒页岩、大理岩、天然饮用矿泉水和草炭等。

革命斗争圣地

1929年起，臧穆、冯仲云、张树声、吕大千等共产党员在宾县开始从事革命活动。1931年成立中共宾县中学工委支部，是宾县第一个党组织。根据当时政治斗争形势，对学生进行反帝反封建思想教育。组织学生宣传队，开展反日救国宣传活动，建立反日组织和抗日武装，为抗日部队输送骨干力量和收集情报，提供军需物资及资金。"九一八"事变，赵濯华拍案而起，成立起宾县抗日义勇军迎头抗击日寇。诚允率吉林省政府在宾县设行署，积极抗日，重创敌寇。1933—1936年，宾县是赵尚志、李兆麟、冯仲云、关化新等领导的抗日部队的主要游击区和根据地。赵尚志率部队燃起抗日烽火，在中共宾县党组织和人民群众支持下，取得了木炮轰宾州、三岔河突围战、虎头山大战等伟大胜利，把宾县扩大成"红地盘"。1945年11月，陈云率中共北满分局及中共松江省委、省军区进驻宾县。陈云、张闻天、高岗、李天佑、蔡畅、张秀山、邹家华等直接领导了宾县的建党、建政、建军、土改和剿匪斗争。使这一时期的宾县各项工作走到了前列，为建立巩固的东北根据地，支援全国解放战争胜利做出了历史性贡献。宾县一度被誉为"东北小延安"。

体制改革经济开发

宾县荡起改革开放春风。1979年，在全县2 166个生产队中建立了各种形式的田间生产责任制。1981年，糖坊公社远景三队自发实行大包干，是宾县的"小岗村"。相继进行林权制度改革。1993年，宾县推行国营集体企业产权制度改革，成效显著，成为全国产权制度改革四大典型之一，得到江泽民总书记肯定。宾县乘势前进，1994年9月26日，在宾西镇建立个体私营经济开发区。2002年9月，省政府批准建立哈尔滨宾西经济开发区。2010年，国务院批准晋升为国家级经济技术开发区。成为宾县经济全面振兴，全方位振兴的引擎和龙头。

全域旅游胜地

宾县是全域旅游胜地，被誉为哈尔滨东郊花园。国家首批AAAA级旅游景点、省地质公园二龙山在县城近郊，辟建SSS级龙珠滑雪场和滑雪登山展览馆，享誉全球。AAA级长寿国家森林公园，建有SSSSS级吉华滑雪场。域内还有香炉山国家级森林公园、猴石山风景区、高丽帽子风景区、大青山风景区、英杰风景区、大顶子山风景区、大顶子山航电枢纽及沿松花江风景带等。红色旅游纪念地有省级爱国主义教育基地中共北满分局旧址、中共北满分局史迹陈列馆、以爱国将领王以哲命名的以哲公园和赵尚志将军率抗联三军抗战遗址多处。

经济社会腾飞

宾县以只争朝夕的精神，以敢为天下先的勇气和智慧，以不忘初心、牢记使命的理念，践行建设中国特色社会主义的指导思想。1998年起，宾县确立了"工业强县、牧业富民、旅游带动、外力牵动"的发展方略。2006年，坚持民生优先，致力于跨越式发展，向全省十强县迈进。2018年，被国家科技部确定为全省唯一首批国家级创新型县。叫响了"北菜南销"基地县品牌。哈佳快速铁路顺利通车，宾县人民实现了通火车的百年梦想。

宾县全面贯彻十九大精神，以习近平新时代中国特色社会主义新思想为指导，坚持稳中求进总基调，坚定不移实施产业强县战略，全力稳增长、促改革、调结构、惠民生，推动质量改革、效率变革、动力变革，突出抓重点、补短板、强弱项，把宾县打造成宜居宜业新城、现代农业强县、全域旅游胜地、哈尔滨市东郊花园，成为哈尔滨东部重要经济增长极，推动县域经济全省争一流，加快"撤县建区"进程，奋力谱写新时代全面振兴发展新篇。

第一章 民主革命时期反帝反封建斗争

宾县人民具有保家卫国的光荣传统和不屈不挠的革命斗争精神。

鸦片战争，封建的清政府腐败，帝国主义列强入侵，迫使清廷割地赔款，门户开放，建立使领馆，侵犯主权，逐渐形成帝国主义列强从政治到经济控制中国的局面。中国社会的性质由此发生变化，由封建社会变为半封建半殖民地社会。中国人民陷入帝国主义、封建主义双重灾难之中。一向追求自由、平等、民主、独立、自强的中华民族，面临着反抗帝国主义和推翻封建统治两大历史任务。

自1900年起，宾县人民举起了反帝反封建斗争的旗帜，愤然反抗沙俄入侵，拉开了反帝斗争的序幕。

五四运动的精神，在宾县大地荡起春风，邓洁民是宾县反帝反封建斗争的杰出代表人物。

第一节　沙俄入侵与民众的反抗

趁火打劫，乘虚而入

清·光绪二十六年（1900年）7月，沙俄舰队从松花江入侵，到1917年俄国十月社会主义革命推翻沙皇俄兵营撤离，长达17年。其间沙皇帝俄的侵略、扩张、杀掠的本性暴露无遗，给宾县属地留下累累创伤。以强凌弱，趁东西方列强瓜分中国、清政府焦头烂额之危进行打劫，扼清政府软肋，使之屈从。清政府反制乏力，不一而足，激起人民的义愤，自发组织起来团结御侮，反抗沙俄。宾县人民走上了反帝斗争的历史舞台，沧海横流方显出英雄本色。

人民组织起来，自发反抗沙俄

沙俄军队肆无忌惮，任意糟蹋，犯我主权。清当局对此反制乏力。暴虎入门，懦夫奋臂。人民忍无可忍，宾州乡绅及开明人士与激奋的百姓不断找同知朱材济申诉敦促。朱怕上峰追责，民怨难平，赴哈尔滨会见俄总督格罗德克夫。格罗德克夫派在哈工程总监工茹格维智与朱举行会谈。俄方傲慢之极，对骚扰百姓拒不表态，反而宣布强行收缴宾州厅、直隶厅工商、枪支的护照及停止行使发放权，改由俄方批准和监管。中方的团练、兵勇头目由俄方指派。工商、农业诸税收俄方收缴。一个俄方工程监工，竟对中方地方长官发号施令，指手画脚。人民认识到官府无望，便自发组织起来反抗。在1900年八国联军入侵，遭受巨大国耻之时，为防外患，宾州地方绅士五品顶戴后选经历于翰卿自筹银两招收壮勇百余人，聘请当地通晓武功的人当教练，训练义和团。义和团声势渐起，一批绿林下山充实入列，后来成为抗俄骨干。

沙俄入侵新甸的第三天，高丽帽子一股民间队伍30多人攻打俄兵营，给入侵者当头棒喝。俄兵出城骚扰，搞得鸡飞狗跳，人民由躲避变为对抗，拿起刀枪，拉起队伍。在二道海里浑（今宾州庆华古城）一带，人民武装对下乡来的俄军进行抗击，俄军丢下几具尸体，带着伤兵，仓皇回城，是人民教训了入侵者。

第二节　四乡群众和工人反封建斗争

清末，在外患加剧的压力下，腐败透顶的清王朝为能苟延残喘，对人民的剥削和压迫日益残苛，把人民逼到为生存而斗争的地步。宾县人民的反封建斗争从求生存拉开序幕。

一、宾州四乡群众抢盐抗税风潮

1909年3月5日，宾州四乡群众2 000多人从四门涌入宾州城，齐奔官盐局，砸开大门和库房，把盐抢出来，分发给四乡百姓。贴出告示警告官盐局，以后保证官盐及时按量发放，不许克扣拖延。然后又把府衙围困起来，进行交涉，要求官府衙门缓免田房税赋。官府被迫做出了让步。发生在宾州的斗争声势波及哈尔滨、阿城、延寿、五常和吉林大赉等地。这些地方也随之暴发了穷苦百姓抢盐、抗税的风潮。

二、鸟河等地抗粮税斗争

1915年12月5日，鸟河地区农民近600人发起抗粮税斗争。捣毁了鸟河屯粮牙分公司。6日中午1 000多人涌入宾州城，捣毁了宾丰粮牙总公司。8日民众代表王永志等上书吉林巡按史，直截了当地写道："宾县年荒民饥，生活艰难，负担已重。粮牙公司违背部章，擅自加价，任意勒罚，扰害民生，决不认可，请求取消粮牙公司。"当日，枷板站群众近500人捣毁了当地粮牙公司。12月末，鸟河民众发起"按饷捐钱吃会"，以达到取消清丈、斗税、粮牙的目的。

三、制酒工人联合大罢工

宾州厅时，称制酒厂为烧锅。1909年宾州府本街有烧锅4家，到民国初期发展到6家。乡下各乡集镇有烧锅20多户。民国初期，宾州府本街6大烧锅工人联合起来成立了会馆。在会馆带领下，多次举行联合罢工，要求增加工资，减少劳动时间。乡下各地纷纷响应，其他行业工友也表示支持，还得到巴彦、木兰、阿城等外地的声援。罢工取得了胜利，显示了宾县人民群众组织起来与封建势力进行斗争的伟大力量。

第三节 教育界打出"五四"新旗帜

在中国无产阶级开始登上政治舞台的同时，一些思想先进的知识分子也在积极探索着革命道路，终于在1919年暴发了轰轰烈烈的五四爱国运动。

一、进步教师向学生和社会传播"五四"精神

五四运动的精神，很快在宾县大地荡起了新文化、新思想的春风，向封建势力发起进攻。宾县中学教师傅蒙越、冯建民、刘齐宾，模范小学教师吴天民等人，毕业于京津等地师范大学，亲身接受到五四运动的洗礼，是宾县最早传播五四新文化、新思想的知识分子。1928年开始，傅蒙越在课堂上，一面向学生传授学

识，一面引导学生如何修身治国，担起"天下兴亡，匹夫有责"的重任。针砭时弊，斥责中国当局的统治者腐朽无能，指出帝国主义侵略欺凌和军阀封建割据是致使中国面临四分五裂的两大祸根。宣传俄国"十月革命"，展望中国革命的光明前途，还利用课余时间向进步学生秘密讲出中国共产党是挽救中国的希望。

二、罢课斗争中小学校长双被驱

宾县中学师生们的爱国思想的萌发和正义行动的新举措，遭到校长胡景符的压制。他反对学生谈论时政、读新书，强迫学生必须专心学习课本，不得有"越轨"行为，还限制教师不要闲谈国事，学生对此十分气愤。在"五四"新思想的激励下，1929年3月，学生们以学校伙食费高、饭菜质量差为导火索，开始了罢课斗争。罢课学生提出两条复课条件：一是反对贪占，公开食堂账目，饭菜要提质降价；二是允许读新书，学习新文化。罢课斗争持续两个多月，县当局为平息事件，将校长胡景符免职，驱出了学校，并答应了学生提出的条件。顽固的中学校长被赶出了学校，中学学生罢课斗争胜利了，对县城小学产生了直接影响，对小学生的思想激发了波澜。当时各小学对学生们的清规戒律很严苛，尤以模范小学校长董超最甚。规定学生只能老老实实学习课本，不许读新书，更不许议论时政，一言一行都要中规中矩，激起学生们的反抗情绪。1931年5月初，在模范小学22班班主任吴天民的发动下，学生开展了罢课斗争。全校600多名学生行动起来，手执小旗上街游行。县当局派出警察逮捕了闹罢课的领导人，并无理开除了20多名学生，再度激怒了学生，结长队上街游行，高喊："打倒旧封建礼教，学习新文化！"模范小学的罢课，得到了南关小学、县中学的响应，学生列队前来声援，开展了联合罢课运动。县当局怕事态扩大酿成事件，撤回了警察，派青年教师冯如山等人为代表与学生谈判。学生们坚持以撤销校长董超职务，收回被开除的学生，允许读新书为条件，据理力争。最后县当局被迫接受了学生的条件，解除了董超的校长职务。

三、闹学潮，县长让步

1931年春季开学，原模范小学校长李云培、教务主任吴天民等进步教师被免职，董迈伦等豪绅代表旧知识分子进入学校任职。模范小学展开了新旧势力的斗争。以杨继增、李树廷、季铁中等为首的进步同学坚决反对这项任免，组织起来，联合大多数学生闹起了学潮。宾县代理县长亲自出面，省教育厅来人，在县衙门大堂同季铁中等4名学生代表见面。学生们虽第一次来到这森严的地方，但心无恐惧。在大堂上，经过一番又一番的询问和申辩，代县长终于全部答应了学生的合理要求：开除的学籍决定取消，被免职的李云培、吴天民恢复原职；县教育局长李印南（外号李大地图）免职；闹学潮期间30余名骨干的食宿费由官方负责付清。闹学潮县长服软，打赢了官司，这也是宾县有史以来的奇迹。宾县中小学师生打出了五四新文化、新思想的旗帜，其革命精神、改革勇气、进步行为，充分显示了青年学生在反帝反封建斗争中的先导作用。他们无私无畏，不畏强权的正义行动，给封建统治者以巨大的震撼；他们追求真理，忧国忧民的爱国主义精神，为我们树立了光辉榜样！

第四节　反帝反封建斗士邓洁民

邓洁民，原名邓居文，1890年农历四月二十八出生于宾州城里。祖籍河北省乐亭县，1886年全家闯关东到宾县落户。1903

年经李广增通事介绍，随修喜先生学习俄文，刻苦学习，成绩优异。1905年去哈尔滨道台衙门任俄文通事，获五品顶戴。1909年到北平汇文学校读书。

一、与周恩来相识结谊

1912年邓洁民考入天津南开学校，编入乙班。1913年周恩来入学南开，编入乙三班，邓洁民和周恩来在课余活动中常接触，结成较深友谊。邓洁民参加了周恩来为主席的校学生会的活动。1919年7月，邓洁民以东华学校校长身份，赴津、沪等地为修建校舍筹捐。周恩来赴法国勤工俭学前来哈尔滨向邓洁民辞行，住进东华学校客舍，曾在校内发表演说。周恩来每次来十九道街邓的寓所，都凭暗号从边门出入。周恩来一入室，邓夫人就坐在门口放哨。周恩来、邓洁民二人促膝密谈，忘记吃饭和睡觉，往往是通宵达旦不倦。1920年11月7日，周恩来前去法国，到巴黎就给邓洁民寄来一张报平安的明信片，上面用铅笔写道："洁民兄……已抵巴黎，醒吾兄来接我……恭贺新年！问伯母大人嫂夫人好！弟恩来。"

二、追随李大钊、孙中山

1914年邓洁民东渡日本，考入东京早稻田大学。乐亭同籍李大钊也入早稻田大学，两人同学政法专业，同住中华留日基督教青年会宿舍，互吐心声。当时爱国报人邵飘萍因为报纸被袁世凯查封也于1914年逃亡日本，就读于东京政法学校。邓洁民、李大钊、邵飘萍三人交谊甚笃。1913年孙中山发动讨袁的"二次革命"失败后，流亡日本，在东京集合爱国志士积极开展反袁活动。邓洁民常随李大钊访问孙中山，深受"三民主义"思想教诲。1915年日本政府向袁世凯提出二十一条亡国条件，留日学生无比愤慨，群起反对卖国条约。中国留学生总会领导了这一运动，李大钊、邓洁民同被推举为留日学生总会负责人，起草并发出全国人民反对日本侵略的通电。1916年邓洁民协助李大钊为留日学总会编纂出版《民彝》杂志创刊号。同年夏初，李大钊返回上海投入国内反袁活动，邓洁民前往送行。

三、教育救国，砥砺前行

邓洁民深刻认识到，中国的落后源于教育落后，人才匮乏，决心从振兴教育入手。所设想的教育形成体系，从学前、小学、中学直至大学、研究生院，目的在于"孕育东华之人文，用以引起国人对东华之大注意。此时以教育奠其基，以人才莳其子，异日企业发达，拓殖日辟，社会改造，政治刷新，愈将于此望发展焉"。经过当时在哈尔滨的南开校友霍占一、留俄学生张西曼、哈尔滨晨光报记者于芳洲及赵郁卿、白一震等五君子共同辟划筹思，又得周恩来赴日留学前来哈尔滨帮助筹建，拟定先办中学。为了筹办学校，邓洁民一家省吃俭用，点滴积累。1918年元宵节，天寒地冻，邓洁民自己提糨糊桶，让长女骑在自己脖子上，拿起长刷，沿街张贴东华学校招生广告。1918年4月，东华学校正式成立，邓洁民自任校长。他是南开学生，按周恩来的意见，东华办学以南开为楷模。虽然是哈尔滨市一所唯一的民办中学，但由于师资力量强，教学方法新，学校生活丰富多彩，学生学品成绩优异而蜚声哈尔滨市。1918年7月，好友王希天反对日本政府提出的二十一条无理要求而带头发动"拒约运动"。到东华学校和邓校长共同探讨国家前途。两人同时深受俄十月社会主义革命胜利鼓舞，立志以马克思和恩格斯自期，相邀偕游德、苏考察，学习俄国革命，改造中国。1919年五四运动爆发后，哈尔滨市各界立即响应，邓洁民参加哈尔滨市学界、商界的集会。会上决定游行示威,邓带领学生首先上街游行,在公园进行演讲,要求力挽主权,取消二十一条,演出新剧《越南亡国泪》。邓洁民还资助学生派代表赴京津参观学习学运经验。

四、为共产国际助力

1921年1月,北京共产主义小组成员张太雷去伊尔库茨克出任共产国际东方局中国科书记,路过哈尔滨,经李大钊介绍到东华学校。邓洁民请张太雷住进学校,向他介绍了苏方关系,请东华校教员张昭德帮助办理护照签证等事宜,张太雷顺利出国。

五、反帝爱国,赴京请愿

1922年初,哈尔滨市暴发反对国际共管中东铁路,要求取消二十一条的反帝爱国运动。邓洁民联络学、报、商各界致电太平洋会议中国代表,反对国际共管中东铁路。马骏到校指导这次运动,持续到4月,决定派代表赴京请愿,邓洁民被派为代表之一。到京后邓洁民先访问了李大钊,汇报了运动开展情况。邓洁民在中山公园东北同乡集会上发表演讲,强烈反对张作霖的封建官僚统治。

六、做冯玉祥将军家庭教师

1923年初,经汇文学校校长刘芳介绍,邓任北京陆军检阅使冯玉祥将军家庭教师,与冯将军结谊,引荐邓洁民任国务院"参事上行走"。邓洁民兴办教育的初衷并没改变,在冯将军支持下,从1923年初开始,就和友人酝酿创办北平国际大学事宜。

七、撰文悼念列宁

1924年1月24日,列宁逝世。邓洁民景仰列宁,这个噩耗使他十分悲痛。同年2月2日他撰写文章《哭王希天并悼列宁》。文中写道："列宁君,吾东方同志。君实为发大光者,吾实仰望君,且常祝君之健康,而君今弃吾等千百万同志而长去矣。帝国主义野心家常咒君早死,今闻君之死耗,彼将豪喜,而等千百万被压迫民族将何以是赖?吾敬祈君感动一般在俄之同志,坚持君之宏大规模而前进不已,直到世界全体被压迫民族解放而后止。"

八、壮志未酬,英年早逝

在冯玉祥支持下,通过邓洁民的努力,1924年上半年,邓洁民创立的国际大学开始在北新桥板桥胡同3号办公。9月19日正式开学。秋天,得冯玉祥支持,以北京西郊万寿寺为校舍。冯玉祥失势后,段祺瑞政府导演出政治迫害邓洁民的事件,邓洁民只好在报上登出"在大沽口投海自杀"的伪消息以自保。各种恶劣消息不断传来,邓洁民极度抑郁忧愤,加之无端遭受政治迫害所导致的激怒,最终患了肝癌,壮志未酬身先死。1926年这位追随周恩来、李大钊、孙中山,景仰列宁的反帝反封建的英勇斗士,著名的爱国教育家含恨而逝,终年只有36岁。1957年邓洁民遗骨由天津移到北京八宝山人民公墓。邓洁民是宾县人民的光荣,是哈尔滨六大历史名人之一。公去高名留史册,犹存大节勖人民。

第二章　中共宾县党组织的建立与活动

中共宾县党组织的革命活动，在宾县革命斗争史上占有重要地位，革命业绩，名垂史册。中共宾县党组织是高举冲破黑暗的火炬，迎着抗日斗争的烽火，建立和发展起来的。

第一节　宾县早期中共党员和党组织

宾县从1929年起，就有共产党员进行党的革命活动。1931年就创建了中共宾县中学工委党支部委员会。宾县是省内中共党员活动开始早、党组织成立早的地区之一。

一、中共党员火种

早期在宾县开始革命活动的共产党员有臧稔、冯仲云、安作宾、张树声、吕大千等。

臧稔，又名羡秋。1906年出生于宾县永和乡徐家屯。1922年到哈尔滨太古十四道街投谷新亭学中医，始欲以医治世。但他目睹中国人民遭受列强欺凌、民不聊生凄惨景象，决心奋起救国。于是他进入私立俄文专科学校学俄文，以便系统地学习俄国十月社会主义革命的经验。教他的苏联老师是双重身份，既是苏联布尔什维克，又是中共党员。在苏联老师的教导下，他接受了马克思主义理论教育，懂得了历史发展的最终结果是进入共产主义。中国共产党就是为中国人民争取翻身解放，实现共产主义的无产阶级政党。1928年经苏联老师介绍，在哈尔滨市参加中国共产党。假期回到家乡，传播党的主张。1931年受组织派遣回到宾县，以开中医诊所为掩护，在松花江哈尔滨至宾县沿岸，搜集日伪情报，发展"林蛮子"、王石匠等人为"红外围"。

吕大千。在东北烈士纪念馆里，会见到吕大千烈士遗像、简历和遗诗手稿。在20世纪50年代，著名诗人萧三主编的《革命烈士诗抄》里，刊有吕大千烈士遗诗《时代转红轮》。吕大千是宾县老营口村吕家烧锅屯人，又名吕树俊，生于1909年3月4日。1921年入宾县中学二班学习。1925年五卅运动爆发，宾县中学师生闻讯立即进行罢课斗争。他组织同学街头讲演、散发传单、张贴标语，举行游行示威活动。他善以诗画形象揭露列强对中国的侵略和奴役，暴露当时中国社会的黑暗和人民的水深火热。他的诗画曾在全县诗画展览会上得到县长奖赏。1927年在老师吕树声、吕树田、于观涛资助下考入东省特区第二中学读书。与广大同学在课余走出学校，投身到社会革命斗争中去。1928年他参加了哈尔滨市学生反对军阀张作霖出卖东三省铁路修筑权的罢课运动，被公推为代表去道台府请愿，因此遭到学校当局开除。回宾县在南关、模范校当教员，成为进步学生的核心。1929年他考入北平国民大学预科学习，参加了共产党领导的反帝大同盟并加入中国共产党。暑假期间在家乡发展周凤文、孙凤翔、裴学奎为中共党员。

张树声，1910年出生于宾县三宝谷家大桥屯。原籍山东文登。其父张殿瑞早年毕业于北平燕京大学，曾参加李大钊在北平领导的辛亥革命。张树声从小受父亲影响和教育，表现出少年壮志，要做岳飞那样的英雄。小学毕业后，先入宾县中学二班读书，然后考入哈二中师范科，又以优异成绩考入哈尔滨一中。在学校里他开始接受进步思想，并在同窗中有选择地秘密传播，受到同学拥戴，被推选为校学生会主席。中共党组织发现了他，对其进行革命引导，他开始介入共产国际运动学说和中国共产党的理论，靠近党组织。在共产党领导下，积极从事爱国运动。曾组织哈尔滨市第一、第二中学学生罢课，上街游行。1930年哈尔滨市中共党组织发展他为中共党员。假期回到家乡在三岔河一带开展革命活动，培植红色人员。

冯仲云，籍贯江苏，1927年加入中国共产党。1930年先后在宾州、宾安、鸟河、平坊等地开展革命活动，建立多处秘密联络点。

安作宾，籍贯山东，家住宾安，是哈尔滨皮鞋厂工人，经常回家，带回外地和省城革命形势信息进行传播。1930年介绍许亨植加入中国共产党。

二、中共党组织的建立与发展

宾县中共党员的革命活动，是在地方党组织的领导下进行的。"九一八"事变前就建立了党的组织。"九一八"事变后，中共满洲省委为加强党对抗日斗争的领导，在全满洲普遍建立了基层党组织。宾县党组织在省、市委领导下不断发展壮大。团组织也随之建立起来。

中共宾县中学工委支部、中学支部 中共宾县中学工委支部委员会是宾县建立的第一个中共党的组织，1931年7月，由吕大千与张树声、孙宝太组成中共宾县中学工委支部委员会，吕任书记，张任委员，上报中共哈尔滨市委批准，年末吸收郑炎（郑文雅）、韩谋智为中共党员。在工委支部领导下，紧跟革命发展的斗争形势，对学生进行反帝反封建思想教育，启示青年学生担负起国家兴亡的大任。1932年宾县政局混乱，中学没法开学。吕大千同进步教师组织学生成立补习班，名义上给学生补课，实为组织学生进行抗日活动，秘密印发宣传品，到农村去发动农民群众奋起抗日救国。吕大千去老营口，张树声去三岔河，孙宝太去三宝八里岗，郑文雅去鸟河。同年发展孙太义、白明洁为共产党员。1932年中共宾县中学工委支部通过季兴汉与中共宾县特别支部委员会接上关系。1933年3月中学工委支部改为中共宾县中学党支部，接受中共宾县特支领导。书记吕大千，宣传委员李梦久，组织委员王逢源。

李梦久，原名李贵龄，是宾县二区后李家屯人。1930年毕业于上海美专。1931年7月被宾县中学校长谭熹聘为美术教员。"九一八"事变后，他积极参加吕大千组织的反日宣传队活动。画抗日漫画，写反日标语。1933年经吕大千介绍加入中国共产党。同年6月，任宾县中学党支部宣传委员，曾与吕大千合办美术画展销，为党筹集活动经费，又筹办中学医务室，供给抗联医药用品，和王逢源一起办化学工艺社，制造防冻药膏和碘酒消毒等药品。利用美术课发动学生画漫画，转给抗联宣传用。"五一三"事件发生后，他幸免于难，向校长谭熹辞职。后到哈尔滨市道里举办照相传习所和组织接上关系，发展党的组织。1939年8月，以政治嫌疑犯被捕入狱，任狱中党支部组织委员。"八一五"光复时出狱改名李光复。以后历任中共哈尔滨市委委员、顾乡区党委书记、长春电影制片厂副厂长、顾问等职。

王逢源，于北平民国师范大学读书时加入中国共产党。1935年夏来宾县找吴天民参加抗日部队不遇，后找中学校长他的同学谭熹留在县中学任教，同时和中共宾县中学支部接上关系并接替了田在邨的组织委员工作。王逢源教理化课，边教学边试验。后又成立化学工艺社，生产出防冻、消毒、消炎药品，输送给抗联队伍。1936年服从组织调动，假借赴日留学为名，进关从事党的地下工作，离开了宾县。新中国成立后，历任国家计委副主任、黑龙江省副省长、国家计委顾问等职。1980年病逝。

中共宾县中学支部广泛向学生和进步教师进行思想教育，在此基础上发展党的组织，支援抗日斗争。组建学生会，把学生凝聚在中共宾县中学支部的周围。吕大千书记利用他训育主任的身份，和学生取得紧密联系，利用学生会公开合法组织，向全校学生发号召、提倡仪。举行讲演会、歌咏比赛、书法、诗文展览、演出戏剧等主题思想鲜明的活动。学生会主席张国蕃思想进步，工作踏实，主动接受吕大千的领导。同时建立图书室，成为宣传进步思想的阵地。吕大千用吉林省临时政府奖励款，购入大批书刊和唱片，大多数是进步刊目。并指派可靠学生董文清、吴匡非等当图书管理员。进步书刊的借阅，由吕大千、季兴汉掌握，秘密借阅。瞿秋白、鲁迅、茅盾、巴金等进步作家的作品成为进步学生的首选。为发挥图书室的作用，吕大千组织进步学生，成立抗日救国读书会。读书会有严密的组织纪律，阅读书刊不准转借他人。吕大千因材施书，由他亲自分配和辅导。还要求写出心得和笔记，从中掌握学生思想动态。对疑难问题，吕大千给予解答和探讨，以期学以致用。中学读书会深受中共宾县特支重视与支持。1935年特支书记孙宝太曾将宾县中学读书会组织及作用情况上报中共满洲省委，受到赏识并拨给活动经费15元，后来读书会会员都成为中共宾县党组织的中坚力量。成立医务室创办化学工艺社。吕大千书记为帮助抗日部队解决药品的困难，1935年以给学生治病为名，向校方提出成立校医务室建议，聘请汉医真书樵为名誉校医，成批购进消炎药、红伤药等成药，多数药品通过地下交通员送到抗日部队。同年10月，中共宾县中学党支部以帮助学生消化理化课、搞实验为名，由支委王逢源、李梦久共同负责成立化学工艺社，公开制造花露水、肥皂、血腊等，暗地秘密配制碘酒、防冻膏，交由抗联交通员李树廷送给抗联部队。中共宾县中学支部在吕大千领导下还为抗联部队千方百计筹措资金，提供物资援助。吕大千还亲自建立起情报网络，为抗联部队提供情报。1937年5月13日，吕大千等被捕后，中共宾县中学支部遭到破坏，被迫停止了活动。

自1931年有中共党组织起至1937年5月党组织受到破坏止，宾县先后有共产党员73名。经中共宾县中学支部发展的30名，占41.9%。其中经过考验和锻炼有的成为党和国家高、中级领导干部，如季兴汉、王逢源、李光复、赵三声等，有的为实现崇高理想，为祖国的解放和人民的翻身流尽了最后一滴血，如王哲、孙太义、黄静亚等。

中共宾县特别支部委员会　1932年在中共满洲省委领导下，中共宾县特别支部委员会（特支）在宾县城南玲珑山下罗家屯成立，金策任书记，金水星、许亨植、李启东、李根植为特支委员。特支辖两个支部：中共宾西支部，书记李昌业，党员7人；中共宾东支部，书记金重元，党员11人。

金策，祖籍朝鲜，因反抗日本统治来中国。1931年加入中国共产党。任中共宾县特别委员会书记期间，在宾县发展党组织，组织抗日会与武装。1933年3月调离宾县去珠河县委，后又到东北抗日联军中任职。1939年4月，金策任中共北满省委员会书记。1945年"八一五"光复前回朝鲜。

1932年9月中旬，中共宾县中学工委支部与特支接上关系并成为下辖的党支部。1933年1月，特支由罗家屯迁至县城，便于开展工作。联络地点是季家床子、王家花铺。金策调到珠河中心县委工作后，许亨植任特支书记，对所属支部进行重新划分。宾县中学工委支部改为中共宾县中学支部，书记吕大千，党员8名；宾七区（现平坊镇）党支部，书记侯振发，党员10名；城关支部，书记孙宝太，党员5名。还有宾东党小组及宾北、枷板站单线关系各1名。1933年6月，中共宾县特支划归中共珠河中心县委领导。孙宝太、吕大千、王哲、孙太义、季兴汉为县特支委员。孙宝太任书记，吕大千为副书记兼特支宣传委员、中共宾县中学支部书记。1937年4月，由于叛徒告密，日伪特务机关以哈尔滨为中心，制造了"四一五"事件，对共产党员进行大搜捕。中共哈尔滨特委领导人被捕变节，供出了中共宾县特支书记孙宝太及其联络机关和联络代号。5月上旬，孙宝太被捕。5月13日，吕大千、赵三声、韩谋智和李有先后在宾县被捕，联络机关"新宾书局"遭到破坏，中共宾县特支停止了活动。

中共宾县特支活动起源地——玲珑山洞　1932年中共宾县特支委员会选址在宾县城南玲珑山下的罗家屯成立。是因为当时县特支党员中朝鲜族人多，罗家屯是朝鲜族集居地。罗家屯附近的玲珑山东南方悬崖下有一山洞，洞内凿有石桌、石凳、石炕，很隐蔽。为躲避日特监视在洞内召开县特支成立会议，会后成为特支活动地点，始终未被发现。

中共宾县特支联络机关——新宾书局　中共宾县特支曾在县城设立"新宾书局"，是特支保持和上级党组织与抗日部队联系的秘密联络机关。"新宾书局"发起人是特支书记孙宝太，具体负责人是中共党员韩谋智，工作人员是团员李有。1935年5月1日开张，曾先后接转中共满洲省委、北满临时省委、哈尔滨特委、珠河中心县委以及抗日部队等信件和传单。书局地点在县城南门里道东，附近有三处学校、一个劳务市场，来往人多。营业室面积仅35平方米。吕大千特意为书局制作了"新宾书局"匾额。在书局营业室北墙上挂有一个公众信兜，附近住户经常有书信寄到书局来。在设立这个"公用"信兜时，孙宝太向韩谋智交代："凡有刘致新的信件，你先保管起来，别让外人发现，等我回来时马上交给我！"刘致新是设定的联络暗号，上级来的密件都要用米汤浸过才能在字的空白处显出字迹。1937年5月13日上午8时许，3个警察闯进书局，将韩谋智、李有带走。7月20日韩被释放出狱，回宾县到家后，略事休息，将书局收拾一下，又开张了，盼望有"刘致新"书信及邮件寄来。这时韩谋智被日伪特务机关定为"要视察人"，每天都有特务股的警察密探监视。1942年新宾书局停业。

战斗在情报战线上的韩谋智 韩谋智，1912年出生于宾州镇。1931年春在哈尔滨市第一中学读书，参加反对帝国主义入侵的学潮，被学校开除，和同学孙宝太一同回到宾县，被聘为模范小学教员。"九一八"事变后，社会混乱，人心惶惶，学校无法上课。面对山河破碎，国土沦亡的现实，和孙宝太一起讨论时局，二人产生了只有组织起来才能把日本侵略者赶出中国的共识。1931年11月，孙宝太领韩到吕大千面前，韩对吕大千表示，不怕掉脑袋。为了赶走日本人，光复中华，搭上这条命也值得，愿意参加共产党组织。这样韩谋智成为中共党员。1933年寒假，组织决定韩谋智打入敌人内部，在县伪警察二中队当上警察。中队长让韩谋智当书记员，具体管理文件收发、事务、枪支子弹保管、记账等。1934年3月1日，下班前经韩谋智出库子弹500发，说是去阿城迎护运输车。韩谋智下班后立即把警察二中队行动计划报告给孙宝太。这一情报由中共宾县特支交通员当夜送到珠河东北反日游击队。赵尚志率部在黑山头设伏，一举歼日伪军20余人，缴获了机枪、掷弹筒、炮弹、子弹、军服等战利品，装备了抗日游击队。还通过警察局洪局长通讯员曹万令买到两支短枪，

100发子弹，送到抗日游击队。乘警察二中队外出打仗出库机会，多报销子弹1 500多发。1935年初，中共宾县特支书记孙宝太指示他回宾县城里开书局，和共青团员李有各集资75元作为开书店经费。书局挂牌为"新宾书局"，成为情报联络机关，韩谋智的情报工作为抗日斗争做出了重大贡献。1937年5月13日韩谋智在新宾书局被捕，关进哈尔滨伪警务厅刑事科第四监狱。在狱中坚贞不屈，什么都不承认。敌人动酷刑、坐老虎凳、灌辣椒水，不管动什么刑法，韩谋智都不承认自己是共产党员，更没有出卖同志，兑现了他入党时不怕掉脑袋的誓言。光复后参加了中共宾县临时支部的工作。

共青团宾县特支委员会 中共宾县特别支部建立后，十分重视在青年中发展党团员，不断扩大队伍，培植革命后续力量。

1932年9月经许亨植介绍，季兴汉被批准为中国共产主义青年团团员。同年12月，共青团满洲省委正式批准建立共青团宾县特别支部委员会，由中共宾县特支青年委员季兴汉兼任团特支书记。1934年6月，季兴汉调哈东游击队工作，改名季铁中，由孙太义接任。1935年3月，中共珠河中心县委决定调孙太义到部队工作，调季铁中回宾县继续担任中共宾县特支青年委员兼团特支书记。至1935年7月，宾县建立2个团支部、7个团小组，有共青团员38人。同年8月，季铁中的活动引起敌人注意，组织决定将他送往吉林工科学校学习。团特支书记由赵俊臣接任。1937年5月，宾县党团组织同时遭受破坏，赵俊臣、黄静亚、白明洁等党团员分散在当地，继续从事地下革命活动。

"九一八"事变后，在中华民族面临危亡关头、日寇入侵硝烟已逼近的严峻形势下，宾县党组织高举抗日斗争的旗帜，发动群众开展抗日斗争。

第二节　共产党组织抗日斗争

中共宾县特支成立后，以领导宾县人民与日伪统治者进行坚决斗争为重心，发动和带领宾县人民投入到抗日救国的战斗前列。在党的领导下，宾县人民的抗日斗争风雷激荡，战绩辉煌。

一、宣传抗日救亡，唤起民众

1931年9月19日，宾县县长孙象乾召开宾县各界紧急会议，商讨"九一八"事变的应急对策。会后，中共宾县中学工委支部书记吕大千得到校长谭熹的支持，组织爱国教师、学生成立宾县中学反日救国宣传队，有队员50多人。他们多次在县城、哈尔滨等地和到农村搞讲演、出板报、散发传单、贴标语，高呼"不做亡国奴""反对日本侵略者""中华民族团结起来，驱逐日本侵略者"等口号，号召人民群众武装起来抗日救国。宣传队的广泛宣传，取得显著的效果，震动了社会。还受到了在宾县的吉林省政府的嘉奖，给县中学发了一笔奖金。吕大千派教员李光复用这笔奖金去哈尔滨购买一批进步书籍，有《资本论》《社会发展史》以及鲁迅、瞿秋白的著作和介绍苏联的书籍，充实了宾县中学图书室，也为革命师生提供了精神食粮。以图书室为阵地和窗口，向学生和社会传播抗日救国思想。1932年初，宾县遭日本飞机狂轰滥炸，吉林省政府从宾县撤走，宣传队骨干分散成小分队，到各区去开展抗日宣传活动。

中共宾县特支把向群众进行抗日宣传活动列为主要工作，其中最主要的形式是散发传单。传单有两种：一种是向人民群众宣传。内容多是揭露敌伪的残暴行为和虚假面目，反对伪政权的不抵抗主义；宣传抗日斗争胜利消息，号召人民团结起来，把侵略者赶出中国去；要想穿衣吃饭，拿起刀枪和敌人干，等等。群众看到传单，如获至宝，争相传阅，互为转告，影响作用很大。另一种是针对特定对象的。给伪骑兵连连长的传单，内容是劝他不要抛妻弃子为日寇卖命！骑兵连士兵得到传单后，偷偷传阅。战斗时一接触到我军就朝天放枪或溃退逃避，致使该连被日伪军改编，连长也被革职。散发传单是很危险的，需要机智和勇敢，操作起来还要有技巧。刘烈志是大家公认的散发传单能手。有一次，刘烈志正在宾州西十字街散发传单，伪警察追过来，他不慌不忙背过脸去装作看墙上的布告，伪警察问："谁撒的传单？"他若无其事地回答："不认识，向南跑了，我还拣两张呢！"说完，顺手把传单递给了伪警察。伪警察向南追去，他向北走了。还有一次，他随着敌伪组织的队伍到县城西门外"迎接"日本军。一个日本鬼子兵站在车上抛传单，刘烈志把预先藏在袖筒里的传单也就借机散了出去。刘烈志，原名刘景春，化名宋荣富。1917年生于宾县城南头道海里浑。1931年在县模范小学读书时，在进步老师吴天民教育引导下，树立起爱国主义思想，积极参加闹学潮活动。1931年考入宾县中学后，经季兴汉介绍，加入中国共产主义青年团，年末转入中共党员。曾任宾县团特支宣传委员。1935年8月，到抗联做宣传工作。1936年任抗联三军某团政委，在收编双峰匪队时牺牲，年仅20岁。

二、建立反日组织

1932年1月，中共特支出于工作需要，首先在朝鲜族人集居的地方开辟建立反日组织，产生了宾县第一个"韩人反日会"。年内，先后在宾县城区、鸟河、满家店、杨家烧锅、三岔河等地秘密建立5处反日协会。会员60多人，其中90%是贫苦农民。抗日会内部的共产党员和共青团员发挥骨干带头作用，开展抵制日货、反对粮食出口、反伪民会等工作。为壮大抗日会，特支以农民运动为中心，注重发展与巩固反日会、反战会。反日会成立读书会，将全县失学学生广泛组织进入读书会。读书会发展扩大成为失学学生大同盟，要求立即恢复学业，选派代表包围了教育局，恢复学业的学生成为反日会的骨干。

三、创立反日武装

1932年，通过中共宾县党组织工作，在宾县七区和鸟河等地发展义勇军战士20多人，建立了宾县党领导的第一支抗日武装。同年8月1日，中共宾县特支召开反日民众大会，并在县城东西主要集镇散发传单，发动群众参加抗日队伍。

四、为抗日队伍输送骨干力量

赵尚志、李兆麟等率领的抗日队伍，是共产党领导的抗日武装。在宾县进行抗日斗争的岁月里，与中共宾县特支关系十分密切，在党的领导下共同奋斗。中共宾县党组织为抗日武装部队相继培养和输送了一批年轻的共产党员和进步青年。1933年6月，中共宾县特支委员李启东、李根植受中共珠河中心县委委派，打入孙朝阳部开展教育争取工作。1934年上半年，中共宾县特支书记许亨植、团特支书记季兴汉和团员李树廷、黄静亚、段锦章分别调入珠河东北反日游击队。1935年3月，中共珠河中心县委调孙太义、刘烈志到部队工作，担任重要领导职务。从1931年到1935年，中共宾县党组织先后有20余名同志被输送到抗日武装部队工作，他们南征北战，驰骋疆场，叱咤风云，所向披靡，成为抗日救亡的中坚力量。

五、为抗日部队搜集情报，提供军需物资、资金

搜集情报，收买武器 中共宾县特支根据上级党组织指示，承担起为抗日联军搜集情报和筹措枪支弹药的重要任务。特支采取了"打进去，拉出来"的做法，1933年至1935年，通过内部关系分别派党员韩谋智、邢成福、赵俊臣打入伪警察部门当差，又派党员孙太义打入伪卫生消防队。这4名中共党员在日伪机关内部搜集情报，收买枪支弹药秘密送出。他们在敌伪人员手中先后买到短枪4支，子弹200发。将子弹用油布包好，打成捆，在邢成福当班时，由孙太义埋藏在垃圾车中，从县城西门运出城外，交由交通员李树廷、曹洪瑞转送给游击队。

筹集运送军需物资 中共宾县中学党支部多次为抗日部队翻印文件、传单，提供纸张笔墨、油印机、医疗药品等，由交通员转给抗日游击队。游击队接受党团组织的抗日物资多数在鬼王庙接头。鬼王庙在县城西南1.5公里处，四周山岗起伏，荒草没人，高棵农作物连片。给抗日部队送情报、物资是项光荣而又艰巨的任务，尽管很危险，但是党团员人人都争着做，并能出色地完成任务。

筹集资金 中共宾县特支千方百计为抗日活动筹集资金：一是在党内筹集。党员按自己经济收入量力缴纳，吕大千的工资除维持4口之家最低生活需要外，节余的钱全部交给组织。李梦久、王逢源因家在外地，至少要拿出工资一半交给党组织。学生党团员也都省吃俭用，尽量多交给组织一些钱。二是社会筹集。党员孙太义背个挎包，在县城走街串巷，以修双龙山慈善会为掩护募捐化缘，向社会上经济充裕的工商户募集，从中提取抗日活动经费。三是举办美术画展销。1934年寒假，家住外地的中学老师都走了，吕大千和李梦久利用放假机会，两人在训育室里，专

心致志地构思、设计每一幅画。用二人高超的美术造诣和抗日救国激情，创作出50余幅美术佳作，并配写画屏30多幅。于1935年春在宾县道德会二楼举办美术作品展览会，每幅画以10~15元廉价出售，为党筹集到部分经费。

六、共产党人抛头颅，洒热血，前赴后继

在艰苦卓绝的抗日斗争中，宾县共产党人发挥中流砥柱的作用，为抗日救国肩负重任、英勇斗争、宁死不屈，一片丹心照汗青。

宁死不屈的吕大千　吕大千烈士是中共宾县最早的党员之一。他创立中共宾县中学工委支部是宾县第一个党组织。他历任中共宾县中学工委支部书记、中共宾县特支副书记等职，是抗日战争时期，中共宾县党组织的主要负责人。

寻求真理、赋诗明志。1925年吕大千在宾县中学学习期间，面对民生凋敝的社会现实和国家的前途深感忧虑。利用课余时间阅读革命书籍，寻求救国救民真理。他与同学一起议论时局时，经常发表打倒专制、争取自由平等等言论。所以吕大千在同学中享有"爱国人士"美称。吕大千曾写诗一首："满目斯于艰，必须解倒悬。打倒封建制，耕者有其田。"这首诗真实反映出吕大千这个时期的思想感情。

抗日救国、殚精竭虑。"九一八"事变后，日军侵占了东三省。吕大千在宾县中学组织了抗日宣传队，并亲自起草传单、讲演稿，编写标语口号。组织学生上街散发传单，街头讲演，还到哈尔滨和乡下农村去活动。1932年3月，日本帝国主义侵略魔爪伸到了宾县，吕大千义愤填膺，在学生中公开提出"抗日救国"口号，动员孙太义、李延新等一批进步学生到农村去做抗日宣传工作。1933年1月，他通过季兴汉与中共宾县特别支部委员会书

记金策、组织委员李熙山接通关系。同年3月，他担任中共宾县中学党支部书记。通过不公开的斗争策略，保护了进步学生，同时也是保护了革命斗争的后备力量。王希贤、孙太义、季兴汉、赵三声等都成了抗日斗争的骨干并被发展为中共党员。1934年6月，他担任中共宾县特别支部委员会副书记兼宣传委员、中共宾县中学支部书记。在上级党组织的领导下，团结各界人士，积极开展抗日救国的斗争，帮助解决东北抗日联军第三军情报、枪弹和后勤方面的困难。吕大千还为抗联部队筹集办公用品，印刷抗日宣传材料和党的文件。

　　忠贞不渝、宁死不屈。1937年5月12日，大千得知中共宾县特支书记孙宝太被捕，不顾个人安危，当晚去未婚妻李荫墀家，共同销毁了信件和书刊。回家后，销毁了党内文件、材料。5月13日早上班，发现有人跟踪，他对党员李梦久（李光复）说："跟上了，走不了啦，挺挺看吧！"9时许，他在宾县中学被捕，当敌人要绑他时，他厉声说："用不着！"怒目横眉，镇定自若地拿着《三国演义》走出教研室。走到校门时，他回首望望杏树，自言自语地说："杏树花要开了！"这是吕大千对他战斗过的宾县中学的告别词！到伪警务科后，他若无其事地看《三国演义》，心中想着对策。"审讯"时，他发现对面墙上挂着战刀，闪出一个念头："与其坐以待毙，不如砍死几个敌人！"于是趁敌人不备，突然跃身，猛冲过去，拔刀在手，向敌人劈去。日本特务惊慌蹿出门外将门反锁。吕大千见事失手，便想以身殉国，用刀朝自己脖颈砍下，又用战刀刺腹，吕大千昏倒血泊中。敌人将重伤的吕大千捆绑，送到医院，抢救包扎后立即将他与赵俊臣、韩谋智、孙宝太等押送到伪滨江省警务厅刑事科第四监狱。第二天，吕大千醒来，为了鼓舞斗志，写了一首诗："时代转红轮，朝阳日日新。今年春草除，犹有来年春。"放风时，他对赵俊臣、韩谋智说："你们要挺住，只能说是我的学生，不能暴露身份。"在他的掩护下，赵俊臣、韩谋智、李有三人坚定了斗争信心，终于获得了释放，吕大千脸上闪现出欣慰的笑容。吕大千在狱中大义凛然，义正词严地同敌人进行斗争。他自豪地向敌人宣布："我是共产党员，我愿意为共产主义奋斗终生！"敌人怕他发挥"赤化"作用，将他转押到潮湿狭小的监号里，但他的共产党员顶天立地形象却感动了所有的"难友"。1937年7月21日，吕大千等人就义于哈尔滨圈河。就义前他面对敌人的枪口高呼："打倒日本帝国主义！中国共产党万岁！"宾县早期共产党员、党组织主要负责人、抗日斗争的顽强英雄吕大千，流尽了一腔热血，牺牲时年仅28岁。吕大千临刑前，在死难"罪犯"登记册上留下遗诗："时代转红轮，朝阳日日新。今年春草除，犹有来年春。"

1984年中共宾县委、县政府将吕大千生前工作战斗过的宾县中学原址建立的宾县五中，命名为"大千中学"，以示永久纪念。

不屈不挠的张树声 "九一八"事变激起全国人民的反抗怒潮。受中共哈尔滨特委指派张树声和中共宾县党员吕大千接上关系，并到县中学任教。1931年10月他和吕大千等秘密成立了中共宾县中学工委支部，归中共哈尔滨特委领导。吕大千任书记，他任支部委员。1932年2月5日，日军机轰炸宾州城。在中共满洲省委指示下，他同吕大千、孙宝太等中共党员组织学生上街游行，散发抗日救亡传单，唤起民众。同年5月9日，侵华日军首占宾州城，建立伪宾县公署，宾县中学停课。他回到家乡三岔河进行抗日活动，秘密建立起三岔河抗日联合会。他家住谷大桥屯，北面环山，南是大柳条通。1934年6月，三岔河之战发生后，日伪特务把三岔河一带列为"匪区"进行监视。同年8月，吕大千、张树声、许亨植、孙宝太等在张树声家召开支部会，被特务告密，日伪军向谷大桥屯扑过来。幸有地下交通员提前把这一消息传到，他打开后窗，全部人员迅速进入后山丛林脱险。1935年初，张树声到北平，党组织派他到燕京师大开展爱国学生运动，公开身份是高碑店小学校长，参加了北平的"一二·九"运动。1936年党组织派他到富锦，任富锦女校校长，化名张贯一。他利用校长身份进行抗日活动，引起特务注意，在学校被捕。他严守党的秘密，不为敌人软硬兼施所动。中共党组织设法营救，1937年经佳木斯孤儿院院长王耀忠（中共党员）保释出狱。1940年日本军国主义者在长春成立日本新民学院，党组织决定派他打入该学院。他打入后，由于才华出众，注意斗争策略，很快成为左藤院长眼里的高才生。得到党组织同意留学日本，在新民学院和赴日留学期间，他多次智取日军侵华情报，为抗日斗争做出了鲜为人知的贡献。1943年日本侵略者妄想以武力称霸世界，抓一大批中国劳工秘密押送到辽宁葫芦岛，修筑军港和地下工事。张树声回国后，党组织派他到葫芦岛开展劳工工作，摸清军港和地下工事情况，寻找机会予以炸毁。1944年就在张树声组织劳工准备爆破时，惨无人道的日军为了保守军事秘密，用毒气将参加修建的全体劳工杀害，张树声不幸与劳工同时遇难，年仅34岁。

黄静亚组织越狱 黄静亚，原名锡山，1916年出生于宾县城西门外。1931年5月，他在宾县模范小学六年级读书时参加学生学潮运动。他经常与同学季兴汉、段锦章等谈论时政，寻求救国救民的出路。1933年春，他入宾县中学读书。受到吕大千的影响，课余时间总要到图书室阅读进步书籍。后经李树廷介绍参加共青团。1934年2月，经季兴汉介绍加入中国共产党。同年5月，他同季兴汉、李树廷一起被党组织送到珠河反日游击队，他任三大队指导员。1936年，东北抗日联军第三军为了加强军队的后勤保障工作，将黄静亚等派回宾县。1937年5月初，中共宾县特支书记孙宝太被捕后，日伪特务和警务机关企图把宾县的共产党员一网打尽，便进行大搜捕。黄静亚与三哥黄锡魁、四哥黄锡圣同时被捕。哥仨分析日伪特务没有掌握黄静亚真实情况，决定让他装聋作痴。他两个哥哥说他从小患病留下又呆又傻又聋的毛病，伪警察又没有证据，就把他哥仨同时放回。他骗过日伪敌人，便去宾县农艺实验场与中共党员白明洁一起学习。半年后，白毕业，他也辍学，去弓棚子"种地"，与抗联后勤联络员宋芳接上关系，找到抗日武装部队。1944年5月，宾县特务分室在弓棚子将他逮捕，押在留置场6号监室。敌人在多次"审讯"中严刑拷打，他从不回答特务的问话，特务们用刑，只能使他更加坚定早日驱逐日本侵略者的决心。留置场6号监室，在他以后又接着关进来韩玉凤、赵培风、吴玉才3人，这3个人都是山东人，被人陷害入狱，他了解到吴玉才在山东省参加八路军当过连长，与日本侵略者作战被俘，后逃跑来东北。一天放风，黄静亚发现韩玉凤身边有一个马掌钉，示意韩玉凤带进监室，黄静亚用马掌钉仿做钥匙，试着打开了自己和其他三人的脚镣。他心里升起希望，决心组织同室难友越狱。当夜11时，黄静亚、韩玉凤做好了准备，黄静亚叫来看守说要"冒封"，求开开门行行方便。吉丙江看守很不耐烦，气呼呼地打开号门，在吉丙江正待关号门之际，黄静亚猛扑过去抱住吉丙江，黄静亚与吉丙江都抢枪，枪在吉丙江的皮套中谁也没抢到。韩玉凤窜出号门，来到撕打的两人身边，黄静亚让韩玉凤快抢枪，韩玉凤只顾自己窜出监门，逃了出去。黄静亚与吉丙江撕打着，吉丙江大声呼救，惊醒了值班室另两个看守，3个看守将黄静亚按倒推进了号里。特务们闻讯从县特务分室赶来，将黄静亚推进刑讯室，皮鞭、铁丝鞭、木棍劈头盖脸打下来，煞时黄静亚昏死在地。特务们又施用电刑，逼问黄静亚怎样预谋逃跑越狱，黄静亚只字不露。特务们又施以酷刑，用烧红的烙铁烙黄静亚的胸前和背部，黄静亚几度昏厥过去。3天后，黄静亚以顽强意志活了下来。7月间，特务把赵俊臣（赵三声）和黄静亚串到同一监号，两人彼此了解，是党内同志，互相鼓舞，增强斗志。赵俊臣受刑时，上大卦、打秋千，脚镣和木杠磨破了皮肤，受到感染，腿肿得几乎胀破裤筒，流脓淌血，走路十分困难。放风时，黄静亚主动去背赵俊臣，赵俊臣不允，黄静亚就扶着赵俊臣走。赵俊臣的腿危及生命，赵俊臣的岳父花重金厚礼打通了关系，特务们找来外科大夫给赵俊臣治腿。治腿时，赵俊臣几次痛得昏了过去，黄静亚仍扶赵俊臣不放，还不时地给他擦汗。手术后，赵俊臣仍不能自理，黄静亚便尽力照顾，端饭送水，搀扶放风。共产党人同赴国难，彼此情同手足。黄静亚与赵俊臣在监号里，用烟盒制出象棋，背着看守求其乐趣，表现出共产党人的革命乐观主义精神。1945年2月初的一天，赵俊臣出狱，只拿走一条小被，其余物品都留给了黄静亚。分别时，二人点头示意，互致希望。1945年7月，黄静亚因多次受酷刑伤口感染，全身溃烂，这位铁骨铮铮的中共党员，在为之奋斗一生的祖国光复前的21天，怀着未酬壮志，在狱中离开了人世，年仅28岁。

血染东光，名垂乡史的王哲　王哲，原名王希贤，1912年出生在宾州城中心大街路南一座破旧的草房里。家里开"王家花铺"，勉强维持半饥半饱生活。1929年春，他考入宾县中学，先后在进步老师刘启宾、冯建民和吕大千启发教育下，觉悟提高很快，萌发出又纯又浓的爱国主义情结，成了屈指可数的进步学生。经吕大千主任指点，他开始到校图书室接触到孙中山、李大钊、鲁迅、高尔基、巴金等名人著作。这些进步书刊给他以思想启迪，扩大了视野，为他的成长奠定了基础。"九一八"事变后，他参加吕大千组织的抗日救国宣传队。他善于写作和讲演，成为宣传队骨干。1932年2月，吉林省政府撤离宾县，日本关东军入侵，宣传队解散，他自动到农村去进行宣传，唤醒农民起来抗日。1933年春，宾县中学开学，他积极完成课业，并废寝忘食阅读进步书刊，探索救国救民之道。吕大千组织抗日救国读书会，王哲成为其中骨干成员。1933年4月，经吕大千介绍加入中国共产党。1934年担任中共宾县特支组织委员，为抗联筹粮、征款、捐献物资等。组织决定把"王家花铺"作为特支秘密联络点后，他便以卖花身份为掩护，观察社会动向，搜集情报，为组织传递机密文件。1935年党组织派他到哈尔滨第二中学"念书"，任务是与上级党的组织取得联系。他出色地完成了党交给的工作任务。在学生中间秘密从事党的工作，宣传党的抗日救国主张，积极配合全市人民的抗日斗争。1937年5月13日，中共宾县党组织遭到破坏，吕大千等被捕。他在哈尔滨闻讯后，即刻转移到河北省吴桥县焦庄的姐夫家。他在焦庄组织学生反日宣传队，吸收附近孙庄、大王庄等十几个庄的青年参加。1941年党组织派他到东光游击队工作。在东光县，利用青纱帐开展地雷战、地道战、端炮楼、拦汽车、破坏敌人交通线，神出鬼没，出奇制胜，屡屡重创日伪军。日本侵略军和汉奸队多次围剿、扫荡，均受到王哲带领的游击队的沉重打击，王哲在敌人眼里成了不可战胜的中国人。1943年初，王哲担任东光县民主政府县长兼县游击大队长。敌人很怕他，企图从内部瓦解游击队，把一名伪军打入游击队，被王哲觉察，于是将计就计，把作战方案故意泄露出去。潜入的伪军把这一方案当情报送给了敌人本部，敌人纠集兵力进行"清剿"。这时王哲率领的游击队正周密地埋伏在指定地点，敌人上钩了。当摸进游击队阵地时，踏响了地雷，游击队猛烈射击，进入伏击圈的敌人几乎无一漏网。之后敌人贴出告示，上面写：

"有斩八路军县长王哲头来献者，赏大洋千元；生俘王哲来献者，赏大洋两千元。"告示贴出当夜被人撕掉，第二天王哲率少数游击队员潜入县城，在地下工作人员协助下，炸毁了敌人的军火库。

1943年4月26日，东光县委书记李光前、县长王哲率县委县政府机关干部和大队二连战士共80多人，驻扎在西大吴。日军少佐中尾集结近千人，由吴桥、东光等5县"剿共"总司令、汉奸李文成带领，于4月27日晨包围了西大吴。李光前、王哲率领战士们多次突围，由于腹背受敌，经两个多小时激烈战斗，终因敌众我寡，李光前、王哲及60余名战士献出了宝贵生命，王哲牺牲时年仅30岁。

中华人民共和国成立后，东光县党政军民为王哲烈士举行了追悼大会。1956年，王哲烈士遗骨运回宾县。宾县人民在革命烈士陵园为王哲举行了隆重的安葬仪式。

中共宾县委悼念王哲挽联上写：

参加革命斗争，顽强抗日，壮烈牺牲，王君英灵荣归故里；
争取民族解放，英勇杀敌，坚贞不屈，烈士威名永镇山东。

县人民政府悼念王哲挽联上写：

求民族解放，献身革命，忠贞不屈，由东北到关内，坚持斗争，遗志垂千古；
为抗日救亡，深入敌后，英勇杀敌，转战津浦沿线，壮烈牺牲，英灵永留芳。

第三章　宾县人民的抗日烽火

1932年3月，宾县被日本侵略者占领，在日伪统治下，长达14年之久。在中国共产党抗日救国思想和行为感召下，宾县人民同仇敌忾，团结一心，共赴国难。同日本侵略者及其汉奸走狗进行了殊死斗争，给日伪统治者以有力的打击，熊熊的抗日烽火燃烧在宾县大地上。

第一节　日本殖民血腥统治

日本侵略者肆行残酷的殖民政策，其狼子野心是妄想摧毁我中华民族。为加强其殖民统治，采用"以汉治汉"手段，建立伪政权，强制推行殖民统治制度，对广大民众采取政治上压迫、经济上掠夺、思想上奴化、文化上瓦解等一系列法西斯殖民统治政策。历史不会忘记，日本法西斯侵占的14年，是中华民族历史上最为苦难的岁月，其累累侵华罪恶天地难容！

一、政治上残酷镇压

1932年5月，日伪统治者成立了伪宾县政府，吉林省熙洽伪政府任命贾文凌为伪县长。同年10月，成立伪宾县自治指导委员会，设自治指导员。1933年3月，伪县政府改称县公署，自治指导员改称参事官。1937年6月，参事官又改称副县长。自治指导员、参事官、副县长都由日本人担任，美其名曰"辅佐"县长工作，实际上要挟县长言行。同时县公署各科室均配备日本人做指导官，监督工作。这样，伪政府及其重要政务和权力部门均控制在日本侵略者手中，伪政府成为地地道道的傀儡政权，宾县人民失去了自己的政治权力。

伪警宪特白色恐怖 日伪统治者为实施法西斯殖民统治，镇压抗日力量和人民群众，除依仗军队外，还建立了伪警、宪、特组织，在宾县形成了庞大的白色恐怖网络，大有"黑云压城城欲摧"之势。

建立伪警察系统 1934年3月，伪宾县公安局改称警务局，全县设8个警察署、1个警察分所，有行政警察400多名，由19个日本人控制着。1936年6月，警务局增设特务股，各署增设特务系。1934年3月建立伪宾县警察大队，有266人，1936年增至1 000余人。还建立了日伪地方武装——宾县自卫团，县有总团总，保有团总，甲有团长。初期自卫团有900余众，最多时发展到2 700多人。

成立日本宪兵队 1934年4月，宾县成立日本宪兵队，100余人，秘密从事特务活动。日本宪兵队有随意捕人、杀人特权。日本宪兵队成立不久，一个日本宪兵穿便衣在宾州大街上嗅察兹事，与对面来的一个20多岁的山东人相遇了，躲闪几次才过去，日本宪兵咬定是对方有意的，就把山东人抓去审问，后来被投进狗圈活活被咬死。

建立特务组织——伪宾县特务搜查班 1943年12月，伪滨江省警务厅筹建宾县特务搜查班，简称"特搜班"，也叫宾县特务分室。1944年3月正式开始办公，电话号码是80号，故称其为

"八十号"。特搜班存在的18个月中，先后逮捕160多人，致死29人，特搜班要抓的"政治犯"主要是共产党员、八路军战士、抗联战士和国民党员。东北光复前夜，日伪统治者垂死挣扎。特搜班突击抓捕，几天时间就抓进71人，戴黑帽子、勒脖子、上大挂、打板子、抽鞭子、灌辣椒水、过电，各种酷刑无所不用其极，多数人被折磨死，人权被肆意践踏！

"治安肃正"惨无人道　"治安肃正"是日伪长期施用的惨无人道的政策，其目的是企图切断抗日队伍与人民群众的联系，扼杀抗日力量。1934年春，宾县、延寿等6县联合组织"治安肃正"工作班，伪宾县警务局派2人参加。实现"治安肃正"的具体手段是制造"无人区""清乡"和"归屯并户"。日伪统治以烧光、杀光、抢光的做法对手无寸铁的老百姓进行清剿、屠杀和镇压。

制造"无人区"　1934年开始，日伪统治者在宾县东、南部山区制造了"无人区"，先烧毁房子，填死水井，把百姓逼走。对不从者杀死或绑到矿山去服劳役。"无人区"东西100余公里，荒芜耕地2 000余垧。规定"无人区"内土地不准耕种，不准进入打猎砍柴，一旦发现，按私通抗联论罪。有的被抓住活埋，有的被乱枪打死。1935年春，在县城西门外杀人场就杀死进入"无人区"群众17人。

"清乡"屠村　日伪统治者为断绝群众与抗日部队的联系，制造"无人区"，大搞"清乡"活动。"清乡"实行"三光政策"，害死的百姓无法统计，苇塘沟的"肉丘坟"是日本侵略者在"清乡"中屠杀中国百姓的铁证。苇塘沟屯位于现摆渡镇东平村，当时只有9户人家，22口人。1936年10月5日，日本"讨伐队"在这个屯"清乡"一次就打死16人，打伤2人，仅有4人因外出幸免于难，9所房屋全部化为灰烬。活着的6人没有能力把16具尸体一一安葬，只好埋在一处，称为"肉丘坟"。

建立集团部落，囚笼禁锢 日本侵略者认为"清乡"不能奏效，1936年4月又强制实施了惨绝人寰的《集团部落法》，归屯并户，建立集团部落，还是用"三光政策"的手段开路，经过3个月强归硬并，将居住在山边、沟岔、河旁的4 300余个庄户并入"集团部落"，全县集团部落713处，还强迫屯民在部落四周挖深沟，防止自由出入。

屠杀活埋抗日志士 1937年冬，宾县日伪协合会宾县本部，组成一支庞大的宣抚队，对抗日联军活动的根据地三岔河、元宝河、大泉子、财神庙、大青山等山区地带进行"清乡"。清查队伍以伪警察为主体，伪政府的主要人员都参加了行动。有行政科长单幼萱、总务科长宋文湘、财务科长阚立权等。日本宪兵队长重冈带领亲信警务科长祝大同、警尉刘玉坤、庶务股长王景堂、会计股长罗云庆为要员核心。凡参加过抗联的、与抗联有联系的、当过胡子的，都在清乡之列，强迫群众揭发告密，实行"十家连坐"制。与赵尚志关系较好的积极捐红地盘支持抗联的高生、王济洲、王喜武等人事先得到三岔河宋保长派人送来的信，都躲到外地幸免。元宝河与抗日有联系的李智、黄香圃的儿子被戴上黑帽子抓进县监狱，不久被日伪残酷地在县城西门外活埋。

二、经济上疯狂掠夺盘剥

日本侵华目的之一是在中国获取到更大的经济利益，疯狂掠夺资源，以战养战。入侵14年间，竭疯狂掠夺之能事。

"开拓团"强霸耕地 1937年11月15日，伪宾县公署成立招垦整备委员会，强行以低于常规地价3倍收买和没收民地210万亩，名为买，实为硬征硬抢。日伪统治者以卑劣手段强占大量农民耕地为己有，然后用耕地大肆进行剥削榨取。1938年伪宾县公署在"无人区"建立"开拓部落"，在半无人区建立"满拓部落"，在沿江地带建立"防水部落"。全县共建立入殖土地部落155个，农户5 000多户，土地195万亩，日伪统治者成了土地"主人"，扩大增加地租的收取，牟取暴利。1940年7月，日本福井、富山两县开拓团200户，进驻宾县南部山区全孝、元宝河、大泉子、财神庙等地强行占领开拓地44 500多亩。开拓团单独设住区，不准中国人进入。日本人在中国国土上逞强撒野，国人无不愤慨。

粮谷"出荷"，农民断炊　1941年日本发动太平洋战争。为满足战争需要，日伪统治者强制推行粮谷"出荷"。所谓"出荷"，即以低价强制征收农民粮食，对粮豆全面"垄断"，实行"配给"，不准私自买卖。宾县的烧锅、油坊、米面坊、豆腐坊多数关停。日伪统治者催"出荷"粮不遗余力，不管收成好坏，不管口粮、种子是否留够，都要先如数按期缴纳。伪官吏、伪警察逐户催逼，翻箱倒柜，直到抢光为止。还随意打人，致伤致残者数不清。粮食都"出荷"了，农民的口粮没了，断炊成了普遍现象。

垄断市场，工商业凋敝　1941年日伪统治者控制、掠夺战争资源，以卡死物价来垄断市场，低价收取各种物资，迫使宾县170余家工商企业没法运作。又推出行业"组合"，全面控制物资，任其掠夺。1942年宾县各种物资都被日伪统治者垄断控制。12个行业，102个部门被迫关停。不但县城经济萧条，分布在乡下初具规模的张家烧锅、杨家烧锅、对店、老营口、长春岭、德源恒、张家糖坊、三岔河等小集镇均变得冷落不堪。原规模比较大的满家店、柳板站、高丽帽子、九千五等集镇的经济和社会发展均陷入萎缩颓败状态。

"勤劳奉仕"刺刀皮鞭下服苦役　日本侵略者屠杀中国人，还要奴役中国人为其侵略扩张出力，强迫青壮年参加"勤劳奉仕队"。所谓"勤劳奉仕队"，就是规定凡年龄20至23岁青年男子，不被征为国兵者，都有义务参加"勤劳奉仕队"。强制青年进行军事训练，承担无偿繁重苦役、劳役。包括军事生产、修筑铁路公路、水利建设、造林、土地开发、农作物收获、救灾等。1年服苦役4个月，必要时无限期延长。"勤劳奉仕队"按照准军队形式管理。从1943年3月至1945年8月，日伪政府在宾县先后组织"勤劳奉仕队"4次。第一次时间在1943年3月至7月，组成900人，到阿城县马家窝堡修河堤。第二次时间在1944年4月至9月，组成1 200人，到阿城天理村给日本开拓团修水库。第三次时间在1945年3月，组成1 300人，到铁岭乱石山修军事工程。第四次时间在1945年4月，组成900人，到哈尔滨市机务段修路。日伪统治者为了战争需要，还强迫出劳工。仅1942年至1945年三年多时间，全县强迫出劳工1 700余人，劳工在屠刀和皮鞭下服苦役，劳动时间长，吃的是橡子面，不能饱腹。有病不给治，遭受非人待遇。劳工被重活、饥饿、疾病、殴打折磨致死的伤残的500余人，占劳工人数的30%，对致死致残劳工的家属没有任何抚慰。日本侵略者欠下中国人民累累血债，其罪恶罄竹难书。

三、思想文化上进行殖民奴化

日本侵略者采取多种法西斯手段，企图消除中国人民的排日思想，在大搞武力侵占征服和经济掠夺同时，在思想文化上对中国人民极力推行愚民奴化教育政策。

摧残民族教育　日伪统治者强行规定不准悬挂中国地图，不得使用"中华"字样，不得使用中国教材，对带有民族意识的书刊一律禁止阅读。强行输入日本法西斯书刊，他们以自己政治取向编新教材，到1935年伪满出版奴化教育的新教材达22种，39册。1937年改的所谓"新学制"，初小四年改为"国民学校"，高小二年改为"优级国民学校"，中学改为"国民高等学校"，并由六年制改为四年制。缩短了学制，降低了学生的学习质量。目的是让中国人俯首帖耳，充当日本殖民主义者的"忠良"亡国奴，让中国青少年学生能真心崇拜日本天皇和伪满洲国皇帝。还把奴化思想的侵蚀体现在学生各活动之中，全县中、小学，每天早上学生都必须唱《满洲国国歌》，都必须集体背诵"诏书"或"国民训"，并向日本天皇遥拜。在"新学制"中突出日语教学，企图普及化，将日语定为"国语"。在学校建立了日语检查制度，评定日语学习等级，日语优胜者受到奖励，不合格者受到惩罚。县城各小学学生入学第一天点名时都要用日语"哈义"答应，如不用日语则拒绝入学。

麻痹民众思想　日伪统治者抓住了中国人民尊孔的文化习俗，编造了日本天皇的"王道乐土"，是源于孔子的"先王之道"。其目的是让我们中国人民尊孔必须尊崇日本天皇，伪宾县公署对祀孔活动列入头等大事来做，每年春秋两次成规，每次都由伪县长讲话，胡说什么日满不可分，日本发展了满洲等。参拜者还要向日本天皇和孔子像三鞠躬，多数人是身在鞠躬心在恨。

利用鸦片毒害民众　日本侵略者不仅在政治上、经济上、文化上残害中国人民，还利用鸦片直接毒害肉体。他们一方面鼓励支持民众种鸦片，低价收，高价出售，从中牟取暴利；另一方面允许开放大烟馆，发放贩卖鸦片许可证。当时许多民众误入贼船，种植、吸食鸦片的人越来越多。富裕人家因吸食鸦片倾家荡产；穷人则要卖儿卖女，沿街乞讨，葬身荒野。1936年时，全县吸食鸦片有万人之多，这些人不但失去了民族意识和反抗斗志，而且也失去了劳动能力，不能过正常人生活。毁灭我人民思想精神和身体素质，日本侵略者何其毒也！

四、百姓生活困苦凄惨

日本侵略者生性饕餮，令人发指，对我中国人民步步紧逼，越演越烈，百姓生活跌入低谷，陷进地狱。到1941年，全县近4 000工人失业，上万人无吃无穿，流浪街头，乞丐成群。特别是推行粮谷"出荷"后，老百姓缴纳完"出荷"粮，只能以糠菜糊口，绝大多数人家无隔夜粮。平民百姓吃大米、白面，则被判为"经济犯"。有七成左右人家吃的是难以下咽的橡子面，甚至是以树皮、草根、榆树钱、山野菜、野果艰难度日，别说吃到油，连盐都要"配给"，少得可怜。穷苦百姓穿的是破衣烂衫，一年只配给几尺更生布，做的衣服只能穿半个月左右就全部"开花"，有些人连更生布也穿不起，只好一件衣服穿几年，补丁摞补丁。有的全家四五口人只有一套破棉衣，冬天夹点棉花当棉衣，夏天掏出棉花当单衣。有些小孩常年光着身子，夏天日晒蚊虻咬，冬天钻麦秸堆，披麻袋片儿。住的是简易泥草房、马架子、偏厦子、地窨子，一家几代人挤在一个炕上为大多数。冬天炕上睡觉地下冻冰，夏天外面下雨屋里漏水。穷人卖儿卖女随处可见，冻饿而死的"路倒"无人过问，百姓无家不流泪，屯屯有哭声。

第二节　各阶层奋起抗日

历史已证明，中华民族只能在灾难中奋起，决不在灾难中倒下。中国人不会任人宰割，在中国共产党爱国统一战线旗帜下，宾县各阶层奋起抗日。

一、民众自发的反日斗争

想方设法抵制交纳"出荷"粮　日伪统治者以高压手段征收"出荷"粮，农民背地里采取多种方式与其开展针锋相对的斗争。有的少报耕地面积和产量；有的将打下的粮食坚壁起来，严藏秘贮，翻不出来；有的故意拖延粮食收割、脱粒、送粮时间。中国人是讲乡情的，一些有正义感的屯、牌长当催收人员来时，以好言好语答对，用好吃好喝的堵住他们嘴，使其酒足饭饱后快点走人，尽量少到农户家催逼搜翻。通过这些斗争办法，在一定程度上抵制了日伪统治者的粮豆"出荷"政策，使许多农户能够多留一些生产生活用粮。

不给日伪统治者卖命　广大民众对出劳工去奉仕、服兵役等多方抵制。其办法是：改户口谎报年龄，错过所征年龄段；乔装打扮年轻人留胡须，弯腰弓背扮成老人；装聋卖傻，应征时互相掩护，蒙混过关；躲到外地，避开风头。如此等等，使许多青年免遭苦难。

二、青年知识分子的反日斗争

宾县许多青年知识分子不屈从于日伪统治者的淫威，对其思想文化专制政策坚持抵制。县中学校长谭熹、县模范小学校长冯如山等人，通过多种渠道购买苏联书刊、马列著作和鲁迅、巴金等进步作家书籍进校园，支持青年们阅读进步书刊，使其树立起反帝反封爱国主义思想，效果显著。先后有段锦章、刘烈志、陈德京等一批进步青年参加了抗日队伍和革命工作，成为抗日斗争的骨干分子。

三、伪军政人员反日之举

伪警察局是日伪统治者镇压抗日军民的武装组织。其中一些人的民族精神和良知尚未泯灭，对镇压抗日军民往往是例行公事，持消极态度。伪警察大队长李玉山、副大队长信致文对"围剿"抗日游击队应付了事，还默许下属卖给游击队枪支弹药，引起了日本宪兵队对伪警察大队的怀疑。1936年5月，日本宪兵队逮捕了警察大队一些人，经过半个多月"审讯"，认定大队长李玉山、中队长刘德贵、杨德林、小队长张光亚、白云山、郭耕耘、郭忠孝等7人出卖给抗日队伍枪支弹药，与抗日队伍私通，决定全部处死。押赴刑场途中，李玉山被在伪满洲国务院任职的大儿子李丙文救下，其余6人均被杀害。日伪统治者将伪县警察大队权力上收，改为滨江省治安大队宾县中队，所属4个连。1936年9月二连全体官兵88人预谋投诚参加抗日队伍，受到日本"讨伐"队的追击，没能如愿，遂成为绿林义勇军报号"中华"，与日本侵略者相对抗。

伪县公署任职的伪官员对日本侵略者也十分不满。1934年3月初，伪县公署举行"国庆宴会"，会上几名日本人逼迫女教师敬酒、跳舞，借机进行猥亵。教育局长李荫南再也忍受不住，拍桌大骂日本侵略者禽兽不如。在严格审查挑选的伪宾县特务搜查班"八十号"里，也不乏不甘心当汉奸、有良知的人。伙夫刘贵，给"犯人"打饭时总是打得很满，有时还把"犯人"家属送过来的好菜埋在饭里送到狱中。监狱看守何文庆、马财当班时对"犯人"态度温善，给"犯人"许多自由。

四、抗日爱国的中学校长谭熹

谭熹，字启东，1896年出生于宾县柳板站北陈家楼屯。1921年考入哈私立东华中学。1926年考入北平师范大学。1929年毕业。1930年任吉林省女子师范校教员，加入反帝大同盟，并加入中国国民党。1931年夏任宾县中学校长。上任初期，他目睹宾县教育腐败现状，联合陈焕锦、吴秀等人大闹教育局，怒斥教育局是"新葫芦装旧酒"，县督学吕树声引咎辞职。

拍案而起，挺身而出 谭熹是有浓厚爱国思想的知识分子。"九一八"事变的第二天，他在县长孙象乾召开的各界首脑会议上，发表了壮怀激烈的抗日救国演说，驳斥一些人消极等待、依靠国联交涉、反对"轻举妄动"的论调。他慷慨陈词，直抒胸臆地说："国家兴亡，匹夫有责，依靠国民政府不把握，指望国联交涉也没希望，我们不能坐视亡国，只有发动全民武装起来，和日本侵略者血战到底！"9月22日，他和赵濯华、邓秀琳、刘斌、赵再田、刘哲民、马志清等7人组织东北义勇军军事委员会，赵濯华为司令，谭熹为委员，组织起1 500人的抗日武装，其中他动员中学学生近50人参加义勇军，这支抗日武装后来编入吉林抗日义勇军冯占海部队。拔剑雪恨，国耻为大。

矢志不渝，振兴教育 1932年初，日本侵略者占领宾县，学校被迫停课。谭熹夜以继日守护学校，使学校的房舍、设备、教具得以完好无损。1933年为了复课上学，他四处奔走，到伪县署要求经费，四方聘请教师，通知催促学生入学，对城里住的学生，还亲自上门动员，扩大了教育面。他用新思想、新理念办学，正校风、扬学风、立师德。在教学要求、课程设置、课余活动、生活管理诸方面都做出严谨的规范。要求教师尽心竭力为学生服务；要求学生胸怀远大理想，刻苦攻读，学好各门课程，得到真才实学，在社会上做个有用的人。他对学生倾注了心血，对家庭困难的学生免收学费，学生毕业后帮助物色学校，鼓励学生深造。对不能继续求学的学生千方百计帮助介绍职业，但他明确要求就业的学生，不能去当警察，不能涉足入敌特，不能介入干坏事。

心向民族，肝胆相照 谭熹支持共产党在中学的反满抗日活动。宾县中学中共工委支部乃至党支部，为了宣传革命理论，壮大反满抗日队伍，扩充了学校图书馆，增添一些进步书刊、歌曲和唱片。图书室向学生开放，学生进步思想形成潮流，一些进步教师和学生还参加共产党和共青团，这些活动都得到了谭熹的支持。但受到校教务主任石云鹏（此人1945年9月任中国国民党宾县党务专员办事处书记）的反对，一再向谭校长提出整顿学校的建议。石云鹏诡异地说："学生应以读书为主，不应参与政治活动，否则将给学校带来意外的麻烦，那时大家都要受牵连，甚至坐牢。你是一校之长，更是首当其冲。"石云鹏还主张停止几名进步学生的学籍，解雇几名年轻进步教师。谭熹听后，坦诚地说："我们是老同学、老同事，我们要做一个真正的师长，你看他们所做哪一件事不是对民族有益的？你不要害怕，我是一校之长，出事由我负责。你觉得在这里不安全，那么，你看哪里是安全之地呢！"谭熹的一番义正词严的话说得石云鹏哑口无言。1937年5月13日，中共宾县中学党支部书记、校训育部主任吕大千被捕，他非常痛心。还极力支持共产党员教师李梦久以治病为由尽快转移。吕大千被害牺牲消息传到宾县，他不顾个人安危，组织教师募集钱物并亲自对烈士的母亲进行慰问，对烈士进行哀悼！

铮铮铁骨展大节 谭熹爱国爱民的思想和行为，以及在宾县各界及学生中的影响，引起日本侵略者的敌视，被定为"要视察人"。1944年3月，吉林省国民党部领导人被捕，牵连到他，在宾县被捕入狱。第二天押送到伪滨江省警务厅，同年8月，受尽各种酷刑，仍坚贞不屈，大节不亏，死于重刑之下。终年49岁。日本侵略者惨无人道，无恶不作，谭校长德传百世，名耿千秋。

五、甘于奉献的白衣战士真书樵

真书樵，1903年9月19日出生于宾县太平寺一个贫农家庭。

1916年考入宾县蜚克图第二高等小学校学习。1920年因家贫不能升学，去哈尔滨道外先慎医馆，学中医4年。1925年出徒后，在宾县城内恒发顺、谦和义当坐堂汉医。救死扶伤，不妄取民财。1934—1935年，他和中共党员李梦久、王逢源先后发生联系，为党的活动做了有益的工作。曾为李梦久暗藏过油印机、子弹等。还利用看病接触面广、行动方便等条件，多次向李梦久提供日伪军武器装备、车马人数和日伪军行动情报。按李梦久建议在药铺代售进步书籍，他表面上对敌伪势力表示沉默，内心却注意搜集敌伪方面的各种情报。找他看病的敌伪人员很多，借闲谈机会了解有关情况，及时汇报给李梦久。1937年5月13日，中共宾县党组织被破坏后，李梦久曾在他家隐蔽。暑假，他设法把李梦久送到哈尔滨，经他老师高静清介绍到哈尔滨市道里三美照相馆做美术工作。1945年冬，真书樵在行医同时，积极参加社会民主改革运动。解放战争时期，他主动送两个儿子参加工作。在抗美援朝运动中踊跃捐献飞机和大炮，并动员女儿参军参战。把全部收入尽数献给上海失业工人。他于1962年加入中国共产党，历任宾县第二中医联合诊所所长、宾县中医院副院长、宾县汉医会名誉会长等职。多届次当选县人民代表大会代表。1960年当选为县政协副主席，1985年9月22日因老病逝，终年83岁。

六、小英雄何畏

何畏，原名何永祥。1923年出生在宾县新甸一个穷苦农民家庭。1931年，8岁的小永祥随父母来到荒僻的方正县大罗勒密落户。1932年给地主家放牛，经常遭受毒打。日本侵略魔爪伸到了大罗勒密，小永祥目睹日军"三光"的暴行，阶级仇、民族恨在小永祥心里燃烧着。

智擒日本兵 1935年夏，军长李延禄率东北抗日同盟军第四军开辟抗日游击根据地。小永祥放牛，看到和听到抗日部队痛击日寇的壮举，非常高兴，他成了战士们喜爱的小朋友。永祥要求参加抗日部队，李延禄把组织儿童团的任务交给了他。小永祥当上了儿童团长，组织和带领团员站岗、放哨、搞宣传、传递情报。1936年李军长率队转移，方正县城里的日军急忙派出部队到大罗勒密搜查四军留守人员。日军一个小队窜到三家子屯，搜查抢掠后，到一家地主院里把枪架在院心，杀鸡做饭，大多数休息，门外只有一个日军哨兵。小永祥急速奔山里找到抗日队伍说明情况并把自己想出的消灭鬼子的计划说了出来。他抱着一只大公鸡向驻日军院子走去，敌人以为是给送鸡的，迎了上来，他装作害怕转身就跑，日军边喊边追，埋伏在夹道的队员冲上去把追敌抓获。他带领队员冲进院里，先缴了枪，20多名日本兵全被俘。李军长见他人小志大，机智勇敢，答应他加入抗日部队的要求，并给他改名叫何畏，希望他成为一名无畏的抗日战士。

英勇抗日　何畏参军后，分配在军部宣传连。1936年3月，他担任新任的李延平军长的警卫员，在警卫工作中多次遇险，他以无畏的大智大勇，保卫了李军长安全。1937年8月，李军长在宝清凉水泉养伤，十几名伪军偷偷摸上来，被何畏发现，他临危不慌，沉着利用地形开火阻击，其他同志闻讯赶来，共同奋力打退了敌人。

为祖国献身　1938年春，抗联四军向五常方向西征。刚踏进五常县时，突然遭到数倍于我军的日伪军包围，激战中何畏不幸身负重伤被俘。在狱中，敌人严刑拷打，他坚贞不屈，并狠狠地咬伤对他行刑敌人的手臂。敌诱降不成，就残酷地把年仅16岁的何畏杀害了。

新中国成立后，为了铭记为祖国解放献身的英烈，哈尔滨东北烈士纪念馆陈列了小英雄何畏的事迹与半身塑像，宾县革命烈士纪念碑座铭镌有何畏英名。

第三节　吉林省政府在宾县的抗日活动

吉林省政府于1931年11月12日在宾县成立，开展抗日活动近3个月。宾县人民给予大力支持。农工商各界踊跃交纳税款，积极捐献粮草物资，有许多爱国知识分子考入到省政府各部门工作，吉林省政府的抗日活动功不可没。

一、吉林省政府在宾县成立

"九一八"事变后，蒋介石的不抵抗命令，不但丢了东北国土，也毁了东北军的威名。1931年9月间，吉林省政府主席张作相回锦州原籍为父治丧，把权力交给了副司令长官公署参谋长熙洽，令其为吉林省代主席。熙洽9月12日叛国投敌，下令吉林驻军全部撤出省城，把日军迎进来。他自任长官，甘心为日本侵略者驱使、效劳。张作相痛恨熙洽，恳请原吉林省政府委员诚允代理他的省政府主席职务，速回哈尔滨重建吉林省政府。征得张学良允许，遂将省政府设于宾县。

二、"大胆"主席诚允

诚允任吉林省政府委员时，是力主抗日的。他多次向省主席张作相陈述自己抗日主张，说服张作相出来领导抗日。熙洽以吉林省代主席名义投降日寇，助长了日寇侵华气焰。张作相后悔用人失察，对诚允的爱国热情和抗日精神极其赞扬。

临危受命，堪负重任　1931年11月12日，经张学良请示南京政府批准，诚允被任命为吉林省政府主席。吉林省政府在宾县重新组建后，面临十分险恶的政治军事形势。政治上，亲日派和汉奸熙洽把持着哈尔滨和其他各县实权，抗日力量受到压制，在省会宾县城虽吉林省政府已组成，但只是个空架子，原吉林省政府委员只有诚允和王之佑来赴任，其余人都为保个人财势不肯离开哈尔滨。王之佑来了只住一个星期就回去了，此后再没照面，只剩诚允一人。各厅处大员皆是如此，大都没有到职。军事上，省政府重建后，缺少可以指挥调动的御敌之兵，原省内驻军各旅，拥兵自重，不服从省政府调动。虽处处掣肘，但诚允是不甘于苦撑局面的，临危受命，堪负重任。为了摆脱困境，扭转不利局面，诚允上任伊始采取了一些有效的政策措施。首先，从吏治入手，建立健全省政府上上下下部门的机构和人员，将宾县及附近各地的200多名爱国知识分子，经过考试录用到省政府各部门工作。其次，鉴于省政府各职能部门人员不齐、办事效率不高的问题，采取"少用人多给钱"的办法，合并机构，由下级部门选拔干练人才充任各厅、处主官，办事官员薪俸增加，办事效率显著提高。还在财政、教育、军政、民政等方面制定实施了一系列改革措施，省政府的工作正常运转。

李杜、冯占海、赵毅支持诚允　诚允破解了政治难题后，集中精力抓军事御敌。原省内驻军中，依兰镇守使兼二十四旅旅长李杜、公署卫队团长冯占海和新任二十二旅旅长赵毅是有爱国心的抗日将领，反对熙洽，公开表示支持诚允，服从新建省政府的调遣。诚允和李、冯、赵加强了联络，形成了指挥系列。

联络抗日将领，发展抗日武装　诚允为保卫抗日政权，积极联络抗日将领，组织抗日义勇军和民团，大力发展抗日武装力量。他任命冯占海为省政府警备司令，责成二十二旅赵毅在双城一带设防，阻止日军和熙洽伪军北犯，派人同李杜、张治帮等抗日将领联络。新建吉林省政府很快控制了全省大部分军政权力，各地爱国人士纷纷云集宾县。

守卫宾县城，击退汉奸于琛澂部　吉林省政府的存在和发展，对日本侵略者吞并东北的侵略野心来说是一个沉重的打击。1932年1月中旬，熙洽受日本侵略者指使，扬言要踏平宾县的吉林省政府，命令于琛澂率重兵进犯宾县。当时宾县只有徐文田的一个营卫队，重兵来犯，形势危急。诚允却镇定自若如常，亲自部署宾县防务。他看到商民外迁，就将自己家属由哈尔滨接来同住以表示与民众共生死。日军派多架飞机来宾县上空投弹轰炸，伤亡很大，诚允不避凶险，亲临现场，一面指挥军警用步枪向敌机射击，一面看望死伤军民，当场发给抚恤费、药费。战事紧张，下属有人劝他取消省政府以退兵。他感慨地说："昔岳武穆尝言：'文官不爱钱，武官不怕死，天下太平矣！'我今天偏要做个文官不爱钱，不怕死。"在冯占海御敌失败情况下，徐文田营长要护送诚允出城躲避。他说："余去人心势必恐慌，不待贼来，城必失掉矣！余将何以对待国人，宁死不能出城！"他一面安定人心，抚恤阵亡将士家属，一面调李杜部队来宾县击退了敌军，终于使局势转危为安，事后宾县群众称诚允为"大胆主席"。1932年1月末，日伪军把攻击的矛头指向令其"烦扰不堪"的吉林省政府所在地宾县。2月6日上午10时，日本12架飞机飞临宾县城，投掷重磅炸弹及燃烧弹，城内顷刻间火光一片，人员伤亡甚重，他接受了众人劝说，更是为了避免宾县城及民众损失，晚6时跨过松花江冰面退往巴彦。

第四节　抗日义勇军英勇奋战

在日军汹涌入侵，肆意践踏我大好河山，蒋介石政府不抵抗使国土纷纷沦丧、民族危亡濒临的严峻时刻，东北各界愤然而起，自发组织抗日武装，国人振臂金戈铁马，抗日义勇军曾在宾县同日本侵略者进行了英勇不屈的斗争。

一、东北反日义勇军军事委员会

"九一八"事变后，宾县满井自治区区长赵濯华忧心如焚。他同县中学校长谭熹等爱国志士认为，要拯救东北和中国，只有动员广大民众，实行武装抵抗。决心发扬民族英雄的抗敌精神组织抗日义勇军。1931年9月22日，由赵濯华、谭熹、陈焕锦等7名爱国人士共同发起成立了东北反日义勇军军事委员会，赵濯华任司令，谭熹、邓秀琳、刘哲民、刘斌、赵再田、马志清为委员。动员联合各界爱国人士，磋商救国救民大计，争取大家一致抗日，组建自治区，成立农民抗日武装；草拟建军章程，刻制印件，赶制军旗，于9月末正式组建了军委司令部。中共宾县中学支部书记吕大千动员学生加入，义勇军很快发展到1 500余人。吉林省政府在宾县重建后，东北抗日义勇军军事委员会被编入东北反日救国军第三路军右路军，赵濯华任右路军第三支队司令，下设三个营，赵濯华率三个营奔赴抗日战场。

二、吉林义勇军在宾县抗日活动

1932年1月27日，李杜、冯占海二部在哈尔滨打退伪军于琛澂部进攻，以步枪击落日军飞机一架，击毙日军清水少佐。31日在李杜提议下，抗日将领、各界民众参加，在哈尔滨召开了"吉林自卫军总司令部成立大会"，宣布由各部联合组成吉林自卫军。

血战会发恒 1932年3月15日，日伪军由宾县经高丽帽子向方正桶子沟、会发恒防区进犯。日伪军以陆空军配合进犯夹信子以北的会发恒阵地，自卫军杨树藩支队予以阻击。杨冒猛烈炮火指挥战斗，给敌军以重创，不幸壮烈牺牲。邢占清旅增援，激战一昼夜，敌飞机轰炸，炮火猛烈，工事被毁，道路被堵。会发恒阵地终被攻陷。自卫军为挽救危局，一面由冯占海亲自带队向会发恒敌军进攻，一面派姚秉乾旅迂回敌后袭击。冯占海于黄昏时，乘敌机飞返时向会发恒猛攻，血战至深夜，将日伪军击退，收复会发恒。姚秉乾旅由高丽帽子方向，从腰岑子攻入桶子沟，抄袭日伪军后路。被围的宫长海和杨树藩旅向西冲击，自卫军两路夹击，将伪李文炳旅全歼。自卫军的这次战役，使日伪军死伤甚重，持械投降者达3 000余人，缴获迫击炮4门，轻重机枪数十挺，步枪3 000余支，弹药无数。自卫军亦有重大牺牲，支队长杨树藩、杨凤山等军官数十人壮烈殉国，士兵伤亡千余人。

突袭枷板站　1932年，冯占海率所辖宫长海旅、姚秉乾旅、王锡山旅、赵维斌旅、杨质斌旅等部，经方正、宾县向哈尔滨进攻。4月下旬，攻克方正。5月份，向宾县进发。由宫长海当前卫指挥，率姚秉乾、杨质斌等旅向高丽帽子、枷板站方向进军。枷板站是通向宾县和直通哈尔滨市的必经之路，离宾县城仅20公里。先头部队乘拂晓出其不意向伪军钱福安部突袭，伪军仓皇应战，支持不久即向宾县城退却，抗日自卫军占领枷板站。

二进宾州城　1932年2月6日，宫长海、姚秉乾率吉林自卫队一进宾州城，进行休整，被宾县人民称为宫姚旅，得到宾县人民的支援。1932年5月，自卫军攻下枷板站后，向宾县推进，宾县农民自发武装起来的大刀会与抗日自卫军联系，决定联合抗日。大刀会多数是山东人会武术，不堪侵略者凌辱压迫，为不当亡国奴，把日军赶出去，毅然举起抗日旗帜在宾县杨家烧锅、大泉子、元宝河、九千五等地组织起来共同抗日。大刀会纪律严明，杀富济贫，铲除汉奸，同日伪军进行多次战斗，利用大刀、长矛与敌人短兵相接，拼杀有术，凶猛无比，打得敌人闻风丧胆，日伪军称大刀会为不怕死的"铁孩子"。5月3日，抗日自卫军与大刀会联合攻打宾县城，县城驻有伪军于琛澂部辛青山旅和由栅板站、乌河败退的钱福安旅残部。先头部队首先将县城外围防线突破，后续队伍大举包围，一举攻破县城。入城后，大刀会在东门里挑死伪保安大队长王振林，除钱福安率残部向蜚克图方向逃窜外，其余均向自卫军投降，生擒伪旅长辛青山及其所属团长2人、营长5人、连以下军官百余人，士兵投降2 000余人，缴获山炮2门、迫击炮4门、重机枪5挺、步枪千余支、弹药无数。俘虏以县长贾文凌为首的伪官员20余人，二进宾州城大捷。自卫军收复宾县后，声威大振，军民欢欣鼓舞，爱国群众、抗日人士自带枪马纷纷前来参加抗日队伍。

1931年10月到1932年6月9个多月里，抗日义勇军在宾县战斗频繁，展开"拉锯战"。宾县人民无私地供给抗日军队大量粮食、车辆、马匹和人力。吉林抗日义勇军12个旅中，有两个旅官兵基本都是宾县人，加上赵濯华第三支队1 500多人和大刀会人员，当时宾县共有万余人参加抗日斗争，做出了重大贡献并付出了很大牺牲。

三、东北反日义勇军司令赵濯华的光辉一生

赵濯华，1900年1月14日出生于宾州厅乌河大肚川屯一个农民家庭。曾用名则东。1918年进入哈尔滨东华学校，校长邓洁民也是宾县人。在校期间，积极参加邓洁民校长组织的各种反帝反封的爱国主义活动。1920年中学结业，在县立模范小学当庶务员。为寻求救国道路，1921年暑假后，考入北平平民大学新闻系。1923年进入北平内务部警官高等学校指纹科专业，半年后毕业。1928年在河北抚平县当了警察区官。1928年12月16日，东北"易帜"，为改变家乡落后面貌，在家乡实行孙中山"三民主

义"，辞掉县警官职务回到家乡办自治。1929年考入吉林省地方自治人员训练所，毕业后任宾县第四区（满井）自治区分所区长。任职期间，实施新政启民生，普及教育，修建道路桥梁，兴修水利，禁吸鸦片，禁止赌博，试行初级政权晋选，改善医疗卫生等工作，使全区呈现进步发展景象。"九一八"事变后，积极参加组织抗日活动。1931年会同谭熹等7名爱国志士成立东北抗日义勇军军事委员会，组织抗日义勇军1 500多人，赵濯华任司令。1932年与共产党组织取得联系，1933年7月加入中国共产党。1933年夏，中共北方局决定派他到吉林自卫军司令李杜余部进行工作。被吉林救国军司令高玉山委任为第一旅参谋处长。1935年1月成立中共"东北特别支部"，5月他任支部书记。1936年春，负责北方局工作的彭真指示，将"东北特支"改为中共北方局特别工作委员会（简称"东特"），赵濯华任组织部长。在东北同胞中开展抗日救亡活动，发展组织，宣传党的政策，建立广泛的抗日民族统一战线。1937年全面抗日战争爆发后，受北方局指示，做国民党将领石友三的统战工作，通过关系当上了石友三的秘书。1939年，到冀中军区政治部任敌工部长。1942年初，负责晋察冀东北工作委员会的工作。8月带一个情报站、一部电台到辽东地区，在长城内外开展对敌斗争，使晋察冀根据地与东北形成沟通态势。1943年春，积劳成疾，心脏病发作，高烧不退。1944年春节后转入地下疗养治疗。1945年光复，北方局领导人彭真指派他任沈阳市公安局局长。任职一个月后，调任辽宁省公安厅厅长。1946年3月，转至哈尔滨任东北行政委员会所署的贸易公司副总经理。1947年成立东北纺织工业局，任局长。1948年11月2日沈阳解放后，成立东北工业部，任轻工业局局长。1953年调到北京任轻工业部造纸局局长，1957年被派到天津筹备建立造纸学院，1958年回轻工业部任科学研究设计院院长兼党委书记。1959年受到错误处理，下放到大连玻璃厂工作。1968年6月13日关进大连岭南监狱，1972年11月27日出狱，监外审查。粉碎"四人帮"后平反，恢复名誉。任辽宁省政协副主席。新工作开始后，他仍保持艰苦奋斗、密切联系群众、关心群众疾苦的光荣传统，为团结党外人士，开创党的统一战线和人民政协工作新局面做出了贡献。为党为人民奉献了光辉的一生，直到1983年12月2日病逝。

第四章　抗日联军在宾县的抗日斗争

　　1933年至1936年间，赵尚志和李兆麟将军等在中国共产党领导下率领珠河反日游击队、东北反日游击队哈东支队、东北人民革命军第三军、东北抗日联军第三军，在宾县开展抗日活动。开始在南部山区，后扩大到半山区和沿江地带。所到之处扩大"红地盘"，机动灵活地纵横驰骋，寻找有利时机频频出击，英勇巧妙地开展有声有色的抗日游击战争。中共宾县特支进行大量的群众发动工作，有力地配合抗日联军部队的抗日斗争。抗日烈火在哈东宾县游击区熊熊燃烧，成为歼灭日本侵略者的主要战场。现在，宾县革命老区，保存了多处抗联斗争的遗址、遗迹，流传着赵尚志、李兆麟、冯仲云等抗联斗争的英雄故事。

第一节　赵尚志争取"朝阳队"

　　赵尚志是辽宁省朝阳县喇嘛沟人。1908年10月26日出生在一个农民家庭。1917年因其父参与打死过几个作恶的官兵，被迫外逃避难。1919年随父亲和一家人来到哈尔滨。1925年夏，经中共哈特支负责青年工作的彭守朴介绍成为一名光荣的共产党员。决心为革命学军事，经过个人努力成为黄埔军校第五期入伍生。

1932年春节前夕，赵尚志回到哈尔滨，便急切地找到从沈阳转移来的中共满洲省委，要求分配工作。省委决定他为省军委书记。在北平上大学的东北籍学生张甲洲、张文藻等人，由于受到我党的影响，返回家乡在巴彦组织一支抗日游击队，名为东北抗日义勇军。中共满洲省委为了加强这支队伍的领导，于同年5月派赵尚志作为省委代表去部队工作，张甲洲聘请他为参谋长。赵尚志按中共满洲省委指示，对队伍进行思想整顿，用在黄埔军校学到的带兵之道，开展军政训练，对官兵进行我党抗日救亡方针政策教育。

一、只身打入"朝阳队"

孙朝阳原名孙兴周，和赵尚志同是辽宁朝阳县人。曾任马占山部龙江骑兵二旅营长。1932年上半年在阿城马厂甸子一带率部并联合一些土匪宣布反日，报号"朝阳队"。同年9月，"朝阳队"开进宾县城。赵尚志得知后，于1933年3月只身从哈尔滨来到宾县，经同乡关系介绍，打入"朝阳队"当了一名马夫。"朝阳队"约有700余人，赵尚志发现队伍成分很复杂，有破产农民、工人、学生，也有流氓和惯匪。赵尚志试图把这支成分复杂思想不一的队伍改造成共产党领导的人民军队。他主动和士兵接触，给士兵讲"国家兴亡，匹夫有责"，不当亡国奴，反抗日本侵略的道理。"朝阳队"在宾县驻扎期间，日伪当局多次劝降。孙朝阳不为所动，坚持抗日。1933年6月，"朝阳队"被迫撤出宾县城。日伪当局加紧追击，企图将其消灭掉。8月初，"朝阳队"被日伪军包围在宾县南部杨家烧锅一带，处境十分危险。孙朝阳束手无策，其部下也一筹莫展。危机时刻，赵尚志感到自己施展军事才能的机会来了，向孙朝阳提出了以攻为守的建议。一部分部队就地据守，一部分部队去攻打宾县城，被孙朝阳采纳，并让赵尚志率队攻城。8月7日，赵尚志率领部分精锐乘敌不备，攻进宾县城，抓获了数名日本兵和汉奸，缴获了许多武器和军需品。当日夜间撤退时，烧毁了伪宾县公署财务处，带走了汉奸伪工商会长张某，将其处死。敌人果然中了赵尚志的"围魏救赵"之计，围困"朝阳队"的日伪军解除了对朝阳队的包围来增援宾县城。趁敌人撤退之机孙朝阳率领部队冲出包围，化险为夷。赵尚志得到孙的赏识和信任，很快被任命为该队的参谋长。"朝阳队"攻打宾县城军事行动的胜利极大地鼓舞了哈东一带反日部队和广大群众的斗争勇气。一时间"朝阳队"名声大振，还传"朝阳队"出了一个赵尚志能掐会算。各路义勇军、山林队纷纷前来投奔入伙，队伍进一步扩大。纵横活动于宾县、珠河、方正、阿城及哈尔滨郊区，成为一支哈东地区主要的抗日斗争武装力量。1933年上半年，中共珠河中心县委为贯彻满洲省委关于扩大民族革命战线及联合一切反日力量，开展反日游击运动的指示，决定派中共党员李启东、李根植等同志打入"朝阳队"开展秘密工作。到"朝阳队"后经过一番工作，站稳了脚跟，树立起一定的威信，取得了孙朝阳的信任。李启东被委任为管理绑来人质的队长，他在下层团结一部分人，还组织起17人的士兵反日会。

二、稳定"朝阳队"军心

赵尚志通过和李启东、李根植等人接触，了解到他们是珠河中心县委派来的，内心十分高兴。彼此相互配合，逐步达到紧密合作。在"朝阳队"中开展了党领导下的争取工作。争取"朝阳队"的工作并非一帆风顺，遇到了很多变故，考验着赵尚志、李启东的智慧，敌人也在争取"朝阳队"。1933年秋，日伪统治者加紧对抗日部队的劝降和分化。哈东部分反日义勇军、山林队投降了敌人，对"朝阳队"官兵士气产生了很大影响。加之攻打方正县失利，许多官兵对孙朝阳失去信心，每天都有士兵携枪逃跑。由于赵尚志在朝阳队的威望日益提高，士兵们公开要求赵尚志担任领导。赵尚志为了最后争取"朝阳队"，仍积极维护孙朝阳的威信。他劝士兵们说："我们到队伍来是打鬼子的，鬼子这么可恨，我们怎能带枪逃跑呢！"士兵们在他的劝导下，情绪逐渐稳定下来，表示继续坚持抗日。

三、争取工作功亏一篑

赵尚志总结了巴彦游击队失败的经验教训，开始研究开展武装斗争的策略。他把游击战、团结抗日、党的领导作为克敌制胜的三件法宝，进行反复宣传并积极执行。正当赵尚志和李启东等在朝阳队内组织起一支骨干队伍而积极工作时，孙朝阳中了日军的奸计。1933年中秋节前夕，日伪派特务假充北平国民党反日军后援会代表，携带伪造信件，邀请孙朝阳去北平，"商讨抗日大计"，并能领军饷。孙朝阳不识真假，其部下也认为升官发财时机到了。赵尚志识破了敌人阴谋，阻止孙前去。以孙朝阳堂兄为首的原土匪头目，阴谋乘机杀害赵尚志和李启东。这个密谋毒计刚巧被战士王德全听见，王德全感到问题严重，马上把这一情况报告给赵尚志和李启东。赵尚志听到王德全的报告，意识到争取孙朝阳已无希望。本想通过几天筹备，组织武装哗变，把领导权夺至自己手中，免得队伍溃散，再蹈巴彦游击队覆辙。可眼下形势发生变化，不能再拖。于是王德全在当晚乘孙朝阳睡觉之机，从孙屋内背出一挺轻机枪，同时通知了赵尚志。赵尚志当机立断决定分头通知队内同志脱离孙部，去找中共珠河中心县委。赵尚志带领李启东、王德全、李根植、姜熙善、金昌满、姜甘用等7人，携带7支长枪，4支短枪，1挺轻机枪，连夜离开了"朝阳队"，于10月5日来到中共珠河中心县委驻地——珠河县三股流的六道河子。赵尚志离开"朝阳队"后，孙朝阳果然上了敌人的圈套。1933年10月27日，孙朝阳随特务乘车去哈尔滨。当车到哈尔滨，孙朝阳被日本宪兵队拘捕，随后押解到长春，关押起来。这时孙朝阳才后悔不该不听赵尚志的话，更不该逼走赵尚志。敌人用封官加赏的手段劝降，孙朝阳拒不投降，敌人就对孙朝阳施以酷刑，百般折磨半年之久。1934年4月孙朝阳被敌人杀害，其头颅被敌人运到宾县城悬挂在西门上示众。赵尚志得知孙朝阳被杀害，对"朝阳队"未被改造成党领导下的抗日部队很遗憾。孙朝阳作为一个有良知、有爱国之心的中国人，不甘心忍受日本侵略者的欺辱，扛起抗日斗争大旗，抗击日寇侵略的行为是值得肯定的。他至死没改变抗日的信念，也是值得称道的。

第二节　珠河反日游击队

赵尚志领导的抗日部队在宾县游击区的抗日斗争，经历了珠河反日游击队、东北反日游击队哈东支队、东北人民军第三军和东北抗日联军第三军四个阶段。

一、珠河反日游击队的建立

赵尚志、李启东等7人到珠河后，中共珠河中心县委热烈欢迎并十分关心这支队伍的成长。决定送给两支枪，还在原有7人基础上，由团县委、反日会增派李福林、朱新阳等6人筹建起13人的反日游击队。当时中共满洲省委派军委负责人李兆麟到珠河传达中共中央"一·二六"指示精神。又听到关于中央苏区和红军发展的情况报告，受到很大的教育和鼓舞。李兆麟与中心县委负责人一起帮助赵尚志、李启东总结了在朝阳队的工作教训，在进行充分讨论后，就组建游击队的工作，作出了十项决议。赵尚志决心以中央红军为榜样，组建一支党领导下的抗日游击队，与东、南满的兄弟队伍并肩作战，狠狠打击日本侵略者。

1933年10月10日，珠河反日游击队在珠河县三股流常万屯后山召开隆重的群众大会，中共珠河中心县委宣布珠河反日游击队正式成立。赵尚志为队长，李福林任政治指导员，队员13人。有一挺机枪和13支步枪。哈尔滨反日总会代表和珠河中心县委代表参加大会，祝贺珠河反日游击队的诞生。赵尚志带领全体队员庄严宣誓："我们珠河游击队的全体战士，为收复东北失地，争取祖国自由，哪怕枪林弹雨，万死不辞；哪怕赴汤蹈火，千辛不避。誓为武装三千万同胞，驱逐日寇出东北，为中华民族独立、解放而奋斗到底！"珠河游击队宣布执行人民革命军队的斗争纲领，贯彻执行党的抗日民族统一战线政策，做好群众工作。决定在群众基础较好的三股流、石头河子、板子房等地建立游击区，发展壮大游击队。

二、开辟和建立根据地

游击队刚成立，面临兵员少，枪支弹药不足，群众对游击队性质分不清，不敢接近；日伪警察所，反动大排队，土匪山林队对游击队活动造成很大威胁等困难。为使游击队站住脚跟，打开抗日斗争新局面，赵尚志依据红军军规，制定了严明的群众纪律。队伍每到一地，队员们都主动与百姓接近，为老百姓干农活、挑水、扫院子、喂畜禽，宣传游击队是共产党领导的为老百姓做事打鬼子的。解除了群众疑虑，游击队与老百姓关系密切起来了。根据群众反映和要求，惩处了一些损害老百姓，被群众痛恨的"孤丁""小线"等零星散匪。1933年10月29日，赵尚志带领游击队袭击了西五甲警察所，审判处决了罪大恶极的亲日走狗王某。不久，将汉奸恶霸袁某的大排缴了械。还打退了日伪军两次"讨伐"，击毙了日军"讨伐"大队长以下几十人。游击队收拾恶匪，惩治汉奸走狗，袭击伪警察所，解除反动地主大排队武装，打退日伪军进攻等一系列军事行动，受到群众拥护和支持。一时名声大振，影响到周围的义勇军和山林队。12月初，孙朝阳部义勇军中有10余人在刘海涛率领下，慕名前来投奔珠河反日游击队。游击队在群众中威信越来越高，与群众关系越来越密切，队伍所到之处，群众争着请游击队员到家吃饭，还主动集款、捐助游击队手套、衣服，猎户们自愿给游击队送野鸡、野兔、狍子等，老百姓亲切称"咱们的队伍"。到年底发展到60余人，装备也得到加强。

三、东北抗日联军著名将领李兆麟

李兆麟，1910年11月2日出生在辽宁省辽阳县小荣官村。原名李超兰。1931年"九一八"事变爆发，东北三省沦陷。在中华民族生死存亡紧急关头，年轻的李兆麟怀着满腔义愤，毅然走上抗日救国的革命道路。1932年5月，由中国共产党青年团员转为中共党员。1933年1月27日，在哈尔滨道外天泰客栈与中共满洲省委秘书长冯仲云接上关系，被分配在省委军委工作。1933年秋，省委派他到珠河巡视工作，见到了赵尚志。与中共珠河中心县委一起帮助建立起珠河抗日游击队。1934年初，中共满洲省委遭到部分破坏，李兆麟离开哈尔滨来到珠河反日游击队，化名张寿筏，担任副大队长，政治部主任，和赵尚志并肩战斗。指挥了火烧满家店伪警察所、三岔河突围战等战斗，和赵尚志率领的抗日队伍鏖战于哈东地区。1934年6月29日在珠河反日游击队基础上，建立东北反日游击队哈东支队。赵尚志任司令，李兆麟任政委。1935年1月28日，以哈东支队为基础，成立东北人民革命军第三军。李兆麟任二团政治部主任。1936年春任东北人民革命军第六军政治部主任。1937年东北反日联合军总司令部改为北满抗日联合军总司令部。总司令赵尚志、李兆麟任政治部主任。1939年5月任东北抗日联军第三路军总指挥。1942年7月任中共东北党委会常委。1945年抗战胜利后，任滨江省副省长。他坚决反对国民党挑起内战，战斗在建立和平、民主、富强、统一的新中国的第一线。1946年3月9日不幸被国民党特务杀害，时年36岁。同年3月24日，哈尔滨10万人在道里公园举行隆重祭奠和安葬仪式，并于公园北侧建立烈士墓。同时将公园改名为"兆麟公园"，墓碑上镌刻着"民族英雄李兆麟之墓"金色大字。

四、珠河游击队在宾县的战斗

1933年底，初具规模的珠河反日游击队，在宾县南部山区及国道沿线开辟和建立根据地，抗日斗争战果丰硕。

教育改造刘连祥 刘连祥是宾县七区（现平坊镇）豪绅地主自卫团总。1934年1月初，大雪封山，天寒地冻，游击队越冬物资、弹药缺乏，急需得到补充。正在想办法，接到报告说刘连祥带人在秋皮囤、四和尚庙收缴地租。赵尚志立即率领游击队40名战士包围了刘连祥及所带人马，俘虏刘连祥等13人，缴获长枪12支、手枪1支、马13匹。当日，将俘虏的自卫团丁经教育后全部放回，留下刘连祥对其进行抗日救国的宣传教育。刘连祥接受教育，放回后，不但按期按数缴纳反日特别捐，还主动送给游击队机枪2挺、步枪20支、短枪5支、子弹3 000余发，乌拉50双和2 000元钱。赵尚志教育改造刘连祥的做法，不但打击了反动武装势力，同时也使抗日部队找到了解决军需给养的办法。

夹击日本弹药车 1934年3月2日，赵尚志收到中共宾县特支转来的打入敌人内部的共产党员韩谋智的准确情报，得知日军弹药车从黑山头（现宾西镇常青村）向宾县运来。便率领百余名游击队员和200余名义勇军埋伏在黑山头道路两侧。日军3辆胶皮大车进入伏击圈时，受到两面夹击。打死日军20余人，缴获轻重机枪4挺、掷弹筒100个、炮弹一胶轮车、子弹200箱、军服200套。

木炮轰宾州 1934年3上旬，赵尚志率领游击队会同"青林"义勇军在半截河召集"北来""七省""友好"等义勇军各部首领，举行联合军会议。会上达成联合抗日的协定，决定成立东北反日联合军总司令部，赵尚志被推选为总司令。为了扩大抗日声威，从敌人手中夺取枪支、弹药和物资，装备部队，壮大武装，总司令部决定攻打宾州城。1934年3月中旬，赵尚志率领东北反日联合军主力部队和义勇军共计200余人，来到宾县七区南部山区一带驻扎，开辟扩大游击区。与中共宾县党组织取得联系，商定探视宾州城，侦察敌情。在一个万籁俱寂的深夜，赵尚志率队来到城下，以事先约定的"春草""冬火"为联系口令与在此等候的中共宾县党团员季兴汉、董文清、段锦章、李树廷等人接上头。赵尚志等人听到敌情汇报后，知道城内不仅驻有日本守备队和伪警察骑兵队，还有伪大排队、商团配合，加之城墙高筑，四门各有炮楼，外有护城河，设有重炮，防守严密，不易攻破。便与义勇军商议，不打无准备之仗，决定连夜撤回到七区太平岭北麓的几个小山村，再谋良策。赵尚志与战友们对如何攻打宾州城进行了认真的研究。在游击队干部会上，中共珠河中心县委委员李启东说："要想打下宾州城，只有用大炮轰开城门，大部队才能攻进去。"他建议自制土炮攻打宾州城，他的建议被司令部采纳，随即成立了大炮研制小组。小组成员由以铁木匠为主的能工巧匠组成。根据农村流传的自制"小洋炮"的原理，制作"大土炮"。组员们分头寻找材料。恰巧有个战士在杨家烧锅屯发现一根长7尺，里口直径近半尺，厚约半寸的大粗铁管子，可以当炮身。在铁管外面包上一层湿柳木，用粗铁线一道道缠紧。炮膛里能装十多斤炸药，还能装30多斤铧铁碎片、秤砣等物。用一辆马车拉炮身，配上炮架，炮身外表刷黑油漆，貌似钢炮，再蒙上红布，一尊大炮制成了，准备投入战斗。赵尚志进行战前动员，召开各路义勇军首领参加的东北反日联合军会议。在结成抗日联盟基础上决定：联合攻打哈东重镇宾州城。会后，赵尚志率领游击队和各路抗日义勇军共1 500余人，直扑宾州城。攻城之前，反日联军喊话，劝告城内日伪当局出来投降。守敌拒不投降，据城顽抗，游击队和义勇军决定用武力攻城。1934年5月13日上午10时许，赵尚志率领40余人在宾州城南驼腰岭附近与伪警察队展开激战，毙敌10余人，敌人仓皇逃窜，游击队追至宾州城下。下午2时许，反日联合军各路人马先后云集宾州城外。按照赵尚志部署，以游击队为主力，进入南门阵地。同时运来了木制"大土炮"。义勇军"黄炮"部队进入东南阵地，吕绍才部进入东岗阵地，"占九营""九魁手"等部进入西门阵地并守护公路，堵截从哈尔滨增援的敌人，在北门埋伏了阻击部队。午后3时许，反日联合军在赵尚志的统一指挥下，完成了对宾州城的包围。黄昏过后，各路分头行动，开始攻城。战斗中不断发起政治攻势，向城内喊话："不当亡国奴，放下武器，投降不杀！"城内敌人在日军控制下，拼命抵抗，并打电话向哈尔滨求援。双方对峙到深夜，伪军的抵抗开始松懈，只有日本守备队到处督战。次日凌晨2时许，赵尚志下达了攻城命令。火炮小组点火放炮，一声巨响一条火龙飞向宾州南城门。接着又一声巨响，城门楼被轰塌。守敌被炮声吓破了胆，弃南城门向街里退缩。游击队员乘势冲进城里占领了十字街大桥以南地方。日伪军仍占据其他三面炮楼顽抗，战斗十分激烈。天亮时，两架敌机在宾州城上空盘旋扫射。哈尔滨日伪军增援部队数百人沿国道从满家店（今居仁镇）向宾州城扑来。敌情有变，赵尚志审时度势，下令攻入城的反日联军有组织地撤出阵地。在撤退时，游击队员吕洪章用机枪击落一架低空盘旋扫射的敌机。义勇军"黄炮"部在南门击毙1名日军翻译和1名伪警察。此战日军死伤七八十人。日本关东军对赵尚志领导的反日联军的英勇战斗十分震惊，无奈地承认"小小的'满洲国'，大大的赵尚志"。"木炮轰宾州"声威镇敌胆，一时在珠河以至北满传为美谈，英雄战绩将永载抗日斗争史册，也是一个经典战例。

火烧满家店伪警察所 1934年5月的一天，李兆麟带领7名战士，从香炉山下来，直奔满家店。满家店位于宾县通往哈尔滨的国道上，是咽喉之地。设在该地的伪警察所，成为抗日游击活动的障碍。下午2时许，李兆麟下令向伪警察所进攻，该所伪警察闻讯逃跑。于是放火烧了伪警察所。哈尔滨警备旅赶来，游击队边打边撤，毙追敌7人。

三岔河突围战 赵尚志、李兆麟频频给日伪军沉重打击，且声势日大，对此，日伪当局更加惶惶不安，妄图早日"剿灭"，以解心腹之患。宾州城战斗结束后，1934年6月初，赵尚志、李兆麟率领100余名游击队员和几路反日联合军到宾县三岔河。三岔河位于宾州城东南30余里山区、半山区。南半部是大青山支脉大个子岭属区，山高林密，纵深覆盖，天然屏障。与珠河、阿城邻界，回旋空间大。北半部分渐有平原沃土，物产丰富。分布着多个大户村庄，几乎家家有高墙院套，四角设炮台，原是为防匪盗的。进可攻，防可守，是游击战的兵家之地。赵尚志、李兆麟看中三岔河，率队进驻后，对广大群众进行宣传工作，组织群众，通过讲演、唱歌与乡亲唠家常，密切了军民关系。群众知道这是打日本救中国、为人民打江山的队伍。在此基础上，做地主乡绅和有名望人士的争取工作，共同抗日，扩大"红地盘"。队伍分别进驻到三门柴家、三门高家、三门张家、后王家屯、王乡长屯、刘珠屯。司令部设在三门柴家屯。攻打宾州城后，赵尚志的威名，被三岔河人传颂。他的到来和游击队员的表现，更是让三岔河人佩服，不少穷苦家的年轻人参加了游击队。三岔河大排队队长李靖远，通过第三分队队长邱祥周与赵尚志见面。赵尚志的政见、志向和革命道理深深打动了李靖远，正符合他要为抗日战争出力的决心和志向，李靖远率三岔河大排队参加了反日联合军，赵尚志举行仪式欢迎。李靖远，1894年生于宾县三岔河李振清屯一个农民家庭。1914年毕业于吉林师道，在校接受孙中山反帝反封建思想，先在宾县义仓当秘书。"九一八"事变，立誓不当亡国奴，辞职回乡。他人品好，正直公道，爱打抱不平。1933年4月22日，农历三月初九，李靖远大排队编入抗日联合军第四大队，任大队长。参加了三岔河突围战，做出重大贡献。后在东北反日游击队哈东支队第三总队任副队长，同赵尚志、李兆麟转战白山黑水长达一年多。1936年秋，因病被赵尚志派人送回家乡，1946年冬病逝。李靖远带大排队参加抗日联合军，引起强烈反响。绝大多数地主、大户出钱出物出枪支弹药，支持抗日。后王家屯王姓地主在三岔河一带是个"说得出"的人家。家业大，深宅大院围墙炮台，当家人王喜武为人精明，乐善好施，请赵尚志到他家，赵尚志回信答应。王家打扫庭院、杀猪宰鸡，操办酒宴，约定农历四月廿四日赵尚志移兵后王家屯。不料，汉奸向伪县公署报了信，日本人用电话报告给哈尔滨市日军守备队。日本关东军早就计划要"讨伐"，就是找不到赵尚志的准确位置。接到报告后，马上派兵遣将"围剿"赵尚志。农历四月廿三上午，赵尚志、李兆麟得到吕大千派人送来的情报，立即召开指挥部会议，会上经过讨论，形成应战决议。侦察骑兵队长李根植飞马来报：从西北宾州城方向有哈尔滨日本守备队望月师团、哈尔滨伪第四教导营、伪警备旅配合日军600余人向三岔河逼近；同时还发现从东南方向有珠河日伪军约200人向三岔河蠕动，敌人企图包抄围歼反日联合军。赵尚志、李兆麟进行了应战部署。

1934年6月7日中午，战斗在八里岗打响，"九江""白龙"队义勇军与伪哈尔滨第四教导队交火。阻击不力，退到元宝沟后进入山里。正在柴家大院开会的赵尚志、李兆麟等司令部人员听到西边枪响，李率队到岭东三门高家一带阻击由元宝河方向来的敌人。赵率骑兵队和一中队去田家油坊增援，刚到后王家屯，便被敌人包围在义勇军"铁军"队驻地王喜武大院里。日伪军仗着人多势众，很快从西、北、南包围了后王家屯。用迫击炮、机枪等重火力向王家大院猛轰。赵尚志急中生智，命令战士把谷草铺在院子里，日军炮弹落在草上不能引爆，大大减少了杀伤力。敌人组织多次进攻，游击队则靠着高大坚固的院墙，利用炮台枪眼沉着应战，勇猛还击。分队长吕洪章在四个枪眼之间打一枪换一个地方，一次次打退了敌人的冲锋。当晚6时许，伪警备旅乘"铁军"抵抗无力，抢占了东院，致使战斗在中院的游击队暴露在敌人火力之下。为了摆脱困境，赵尚志命令坚决夺回东院，重新占领东炮台。但敌人火力太猛未能如愿。赵尚志便命令战士挖通墙洞进东院，与敌人肉搏，重新夺回了东院，占据了炮台。两院配合，一次次打退敌人的进攻。在激战中敌人一挺重机枪突然伸进东炮台，打伤几名战士，大有重占东院可能。这时共产党员、年轻骑兵队长李根植与战士赵有、小田等3人争相前去夺敌人的机枪，不幸李根植胸膛中弹，壮烈牺牲。李根植，1914年生，家居宾县杨家烧锅。1932年1月任中共宾县特支委员，1933年来到珠河反日游击队，是创始人之一，赵尚志的亲密战友。在历次战斗中英勇果敢，仅在这次战斗中，他一人击毙敌人18名。夜幕降临，李兆麟率援军来到，义勇军"九江"队也赶来支援，李靖远率队在敌人后面开火，敌人遭到夹击，看到有生力军的增援，且又死伤众多，只好撤退。三岔河突围战毙敌80余人，伤敌

30余人，而我方仅牺牲2人，伤3人。赵尚志冲出敌围后，转移到三门高家屯。高升杀猪宰鸡，置丰盛酒宴，对赵尚志、李兆麟及抗日联合军全体官兵进行犒劳。高升还出棺木和物资，把李根植遗体安葬在屯南小河旁林地里。将活捉的一名日本兵和一名翻译烧死在李根植墓前，为烈士祭了灵。

三岔河突围战是赵尚志、李兆麟指挥的一次最为激烈的大战，创造了以弱胜强，以少胜多的经典战例。

降服辽阳徐　1934年6月上旬，赵尚志率队来到三岔河高台地区召集"大粮户"开会，宣传抗日救国道理，扩大抗日力量，号召支持抗日。辽阳徐屯地主拒不参加会议。辽阳徐家有60余口人，加上长工伙计近百人。闻知游击队前来，把大墙外30米以内的树木全砍光，防止游击队靠近。为争取辽阳徐对抗日出力，化解掉消极面影响，赵尚志只身到他家做说服工作，被拒之门外。赵尚志提出游击队到他家院中休息，回话说："打进来就休息，打不进来就罢！"赵尚志决定对辽阳徐家进行武力惩罚，命令450名游击队员包围了辽阳徐家大院。枪声刚响，辽阳徐看到赵尚志动了真，感到不妙，立即投降。敞开大门，挂上红，杀猪置宴迎接，先交出一般枪17支，经过动员，又交出好枪17支、子弹千余发。此举震慑作用很大，大粮户都主动和赵尚志联系，积极缴纳粮、钱、枪、物等。

第三节　东北反日游击队哈东支队

珠河游击队创建初期，就学习了中央苏区的经验，在宾县一带加强建立抗日游击根据地，出现军民团结抗日、发展生产的一派令人振奋的革命景象。游击队每次打了胜仗，都要召开几百人、上千人的群众大会，进行庆祝。每逢这种场合，赵尚志就用浅显易懂的语言向群众讲解抗日救国的道理，鼓舞群众的胜利信心，号召团结抗日，把小鬼子消灭掉。在赵尚志言传身教的影响下，游击队的干部、战士都注意做群众工作。每到驻地，就和群众一起下地劳动，增进情感。游击队严格遵守群众纪律，秋毫无犯，群众把游击队看作子弟兵。妇女们为游击队烧水、做饭，缝缝洗洗。青年义勇军和儿童团员替游击队站岗放哨，传递情报。赵尚志在生活上与群众同甘共苦，他的吃、穿、用和战士们完全一样，毫不特殊。和战士们一起帮老百姓劈柴、担水、推碾拉磨，唠家常，深受群众称赞和爱戴，游击队伍日渐壮大。

一、建立起党统一领导和指挥的哈东支队

1934年4月间，中共满洲省委派巡视员韩光到珠河，向中共珠河中心县委和赵尚志传达了杨靖宇队伍开展统一战线的工作经验。经过详细讨论，县委和赵尚志一致感到为进一步扩大反日统一战线，巩固抗日联合军，壮大抗日武装，狠狠打击敌人，很有必要把更多的反日义勇军置于党的领导下。改编那些与游击队关系比较靠近的义勇军，组成一支党统一领导和指挥的抗日队伍。

1934年6月29日，在乌吉密南柳树河子召开被改编队伍大会。会议通过了改编方案，宣布东北反日游击队哈东支队正式成立。根据改编决议，哈东支队在原反日联合军的基础上，以珠河反日游击队为核心，吸收反日义勇军、山林队组成。支队设司令部，赵尚志任司令，李兆麟任政委兼政治部主任。根据改编原则，珠河反日游击队在保持原独立的政治组织前提下，将游击队分别编入三个总队内。除3个总队外，还有炮队、骑兵队、教导队和少年先锋队，整个支队共有450人。各大队内建立党支部、团小组及反日会、青年反日同盟。各中队成立士兵代表大会，决

定队内重大问题。此外还组织了识字班、音乐班、训练班、宣传委员会。宣传委员会负责书写标语，印刷传单，进行抗日宣传和思想教育。哈东支队的成立，不仅是抗日斗争形势发展的需要，更重要的是建立起由中共党组织统一领导、统一指挥的一支反日武装部队。

二、哈东支队战斗在宾县

支队按三个总队分别开展活动。赵尚志带领第一总队及炮队、少年队、骑兵队开赴宾县三岔河一带，开辟新的游击区。一边建立巩固的根据地，一边抓住战机，狠狠地打击敌人。

袭击日本营　1934年7月2日，赵尚志派旅长考凤林带领百余人从乌拉草沟出发，直奔宾县三道街日本营。下午4时许，包围了日本营。激战1小时，活捉日本营头目关根六郎，击毙日军8人。缴获迫击炮1门、长枪8支、手枪7支、子弹5箱、战马8匹，烧毁日本营房屋，以牙还牙。

伏击伪警察队和伪军部队　1934年7月初，中共宾县特支委员孙太义，从敌人内部得知伪警察三中队要去山区讨伐抗日游击队的消息，便派交通员将这一情报传给赵尚志。赵尚志率队埋伏在黄草陂（现英杰）进行伏击，击毙伪警察40余人，缴获长枪40支、手枪30支、子弹200余发。7月上旬，赵尚志率队行至宾县满家店，当地伪军闻风而逃。伪吉林警备二旅司令李文炳坐镇宾县，调动近600名伪军前来围攻。赵尚志指挥部队在敌人必经之地干松顶子沟（现宾西镇常青村），沿十里长坡树丛中设伏。当晚，敌人进入沟内伏击圈，游击队出其不意，猛烈开火，顿时敌人队伍大乱。前面敌人以为是后面来了游击队，后面敌人以为游击队的人在前面，在夜色中敌人自己相互打了起来。敌人伤亡过半，丢下武器弹药，狼狈溃退。

收缴韩家崴子伪山林警察队 1934年7月中旬，赵尚志接到打入元宝河警察所内部韩子相密报，驻守在韩家崴子的伪山林警察队杨中队长，贪污军饷，虐待部下，引发不满，可利用内部火拼除掉。赵尚志带领游击队中队长于甲山等200余人来到韩家崴子。杨中队长知道赵尚志的威名，组织全队人员列队迎接。伪警察队夏、乔二位排长向于甲山说："杨队长是假殷勤，这个人心狠手黑，诡计不少，要提防着点。"于趁机说："我们来就是想收拾他，你们把他打死，投靠我们抗日，赵司令会重赏你们的！"夏、乔二人听说有抗联给撑腰，就到杨的办公室，夏走在前面开门，乔对杨开了两枪，杨当场毙命。赵尚志发给夏、乔二人3个月军饷，100多名伪山林警察，经教育有70多人同意参加抗联，另有30多人把枪留下，发给路费回家。伪山林警察队被缴械改编，拔掉了阻碍抗日活动的钉子。

袭击日军江上警备队"广宁号"战船 赵尚志率哈东支队不断扩大抗日游击区，由南部山区，向松花江南岸延伸。1934年8月，赵尚志率队在宾县新甸松花江上游10公里处，袭击了日军江上警备队"广宁号"战船。激战中日军伤亡惨重。战船险被击沉。

开展反"讨伐"战斗 以哈东支队为核心的抗日队伍，发展到2 000多人。他们英勇善战，日本侵略者屡遭打击，这使北满地区的日伪当局惊恐万分，焦头烂额。1934年10月，日伪当局纠集大批军队向抗日军民进行残酷的冬季军事"大讨伐"。一场反"讨伐"的斗争在哈东地区全面展开。根据省委指示，赵尚志部署一部分部队在根据地灵活地开展游击战，伺机打击来犯之敌。他率领主力翻越威虎岭到延寿、方正一带活动，后又西进到宾县。在反"讨伐"斗争中，赵尚志运用机动灵活的游击战术，忽南忽北、忽西忽东，有时进山，有时到城。巧妙进行穿插迂回，牵着"讨伐"军鼻子兜圈子，把敌人拖得筋疲力尽。在运动中打了几个漂亮仗，反"讨伐"取得了胜利。

缴获反动大排队　宾县板子房地区是游击队经常活动的地方。当地汉奸刘百家长趁游击队转移，日伪"讨伐"队来之机，强行掠取当地群众棉衣近70套，并准备组织恢复板子房大排队。在板子房大排队恢复当夜，赵尚志率队来到，出其不意将大排队缴械，把刘百家长抓起来，当地群众拍手称快。随后宾县孤札子，乌拉草沟的大排队也被赵尚志率领游击队解散，许多想恢复大排的地方也不敢轻举妄动了。

开展分粮斗争　在抗日游击区、根据地建设中，中共珠河中心县委制定了土地、粮食、税收等多种经济政策。没收汉奸地主财产，不许到游击区收租，并组织农民开展分粮斗争。1934年秋，哈东支队在宾县五区（柳板站）召集2 000余人参加的军民大会，号召群众保护秋收，积极参加分粮斗争。后又到乔家崴子（现宁远青河村）召开群众大会，中心内容是保护秋收，开展分汉奸地主家粮食的斗争，不让粮食落在日伪统治者手中。这是从没有过的事情，起初一些农民不敢参加，后经宣传从道理上说明这些粮食该分。在支队司令部帮助下，群众主动参加，不到半天，就分空了乔家崴子汉奸地主粮食120余石（每石折450斤）。接着在元宝河分粮10余石，在三岔河分粮20余石，在七区香炉山分粮400余石。分粮斗争得到群众拥护，成为发动群众、巩固壮大游击区的有力措施。赵尚志既抓军事斗争，也抓经济斗争，形成两只拳头。

肖田地遭遇战以勇取胜　1934年11月，赵尚志运用游击战术，把进攻根据地的2 000多敌人拖得成为疲惫之师，进退两难。11月20日赵尚志率队返回道南根据地，行至方正与宾县毗连的腰岭子肖田地时与日本横山部队所属的望月部200多人和伪邓团300

多人相遇，展开了一场激烈的遭遇战。当时哈东支队一、九大队和三大队一部及司令部、少年连、骑兵队共200余人，分散在山沟里准备宿营。赵尚志防敌人来袭，把队伍散开驻扎，以成掎角之势。司令部驻扎在一农户院里便于警卫，骑兵队驻沟南，步兵队驻沟里，少年连驻在东南山。下午，日伪军发现哈东支队后包围了驻军营地。我游击队刚经过休整士气正旺，带着一腔怒气，敌人几次冲锋都被打退。战斗到天黑，部队退至岭东太平沟、大猪圈一带。不多时敌人尾随，从沟底包抄过来，又将我队包围。赵尚志左肩受伤。紧急关头，赵尚志指挥3名勇敢的战士，带着30多匹马从日军和伪军衔接的薄弱地段强行突围。敌人以为我军全部突围，便集中火力射向马群，并发动追击，抓住战机，赵尚志率军向敌人背后猛攻。大队长刘海涛带领战士勇猛杀敌，一举击溃敌人队伍，奋勇突围，安全转移。这次战斗，消灭日伪军110多人、伪警察20多人。日军望月司令官看到我游击队在战斗中机智果断，转败为胜的情景，哀叹道："其中必有名将指挥，征服中国人很难！"

粉碎日伪当局的破坏阴谋　日伪当局不断调动大批军队前来"讨伐"，都以失败为结局，而且哈东支队越"讨伐"越强大。敌人采取各种阴险毒辣手段来破坏游击队，以达到扑灭哈东抗日烽火的目的。首先是企图派特务暗杀游击队抗日将领。三岔河战斗后，哈尔滨特务机关派出哈东侦缉部头目周光亚拿着伪造的省委介绍信混入游击队。另一名特务是宾县顺天医院一个姓赵的，则以"医生"名义混入队内。周光亚假称自己是哈尔滨共青团员，因前不久组织遭破坏，在哈尔滨找不到关系才投奔到珠河。由于缺乏警惕，哈东支队司令部将他安排担任司令部秘书。他一直要执行暗杀游击队领导人、瓦解游击队的任务，但没找到下手的合适机会，阴谋一时未得逞。周光亚感到自己早晚会暴露，不宜在游击队久留。1934年7月1日趁李启东到宾县乔家崴子给战士发饷之机，请求护送共同前往。李启东别名李友白，1896年出生于朝鲜平安北道一个普通农民家庭。1919年3月，参加朝鲜著名的"三一九"运动。运动失败后，他只身流亡到中国吉林省通化县落户。1921年入云南讲武堂十七期步兵科学习，1927年回东北，1930年加入中国共产党。1932年日本帝国主义入侵黑龙江，他受中共满洲省委派遣在哈东地区发动群众抗日。同年6月，中共珠河中心县委成立，他被选为县委委员，负责军事工作。1934年6月李启东任哈东支队经济部长，负责支队的军需物资供给工作。李启东被称为是哈东支队的好管家，他负责的款项、账目、文件及粮物等管理都很细致，分配得既公平合理又不铺张浪费。在日伪军实行严密经济封锁的情况下，他想方设法克服重重困难，保障了游击队的物资供给。他对党的事业无比忠诚，游击队活捉了宾县伪警察署高署长、大地主王凤山后，交给李启东带人看押。这两个汉奸企图以官职、钱财收买他，并以卑鄙手段拉拢队内不坚定分子伺机叛逃。李启东及时将这一情况报告给赵尚志，使这两个汉奸和队内不坚定分子得到应有的惩罚。当时，周光亚主动要"护送"李启东，李启东未加提防。当行至宾县乔家崴子小树林时，周光亚从背后打黑枪，将李启东杀害。周光亚得手后，夺款逃回哈尔滨。李启东被害后，赵尚志对混入的"医生"进行审问，供出自己潜入游击队内是要伺机投毒害死赵尚志等领导人。敌人一招不成，又使一招，把目标对准赵尚志。三岔河战斗后，伪吉林省警备第二旅司令李文炳在宾县到处贴告示："不论何人如将匪首赵尚志拿获送案，奖赏国币一万元……"这还不够，敌人又在赵尚志老父亲身上使诡计。1934年8月4日清晨，驻哈尔滨的日本宪兵队闯进道外集良街26号赵尚志家中，将其父赵子服逮捕，企图逼迫诱降赵尚志。老父亲在给赵尚志信中巧妙暗示赵尚志要一心抗日，为国尽忠。赵尚志对支队战士说：
"敌人抓我父亲是阴谋，目的是逼我向日本人投降，这办不到。
忠孝难两全，他抓他的，咱们抗咱们的日！"用悬赏、暗杀、诱
降等手段，均不能达到损害哈东支队的目的，于是敌人在破坏统
一战线上作文章。敌人利用封建帮会关系，拉拢收买抗日意志不
坚定、斗争目标不明确的义勇军、山林队个别头目，在游击队、
义勇军内进行挑拨离间，制造分裂叛变活动。惯匪于海云报山头
名号"九江"。在三岔河战斗中，协助过游击队；在乌拉草沟战
斗中"九江"队遭敌攻击时，游击队也支援过他。但他匪性难
改，并非真心抗日。日寇摸清了他的底牌，把奸细苏向谦打入其
队内。苏进行煽动挑拨，破坏"九江"与游击队之间关系。于海
云与日伪有了勾结，企图缴游击队的械，多次闯入游击队根据地
强收捐税，还散布"赵尚志、李兆麟被捕"的谣言，拉拢"白
龙"等义勇军脱离哈东支队，公然伏击哈东支队执法处。接着，
哈东支队第二总队队长"黄炮"在日伪特务秋皮囤警察队长张显
忠的策动下叛变投敌。赵尚志、李兆麟对抗日联合军出现的民族
败类既痛心又愤恨。为了反击"九江""黄炮"的叛逆行为巩固
反日统一战线，保护抗日根据地。哈东支队在宾县八区召开群众
大会，发表宣言，揭露"九江""黄炮"受日伪收买破坏统一战
线的阴谋，号召义勇军反对投降，指出投降是自寻死路。并申
明："愿意和一切反日队伍在三项条件下联合，决不干涉其他反
日队伍的任何行动！"同时，哈东支队和地方农民自卫队对"九
江""黄炮"进行回击。在乌拉草沟将"九江"队打散。在侯林
乡打退"黄炮"所率的150多人的进攻。"九江""黄炮"的反
逆行动被及时挫败，有效地制止了日伪挑起的义勇军投降逆流。
在创立游击队和根据地斗争中，赵尚志坚定地依靠党的领导，经
常向珠河中心县委汇报工作，县委也非常了解赵尚志，多次向上

级请求恢复赵尚志的党籍。1935年1月12日，中共满洲省委作出"恢复赵尚志党籍的决议。"决议指出："开除赵尚志党籍"，是由于当时省委执行"左倾"机会主义路线的结果，是错误的。并充分肯定赵尚志在民族革命战争中能继续艰苦工作，与日本帝国主义斗争，具有坚决勇敢精神。一年来具有创造和发展了珠河游击队，开辟了很大游击区等卓越成就。

赵尚志经受住了考验，对党忠诚，重新回到党的怀抱。

第四节　东北人民革命军第三军

1935年1月28日，遵照中共满洲省委指示，哈东支队改编为东北人民革命军第三军。军长赵尚志，政治部主任冯仲云。军下暂设1个师、3个团，李兆麟任二团政治部主任。全军共500人。队伍发展迅速，不久由3个团发展到6个团，近800余人，还收编了直属司令部的一些义勇军组成的游击团、别动队600余人。

一、反击日伪春季"讨伐"

敌人屡受沉重打击，不甘心失败，在1934年冬季"讨伐"失败不久，1935年2月又纠集大批兵力向哈东游击根据地展开了春季"讨伐"。赵尚志率领第三军司令部及直属队在宾县、珠河等地开展反春季"讨伐"斗争。他正确运用游击战术，主动出击，攻打敌伪据点，常常出奇制胜，给敌人以歼灭性打击，冲破敌人的封锁，开辟新的游击区。

二、袭击敌伪武装组织

1935年春节前夕，赵尚志率领司令部及直属少年连、政治保安营进入宾县，开始实施春节期间袭击敌人的战斗计划。1月3日在宾县二区3个小时内连续端掉了三道街、包家岗、四道河子伪警察署（所）、大排队、伪自卫团，缴步枪30余支。2月3日除夕夜突袭，将王荣大院反动大排缴械，接着夜战财神庙警察所。

伪财神庙警察所是伪宾县公署安在宾县东南山区的一颗钉子。赵尚志几次写信给伪所长刘凤岐争取其投诚，加入抗日队伍，刘凤岐无动于衷。除夕夜连续作战，赵尚志带百余名战士包围了警察所。所内传出打牌嘈杂声，抗联侦察员随往来人员混进所内，伪警察哨兵发现抗联战士攻入大门，未等鸣枪报警即被抗联战士刺死。抗联战士冲进来，刘凤岐正待拔枪，即被击毙。其他伪警察慌忙跪地求饶投降。经教育有9名参加抗联，给13人发了回家路费。缴获步枪30支、短枪4支、子弹20箱。

三、成立东北反日联合军和总指挥部

1935年1月，赵尚志与义勇军首领李华堂（1939年投敌）、谢文东（1939年投敌）在方正大罗勒密举行会谈，决定建立抗日联合统一战线，以东北人民革命军第三军，李华堂、谢文东所部以及已参加联合军的义勇军各部为基础，广泛吸收其他抗日义勇军，扩充为东北反日联合军。1935年2月东北反日联合军和总指挥部成立，推举赵尚志为总指挥，谢文东为军事委员长，李兆麟为总政治部主任。3月中旬，赵尚志率队到宾县七、八区，在老黑顶子（现宾州镇友联村内）召开40余股义勇军、山林队首领会议，成立了反日联合军路北指挥部，并决定各路义勇军各自保护一方地盘。又按各地实际情况在东北反日联合军名义下，成立了路南指挥部和延方指挥部，宾县为路南指挥部辖区。由于反日统一战线的扩大，哈东地区的反日斗争烈火越烧越旺。反日联合军频频出击，各反日联合军和山林队也积极参战，向敌人展开进攻，给日伪军以更沉重打击。

拔掉烧锅街敌人据点　1935年6月，第三军二、三团联合义勇军1 500余人攻打宾县高丽帽子，拔掉了烧锅街敌人据点。

活捉日本兵上士　1935年6月，东北人民革命军第三军二团杨排长带领一排战士在宾县城西南老营盘岭下的路上，堵截一辆日本军用汽车，活捉日本兵上士。宾县城里日本兵不知道有多少抗联部队怕中埋伏，不敢出兵相救。日本宪兵队托县警察游击队二中队张洪儒说和，以送上手枪3支、大枪30支、子弹2 000发、白面3 000斤为条件换回日本兵上士。杨排长不同意，日本宪兵队又以被俘的2名抗联战士为条件交换加上上述物资送到抗联，杨排长才放回被俘的日本兵上士。

击毙日军少佐　1935年7月，第三军旅长考凤林带领200名战士，由三岔河出发去松花江北执行任务，路过半拉子山碰上日本"讨伐"队120多人，乘3辆汽车迎面驶来。考凤林以青纱帐为隐蔽，摆下埋伏阵。经突然袭击，将敌汽车打坏。日本兵当场死亡10余人，其中日本少佐西岛指挥官被打死。日军溃败，缴获大小枪30余支。

端掉元宝河伪警察所　第三军二团政治部主任孙太义与同乡伪元宝河警察所韩子相直接联系，决定于1935年8月13日晚，当韩子相值班时，袭击伪警察所，口令为"杀""敌"。是日晚11时，孙太义带领30名战士闯进元宝河伪警察所，惊呆了正在推牌九的伪警察，举手投降。俘虏了伪所长白凤岐，伪警察经教育发给路费回家。缴获大枪12支、手枪1支、子弹千余发。

摧毁马家岗伪警察所　1935年9月12日是中秋节，东北人民革命军第三军团长李太乘马家岗（现宁远镇内）伪警察分所警察忙过节、放松警惕之机带领80名战士对其所突然包围。敌人哨兵发现，鸣枪跑回院内，战士尾随而进，当即俘虏了正在睡梦中的20名伪警察。缴获大枪20支、手枪2支、子弹千余发。经教育，12

名伪警察参加了抗日队伍，其余8名回家。

城子沟打败日军"讨伐"队 1935年秋，东北人民革命军第三军团长李太率领部队再次来到三岔河。在抗联地方联络员邱祥周家取走了乌拉、棉鞋和棉衣，进入高台河柴家屯和宝丰城子沟一带的密林地区。这地区离县城只有20里左右，日本"讨伐"队经常在这一带扫荡宾州镇外围的抗日力量。李太也想把敌人引出城来进行诱歼。1936年春，李太和团政治部主任吴景财，在城子沟和海里浑一带，利用地形熟悉的优势，和日本"讨伐"队进行周旋。4月下旬，日伪军纠集400多人对城子沟一带的抗联游击区进行"清剿"。吴主任摆下以守待攻的阵式并巧施疑兵计，命令抗联战士在各个山头都修上阵地工事。日伪"讨伐"队弄不清这里究竟有多少抗联兵力，害怕落入抗联的伏击圈，不敢深入。李太和吴景财看准机会歼灭其一支"讨伐"小队，打死日军4名、伪军2名，日本"讨伐"队龟缩回去。

第五节　东北抗日联军第三军

1936年春，北满抗日武装在对敌斗争中得到新发展，根据抗战斗争形势的需要，赵尚志先后将东北人民革命军第三军所属的四个团改编为四个师的编制。三军二师师长吴景财、政治部主任关化新率部活动在宾县一带。同年8月1日，根据上级指示，赵尚志领导的东北人民革命军第三军改编为东北抗日联军第三军。军长赵尚志，政治部主任李兆麟。全军共1 100余人，活动在以宾县为中心的松花江两岸20余县区域。

一、关化新歼敌斗豪绅

东北抗日联军第三军第二师政治部主任关化新，按赵尚志、李兆麟的部署，在宾县进行抗日斗争，率领所部屡立战功。1936年8月初，关化新任抗联三军二师师长。

虎头山大战　1936年8月中旬，关化新带领部队绕过敌人封锁线，深入到枷板站、猴石山一带开辟新的游击区。8月下旬，三军二师政治部主任孙太义接待了在宾县读书时的同窗好友李延新，当时任中共宾县特支委员。特到猴石李家屯向抗日联军通报民情。因为土匪吉奉盘踞在宾东枷板站一带，鱼肉百姓，掠夺民财，奸淫妇女，绑票打劫，无恶不作，群众深受其害。群众想抗联、盼抗联，抗联决定开辟"红地盘"除掉这股匪患，孙太义把这一情况报告关师长。孙太义，1912年生于宾县三宝乡八里岗尚家屯。1930年考入宾县中学，积极参加吕大千组织的抗日救国宣传活动。1933年4月，经吕大千书记介绍参加中国共产党。同年7月，任宾县城关党支部书记。1934年下半年任中共宾县特支宣传委员。1935年夏，宾县特支决定孙太义及其弟孙太清撤离县城，参加抗日部队。孙太义任二团政治部主任，1937年率部转战在汤旺河、小兴安岭一带。孙太清在战斗中牺牲，年仅21岁。孙太义1943年牺牲在萝北，时年32岁。当时关化新与孙太义通过研究，于1936年8月26日，率领200余人来到枷板站东4公里的首德乡，分别驻在虎头山下的李万斛屯、郭连玉屯、刘殿奎屯和孟家屯。师部设在李万斛屯。部队一到，群众家家户户热情迎接战士到自己家住，战士和群众打成一片，亲如一家。土匪吉奉闻风丧胆，早就逃之夭夭了。谁知抗联到来的消息却被首德乡自卫队长周列夫偷偷地密告了枷板站伪警察署。下午，关化新、孙太义召开群众大会，一些乡绅也到场。会上宣传共产党抗日救国的道理，讲解中国人民团结一致、进行共同抗日的意义。正在这时，接到枷板站通信兵的报告，日本守备队和伪县治安队200多敌人要来攻打抗联部队。枷板站镇长建议把部队带过枷板河，到虎头山一带比较安全，那里山高林密，能攻能守，能打能防。关化新召集连以上干部紧急会议，进行战斗部署，决心务歼来犯之敌。决定选在刘殿奎屯进行一场歼灭战，二团担任主攻，三团在屯外埋伏，准备与二团内外夹击，消灭日军。一团埋伏在西大沟外打外援，分三路警戒敌人增援，部队部署就绪，严阵以待。26日傍晚，驻在刘殿奎屯的二团30多名战士故意从徐家大院撤出来，扬言要往淘淇河北转移。二团二连连长率90多名战士，全部埋伏在刘殿奎大院，把大门用坏囤上，墙内搭上脚手架子，趴在墙上准备迎击敌人。26日夜12时，果然有40多名日军从北、西、东三路向刘殿奎屯（今宾安镇太阳村福生屯）包围袭来。敌人从抗联战士埋伏的阵地擦边而过，战士们屏息潜身，没有暴露目标。敌人进屯后，没有发现抗联踪影认为抗联已撤走，于是退到刘殿奎家大门外，把枪码成垛就地休息。次日2时，担任主攻的抗联二团长刘登举下达关师长命令，战士埋伏在院墙上对准日军猛烈开火，敌人被打得措手不及，乱作一团。一排枪撂倒一半，有的日军想取枪，也被一一击毙。二团一营长王福亭带7名骑兵打西门，堵住从西门逃出的日本兵。二团二营长带战士攻入敌营，击毙西炮台守敌。抗联队员内外夹击把逃窜的10余名日本兵全部消灭在墙角下。战斗在4时结束。共消灭日军43人，其中少佐1名，缴获掷弹筒5门、轻重机枪6挺、长短枪51支、子弹3箱。还有望远镜、指挥刀、马匹等。关化新、孙太义料到日寇失败后，必然要调动重兵，出动飞机大炮来报复。兵贵神速，6时许，率抗联队伍出发，渡过枷板河，越过虎头山，向密林深处转移。果不出所料，敌人增援部队赶到。先是飞机在虎头山上空盘旋扫射轰炸，后是大兵压境。上千名日伪军从几十辆军车上跳下来，放火烧掉了刘殿奎屯、孟家屯。虎头山之战的胜利，震惊北满。振奋了抗日军民的民族精神，打出了军威，坚定了抗日必胜的信心。同时，震慑了日寇，揭穿了日伪军散布的"抗联已被消灭"的谎言。

明义降豪绅　虎头山大战后，抗联三军二师来到宾县三岔河一带，继续巩固和加强游击根据地。田家油坊有个姓田的大地主，1934年6月曾被赵尚志教育过，有过支持抗联的举动，但他错误地认为抗联长不了。这次关师长到来，他重犯老毛病，拒不为抗联承担义务。战士们要求惩治田家地主，关化新心中装有统一战线，先礼后兵，亲自给田家写信，讲明党的团结抗日政策。要求田家捐12支步枪、5 000发子弹，于农历八月初一送到师部。限定时间到了田家没有回信，却得知田家雇炮勇、买枪支弹药、加固围墙炮台，做好要抵抗的准备。关化新、孙太义带队来到田家油坊下令部队散开隐蔽，关化新说："我一个人先进去看看，队伍一定不要动，等我的消息再作决定。"关镇定自若地向田家土围子走去。有人向他喊话："你是什么人？""我是关化新，你们是知道我名字的！""你来干什么？""我是代表抗联来取枪支弹药的！""不要往前走了，再往前走，我们可要开枪了！""怕死我就不来了，再说你们也不应该打我，我是抗日的！"边回答边大摇大摆往前走，围子里一时没有反应。关师长大声地说："我又不是来打仗的，我是来和你们商量抗日大事的。你们赶快开门，放我进去！"仍不开门，又支吾说当家人不在。关师长把盒子枪随手扔进围子里，见关师长赤手空拳，里面寂静了一袋烟工夫，门开了，把关师长让到正屋。关坐在炕上，不一会屋里站满了人，关师长吸完一支烟，一字一句地说："我叫关化新，山海关人。我抛下妻儿老小，到这里来是为了救国救民……"接着关师长说："我们抗联有多少战士为了抗日救国抛下双亲和妻小与日军拼命，不是为了自己，而是为了我们的国家，也是为了包括你们在内的中国人不当亡国奴，不要求你们牺牲流血，请你们为抗日献出一些枪支弹药，对你们的生活不会有多大影响吧！"听到关师长一番申明大义的话，在场的田家人几乎都低下了头。田掌柜露面了，他惭愧地对关化新说："关师长我错了，请饶恕我，我不愿当亡国奴，我是怕日本人知道了日子就没法过了！"关师长表示能理解，并告诉把枪弹秘密送到师部，不要让外人知道。田家将枪支弹药按期如数送到师部。

火烧王家油坊 抗联三军二师从三岔河来到宾县西北部王家油坊（现鸟河乡内）。关化新多次到地主王家油坊家动员捐"红地盘"款。王家说："抗日不抗日与我无关。"关了解到这是一家汉奸地主，下令："烧这个亡国奴人家！"顿时王家油坊大院大火四起，当地群众拍手叫好，谁也不来救火。火烧王家油坊当天下午，抗联队伍来到李二唠子屯（现鸟河乡永年村永利屯），李二唠子主动接待，杀猪摆宴，并捐出200垧地"红地盘"款。关化新召集乡民开会，把王家油坊和李二唠进行了明显的对比。会后，一些"大粮户"纷纷缴纳"红地盘"款，其中猴石大地主杨国森一户就交现款伪国币1.6万元。关化新以他抗日的坚定信念和过人的胆识，征服了一个又一个顽固的地主豪绅，也团结了一切可以利用的力量，是一位智勇双全的抗日将领。

堵击弹药车 1936年9月，关化新得知日本兵从摆渡河向高丽帽子押送弹药车的情报，便率领200名战士埋伏在魏老八屯后山。下午60余名日本兵押着一辆胶轮大车进入伏击阵地，抗联战士突然射击，打死日本兵20人，其他日本兵随同指挥官一起逃走，缴获敌人弹药车后，关带队驱车奔赴深山区。

二、建立抗日物资秘密联络站

赵尚志率领抗日队伍受到广大群众的积极支持，人民群众为抗联提供粮食、钱物、子弹、枪支、医药等。兵民是胜利之本，人心和民力才是胜负的决定因素，这是赵尚志能战胜日本侵略者的主要原因之一。当时在游击区、根据地中建立了多处物资秘密联络站，其中作用较大的有两处。

邱祥周物资联络站　"九一八"事变后，宾县三岔河成立大排队，邱祥周任副大队长兼第三分队队长。1934年4月下旬，赵尚志率游击队开进三岔河，邱祥周主动在大排队长李靖远与赵尚志中间建立联系，大排队加入抗日队伍，邱祥周被赵尚志委任为地方经济联络员。邱祥周，字凤来，原籍吉林榆树。1887年生人，9岁随逃荒人员来到宾县三岔河张家店北韩家屯。为人豪爽侠义，宁折不弯，在群众中有威望，并有一定组织能力和号召力。他当上抗日部队联络员后，他家就是秘密联络站。每年按时向地主粮户收缴"红地盘"款，每垧地伪国币2元，并负责筹集军需物资，将征集到的物资巧妙地保存起来秘密送到抗联部队。1935年秋，在敌人大"讨伐"中，抗联三军团长李太率队两次来邱家取走棉衣和乌拉。1936年8月，在虎头山大战中，抗联二团参谋长宋喜财负伤，在邱家疗养，为安全起见，邱祥周把宋喜财送到安全处。后来有人告发，邱祥周被日本宪兵队逮捕，严刑拷打，他始终未吐实情。后被伪保长宋喜山等人出证作保，于1938年4月获释。后来为避开敌人监视多次搬家。1941年至1945年在宾县孤儿院当副院长，1970年病故于哈尔滨。

宋春物资联络站　宋春，也叫宋芳，原住宾县南山区弓棚子。1934年赵尚志率游击队来此开展工作与他结识。宋春出身贫苦，为人正直、诚实，有民族气节。赵尚志委任他为地方物资站联络员，他家自然成了抗日物资联络站。通过联络站筹集物资，接待中共宾县特支送来的枪支弹药、衣物、宣传材料、情报等。宋春经常扮作小商贩，有时身背肩挑，有时赶毛驴车，把要运给抗日部队的物资藏在货中，大胆、镇定地通过敌人关卡，把物资安全送到抗日战士手中。为了隐蔽和工作方便，在1934—1936年间，曾5次搬家，所到一处，都建起秘密联络站。1936年末，抗联队伍离开宾县，他仍与共产党员黄静亚坚守联络站。1945年12月中旬，中共北满分局工作队到宾县全孝区开展工作，成立北满第一个基层政权——宾县全孝区政府，宋春被委任为全孝区区长。

1936年冬敌人对抗联三军进行大规模军事围剿，赵尚志及时作了反围剿部署，指挥抗联部队利用敌人统治的不平衡性，避敌之锐，插向敌人防守薄弱地区开辟新的游击区。他指挥抗联三军部队离开宾县向黑龙江、嫩江流域远征。

赵尚志、李兆麟等在宾县进行了短短三年的抗日斗争。在中国共产党领导的抗日斗争史上留下浓墨重彩的一笔。毛主席曾评价说，东北的抗联斗争，比长征还要艰苦。抗联三军由7人，发展到6 000多人，其中宾县人参加2 000人左右，仅三宝乡参加抗联队伍对日伪军作战的前后有200多人。锻炼出受党指挥的人民军队，消灭了大批日伪军，建立发展了革命根据地。在宾县的三宝乡、平坊镇、常安镇、宁远镇、胜利镇、摆渡镇、宾安镇、宾西镇、鸟河乡、民和乡等开辟了大面积"红地盘"，战斗足迹遍布宾县。宾县人民积极参加抗联队伍，英勇奋斗，有多少人血洒沙场，已不能全部记录了。

赵尚志对党的忠诚信仰，不折不挠的钢铁意志，卓越的指挥才能，爱国为民的崇高情怀和他的赫赫战功一样名垂青史。将军虽未待建国，一腔热血染旗红。

第五章 从宾县走出去的著名抗日将领

宾县代有才人出，在长达14年的抗日斗争中，慷慨赴国难，奋臂驱暴虎，成为叱咤风云的著名抗日将领历历可数，他们是民族英雄，也是宾县人民永远的纪念和骄傲。

第一节 爱国将领王以哲

王以哲，字鼎芳，原名王海山，1896年出生于宾州厅东偏脸子屯（今宾州镇城区东）。1911年宾州府中学堂就读，1912年考入吉林陆军学堂，改名王以哲。1922年于保定军官学校毕业后，加入东北军。历任东北陆军军事教导队排长、连长、营长等职务。他带兵训练有方，抗日救国信念坚定，深得张学良赏识，后被提拔为高级军官。

一、整军治军

军士教导队第三期于1923年12月开学，王以哲被提升为上尉连长，他以身作则，严格要求，赏罚分明，训练成绩显著，遭人嫉妒，诬告王以哲革新军队做法是标新立异，把从严要求说成是虐待学生。张学良为查明真相，于1924年7月到教导队视察，对制式教练刺杀投弹等进行测验。亲眼看到王以哲的实地指挥相当出色，王以哲教过的学生成绩优异，半数以上学员得了满分。张学良非常高兴地在总结大会上把诬告信焚毁，并鼓励王以哲不要有所顾虑，成绩就是你工作的一面镜子，诬告信件就是对你的表扬书。教导队第四期开学，王以哲升为少校营长，11月郭松龄起义时，张作霖以教导队为基干，编成一个补充旅，下辖3个团，王以哲升为上校团长。1926年张学良当即提拔王以哲为少将旅长，短短4年，王以哲提升五级。张学良为提高部队文化素质，1925年在三四方军联合军团司令部卫队招考一批15—18岁的高小毕业或肄业的学生成立学生队，王以哲改任教育长，更加重视提高学兵的文化程度，并增加英法德日四国外文，学制三年。从这期毕业生中选出成绩优秀者送海空学校深造和出国培养。王以哲在此时期任十九师中将师长，1928年底东北易帜师改编为旅，王以哲担任第一旅旅长。1929年春，为培养各级军官指挥能力，王以哲在第一旅内自筹经费，办一个步兵研究班，抽调上尉以下各级军官，轮流受训，每期6个月，共办两期，成绩很好。王以哲将情况报告张学良，张学良决定在讲武堂内设步兵研究班，将东北军的校、尉级别军官加以训练。东北军的军事教育机关逐步健全，高级的相当于陆军大学的高等军事研究班；中级的有步兵研究班，炮兵研究班；初级的有讲武堂普通班。形成一个完整的体系。王以哲不仅重视军事教育，更重视政治教育。1929年他担任陆军独立第七旅旅长时，书写"旅训"，自编"旅歌"。每天早晚点名时都由执行官领读、领唱。他写的旅训是："我民族受强邻压迫，危在凡我旅官、士、兵、夫等，务本总理遗嘱及司令长官旨意，牺牲一切，努力工作，以互助之精神，结成团体，共赴国难！"他编写的旅歌是："痛我民族受强邻之压迫，最伤心割地赔款，主权剥夺，大好河山成破碎，神州赤子半漂泊，有谁人奋起救中国，救中国。我七旅官、士、兵、夫快快来负责，愿合力同心起来工作。总理遗嘱永不忘，长官意志要严磨，乘长风直破万里浪救中国！"王以哲还重视对部队进行爱民助民教育，要求部队搞好军民关系，克服军队扰民恶习。他制定士兵问答12条，还要早晚点名时背诵。问答的内容主要是不要忘记自己和自己家人亲戚是老百姓，军人吃穿用都来自老百姓。军人要爱护、帮助、保护老百姓。他的部队军纪和群众关系都比东北其他部队好。王以哲对民众爱国运动也十分重视和关心，对杜重远、周宝航、高崇民、车向忱等组织的东北国民外交协会、辽宁省国民常识促进会和辽宁省拒毒联合会等爱国团体，也曾给予热心支持。

二、率部抗日

"九一八"事变，蒋介石坚持不抵抗政策，王以哲忍痛执行了命令。营地失守后，他召集全旅人员讲话说："我下令不抵抗是秉承最高统帅命令行事，我的错处是，既不抵抗就该早下命令突围，免遭许多无谓牺牲，这一过错，我负全责！我诚心诚意向兄弟们表示歉意，承认自己在应变上的无能。现在请大家考虑，愿意跟我走，服从我的命令的举手！"王以哲勇于正视自己错误，严于律己的精神，感动了士兵。他讲完话后，全体官兵都举起手来。为避免日本侵略军的追击，他率全军改道入深山密林，昼伏夜出。撤到山海关内，他念念不忘收复东北，多次劝说张学良不要听信蒋介石的"中央外交"的话。他还创办了《东望》周刊，宣传抗日救亡的爱国思想。不久，日本侵略军占领锦州，铁蹄踏上了长城各隘口。此时王以哲任绥靖公署第一处中将处长兼一〇七师师长。1933年初，王率部出古北口抗战。全师将士奋勇杀寇，歼灭敌军1 500余人，击伤不可胜数。王率部浴血奋战，给日寇如此重大打击，大大鼓舞了士气，狠狠挫了日寇锐气，名闻全国被誉为民族英雄。

三、故乡情深

"九一八"事变前，时任师长的王以哲回故乡宾县为母奔丧。他多次谢绝地方官和工商界的宴请，却接受母校邀请，为师生作报告，讲的题目是《和平中国》，鼓励青年发奋读书，报效国家。宾县有百计青年投军到王以哲麾下。

四、联系红军

1935年10月底，张学良愿意联共抗日，指示王以哲同红军联系。王以哲同李克农进行坦诚会谈，达成口头协议。年底在西安，1936年春在洛川，张学良研读李达写的几本社会科学书籍，王以哲也积极参加阅读，开始接触马克思主义思想。1935年12月，榆林桥战役被俘的六一九团团长高福源回到洛川，带去了毛泽东要彭德怀给王以哲写的信，表示愿意和东北军共同组织抗日。张学良得知消息，十分高兴，立即派高福源回到苏区。王以哲让高福源带给彭德怀的信表示，愿意停止内战，联合抗日。彭德怀将情况向毛泽东汇报，毛泽东表示可以把瓦窑堡政治局会议文件给王以哲。1936年2月19日，彭德怀给王以哲发第一封电报，开始通讯联络，告之李克农即去洛川。2月20日，毛泽东、彭德怀给王以哲来信通知：红军代表李克农、钱之光等4人于21日从瓦窑堡动身，25日可抵洛川，望妥为接待并保证安全。到洛川后，把中共中央政治局的决议交给王以哲，充分表达了共产党的诚意。王以哲热情接待并安排住在军部后院和自己住宅比邻，对外绝对保密。王安排好李克农一行人之后，电告张学良。张回电说他有事去南京，要王以哲先和李克农等会商谈判六十七军与红军局部合作问题，其他重大问题待他回来再谈。在2月会议基础上，双方顺利地达成了六十七军与红军订立局部口头协定。1936年2月29日毛泽东回电李克农对同王以哲初步达成的三条协定草案提出一些补充意见。时任六十七军军长的王以哲在整个会议过程中，一直是尽心尽力，为双方达成协议做了很大的努力。王以哲与红军订立停战口头协议后，前线的东北军与红军化敌为友，基本成休战状态。

五、惨遭杀害

1936年10月间，张学良派王以哲部到西线。对此很多人认为张学良不信任王以哲，但王以哲心里明白，西面战场的任务，要比军官训练团的任务重要得多，他决心要为实现张学良的战略意图而努力。对此毛泽东也非常关心，在1936年8月给王以哲一封信。对此王以哲非常感激，他一直想方设法帮助共产党。1936年12月12日西安事变爆发，王以哲全力以赴协助张学良圆满实现了既定计划。张学良送蒋被扣，东北军和西北军内部产生分歧。王以哲深刻理解中共代表团主张，坚决支持杨虎城的主和方针，但东北军中的一些少壮派认为王等人的主和是置张学良的安危于不顾，于是鼓动杀掉王以哲。1937年2月1日深夜，号称主战派的孙铭九是张学良卫队团长，应德田是张学良的私人秘书，师长刘启文，团长杜维纲、刘佩丰等多人私下开会，研究西安事变善后问题。会上应德田突然提出要追查释放陈诚等国民党军政大员和被扣下50架战斗机的罪魁王以哲的责任，并拟订了暗杀王以哲、何柱国诸人的计划。孙铭九、应德田派卫队团团副贾国辅带队，派抗日先锋队一支队连长于文俊以王以哲学生身份，到西安市南苑门粉巷胡同王军长公馆"拜谒"王。当时王以哲正患感冒卧床养病，于文俊进屋后举枪便打，王以哲身中九弹而陨，终年41岁。1937年2月4日，毛泽东、朱德联名致电王以哲家属。周恩来是中共代表，亲自到王以哲将军公馆灵堂致祭，深切抚慰王以哲眷属。

六、名垂党史

铭记英雄，传承历史。中共中央1985年批准，追认王以哲为革命烈士。1986年4月27日，中共中央组织部追认王以哲为中共党员。2015年王以哲烈士入选国家民政部公布第二批在抗日战争中顽强奋战、为国捐躯的600名著名抗日英烈和英雄群体名录。1986年宾县人民政府修建宾县烈士陵园，在园内中央修革命烈士纪念碑，上刻由陈雷亲笔题写的"革命烈士纪念碑"七个金光闪闪大字。碑座铭文上把王以哲名字列在第一位。碑南不远处，1996年建立王以哲将军纪念馆。2004年中共宾县委、县政府在此建以哲公园，每当清明节，宾县党政各界、学校师生、文化团体、群众及外地慕名者都要前来进行纪念活动。

王以哲将军和夫人张淑英合葬墓坐落在北京海淀区香山南路万安里的万安公墓内。全国六届政协主席邓颖超亲笔为王以哲墓题词："爱国将领——王以哲烈士之墓"。墓周围还有李大钊等许多名人墓。

第二节　抗日骁将苑崇谷

苑崇谷，字敏则。1898年出生于宾县广兴堂一个封建地主家庭，1916年弃文就武，投戎于东北炮兵团，不久到东北讲武堂炮科第四期学习。他刻苦钻研，成绩优异，深得张学良及炮兵司令邹作宾赏识。毕业后历任炮兵排、连、营长和炮兵司令部中校副官长、上校炮兵团长、东北炮兵教导总队队长等职。1929年，炮兵教导总队改编为辽宁兴安屯垦军，他为屯垦军统带（旅长）。防区在洮南、洮安北、白城一带。"九一八"事变不到一个月，辽吉两省先后沦陷，一些军政要员为自保，相继叛国投敌。洮辽镇守使张海鹏受日本侵略者收买，甘当汉奸。苑崇谷痛恨日本侵略者，也鄙视和痛恨卖国求荣之辈。1931年10月14日，兴安屯垦军与投降叛变的张海鹏部发生冲突，苑即率部向黑龙江转移，走上抗日战场，投奔马占山共同抗日。兴安屯垦军改编为黑龙江新编步兵第一旅，苑崇谷任旅长。11月4日拂晓，江桥战打响。苑率部驻守三间房阵地，是江桥和三间房战地总指挥。11月12日午后2时许，敌人以千人兵力分三路向三间房阵地进攻，并出动十余架轰炸机，向苑崇谷部队阵地投弹，战壕多处被炸毁。面对强敌，苑崇谷、张殿九、吴松林各部英勇顽强抵抗，血战到午后6时，敌人被击退。17日拂晓，敌人复进攻三间房阵地，战斗十分激烈。18日，敌增兵三万余人，由日本指挥官多门亲自指挥，分三路向三间房主阵地进攻。苑部及三旅二团李少峰部约3千人奋起迎战，这时敌军兵主力已增至4万余人攻打三间房。连续疯狂进攻十余次，均被苑部击退。苑崇谷在三间房战地，靠前指挥，不畏枪林弹雨，鼓舞了士气。浴血奋战十几个昼夜，几乎全歼滨北联队，伪高波骑兵队也死伤殆尽。因后续无援，不得已在打退敌人的一次进攻后，于11月18日主动撤出阵地。苑崇谷一战成名，被东北军誉为抗日骁将。

1932年，苑崇谷任军事委员会北平分会少将参议。1938年回黑龙江串通联络旧部组建抗日游击队未成。苑崇谷后来任有职无权的军职，受尽冷遇。在国民党接收北平时，为了维持生活，他冒领日本敌产。蒋介石下令严惩，被捕入狱，判刑5年。北平解放前夕被释放，此时他对国民党完全失去信心，对共产党又缺乏正确认识和相关联系，1950年去了香港。

第三节　抗日义勇军战将李建唐

　　李建唐，原名绩武，1901年出生于宾县新甸。青年时代毕业于东北军士学校——吉林陆军军官学校。1929年在依兰镇守使李杜将军部下任上校步兵团长，1931年9月18日，日本侵略东北，国难当头，他积极投身于抗日救国斗争。该团为李杜所领导抗日义勇军组成部队，在松花江流域与日本侵略军浴血奋战两年多，先后收复勃利、桦川、通河、方正、集贤等县。1933年东北抗日义勇军由李杜将军、陈东山总指挥率领千余人在密山县过境去苏联，经西伯利亚转入新疆，李随部同往。在新疆部队改编后，他任陆军军官学校总教官、总务处长、军校深造班教育长等职。1936年任新疆陆军军官学校步骑炮兵上校总队长。1937年奉命将军校编成一个总队，由他率队平息南疆叛乱有功。新疆边防督办公署奖他金质奖章一枚。1938年调任伊犁警备司令部参谋长。此后曾任驻伊犁长官行政公署长官，与邱宗浚合作，设计了特克斯城八卦街。1942年，军阀盛世财扯掉伪装，逮捕中共新疆领导人，陈潭秋、毛泽民、林路基、杜重远等人入狱。同年11月，李也被以参加阴谋暴动罪被捕，1945年因病取保释放。当时主持新疆政务的吴忠信，为安定民心，释放大批政治犯并按过去职务，重新安置工作，他任少将参谋，后来无意时政，自行离职，1978年病逝。

第四节 东北抗日联军第三军军长许亨植

许亨植，原名许克，别名李熙山、李三龙。祖籍朝鲜庆尚北道善山郡，生于1909年。1913年到中国东北，1929年一家人迁徙到宾县枷板站，积极参加革命活动。1930年他经冯仲云介绍，加入中国共产党。1930年，中共北满特委决定于"五一"国际劳动节当天，在哈尔滨市举行反日示威游行。许亨植率领荒山嘴子的十几名共青团员赴哈参加活动，砸了日本领事馆门窗玻璃，他和其他30位同志一起被捕，被关押在沈阳监狱一年多，"九一八"事变后，在党的营救下获释。受党的派遣，和金策一起回到宾县，担任中共宾县特别支部委员会委员。1933年3月，任中共宾县特别支部委员会书记。

一、抗日除奸

许亨植深入到宾县鸟河一带，广泛地开展动员组织群众参加抗日斗争工作。迅速组建起农民抗日救国会、自卫队等抗日群众团体，在宾县境内同日本帝国主义者和伪汉奸走狗展开了坚决斗争。1933年中共满洲省委派许亨植到珠河黑龙宫一带从事组织抗日游击队工作，黑龙宫一带抗日组织纷纷建立。许亨植时刻警惕敌人对党组织和抗日部队的种种破坏活动，清除汉奸走狗。他识破了以给日本人买鸡蛋为掩护的密探，将其立即逮捕除掉。1934年春，日寇进攻黑龙宫，地方党支部书记王鸿升变节投敌。"黄炮"亲戚张有财企图献出游击队秘密保存的缝纫机，向敌人请赏。许亨植抢先行动，活捉王鸿升、张有财二奸。召开群众会，镇压了汉奸走狗，保卫了党和群众组织的安全，有力支援了哈东游击队的军事行动。

二、壮大队伍

1934年6月29日，许亨植由地方调到哈东支队，开始在第三大队担任政治指导员。同年秋，又被任命为第一大队的大队长。1935年1月28日，被任命为东北人民革命军第三军第一师二团团长。从此，他率二团联合周围的义勇军各部，在珠河、延寿、宾县、方正等地，英勇开展抗日游击活动。先后攻破了延寿柳树河据点、珠河县大小亮珠河地区敌人的军用农场设施。1935年冬，许亨植调任三团政治部主任，在五常、双城地区活动。在五常高丽营子宿营时被日军侦悉包围，他当机立断，派一部分战士抢占制高点，其余战士埋伏于道路两侧树林中。敌被伏击，措手不及，丢下一百多具尸体逃窜，还缴获了若干枪支弹药。1936年初，许亨植任三师政治部主任。指挥三师向多处敌人据点发动猛烈进攻，痛歼敌人，屡屡获胜，大震三师威名。1938年1月，许亨植被省委任命为三军三师师长。8月16日，担任西北临时指挥部参谋长。三军军长赵尚志去苏联长时间未回，1939年4月，许亨植提升为东北抗日联军第三军军长。

三、心系兵民

1941年后，日本帝国主义增兵东北，加紧对东北抗日队伍的进攻和对人民的血腥镇压，抗日斗争环境险恶，条件恶劣。抗日战士仍然保持乐观精神和旺盛斗志，这主要是靠党的政治思想工作和民族的阶级仇恨的支撑，更主要的是官兵能同甘共苦。他爱兵如子，惜兵如命。每逢部队发衣服，大家领剩下的才是他的；每逢战斗缴获到饼干、罐头、烟卷，他都是先给警卫、后勤、通讯等下边战士享用。部队驻地宿营，他带头锯木头、劈柴，帮炊事员生火做饭。深受下级和战士拥戴，称他为爱心将军。他还带领官兵在深山谷川开荒种地，和大家一起精心侍弄庄稼，认真管护。不但解决了部队吃饭问题，还减轻了群众负担，锻炼了战士。当部队攻占一个地方，缴获到物资时，他不只考虑部队需要，还要拿出部分钱、粮、物分给贫苦百姓。许亨植心系兵民，是带兵用兵之道，也是制胜之理。

四、洒尽热血

1942年7月末，许亨植带着警卫员陈云祥到巴彦、木兰、东兴地区一个个小分队检查工作，认真听取了小分队负责人的汇报。8月2日，他和警卫员在王兆庆护送下出发，为避开搜山敌人，他们在僻静的山林荒谷中穿行。露宿在庆安县青峰岭邵凌河套。8月3日清晨，警卫员陈云祥点火做饭，被正在"讨伐"搜山的伪警察发现了炊烟，暴露了行踪，受到敌人包围。激战两个多小时，终因敌众我寡，许亨植和警卫员突围时壮烈牺牲，年仅33岁。

第五节　高级别授勋的冯仲云

冯仲云，江苏武进人，1908年生。青年时，在北平清华大学数学系学习。与著名的数学家华罗庚受同一教授栽培，在校学习期间的1927年加入中国共产党，并任清华大学党支部书记。1930年毕业，当年10月到哈尔滨任商船学校教授。寒假期间到宾县，他的一个在清华大学同窗好友在宾县。到宾县后，深入到宾州、宾安、鸟河、玲珑山等地从事党的地下活动。发展党的组织，介绍许亨植加入中国共产党。冯仲云是宾县中共早期革命活动和党组织建立的发起人之一。1933年1月27日，李兆麟在道外天泰客栈同当时任中共满洲省委秘书长的冯仲云接上关系。当他听李兆麟谈到奉天特委被破坏的情况和有的同志牺牲在狱中时，泪水夺眶而出，这两位初次见面的战友为党组织遭到敌人破坏而难过。1935年1月18日，冯仲云任东北人民革命军第三军政治部主任。1939年4月，中共北满临时省委执行委员会第二次会议，将北满临时省委改称中共北满省委员会，选举金策、李兆麟、冯仲云为常委。金策任书记，李兆麟任组织部长，冯仲云为宣传部长。1939年11月18日，任第三路军政委。1946年4月，当选松江省政府主席。新中国成立后历任松江省人民政府主席兼哈尔滨工业大学校长、北京图书馆馆长、水利电力部副部长兼华东水利学院院长。曾当选为党的八大代表和第一、二、三届全国人大代表。

1955年9月27日，参加中国人民解放军首次授衔授勋典礼。冯仲云是唯一不穿军装的人。荣获毛泽东主席亲自授予的"一级八一勋章""一级独立自由勋章"。毛主席握着冯仲云的手说："你是冯仲云，东北抗联的。你们抗联比长征还要艰苦！"毛主席的一席话令他热泪盈眶。冯仲云是一位授勋未授衔的革命家。

第六节　老红军苏菲

苏菲，女，原名曹荣恩。1919年生于宾州城一个富商兼地主家庭。小学生活在宾县度过，1932年夏考入哈尔滨第二女子中学。她反对日伪当局推行的奴化教育，冲破家庭封建礼教的束缚，和一些进步青年办起"培真补习学社"，以此作掩护印发抗日传单，从事抗日活动。不久日本鬼子要抓她，在朋友掩护下到了北平，当了地毯厂、刺绣厂文化教员，向工人们宣传中共抗日救国方针，经常接受党组织交给的任务，经受住了党组织的考验，1936年6月加入中国共产党。1937年5月进入延安红军抗日军政大学学习，被分配到抗大第二期第十三队，正式成为一名光荣的红军战士。"七七"事变后，受党组织委派，跟随奉命筹建中共河南省委的朱理治到了河南。不久，和朱理治结成革命伴侣。1941年奉命调回延安，进入中央党校学习，参加了延安整风运动。1945年8月，苏菲又奉命与朱理治参加开辟东北革命根据地的斗争。随后被派往朝鲜，任东北局驻朝鲜办事处机关分总支书记。新中国成立后，先后担任中央燃料站人事处处长、农业部农政司科长、对外联络处处长等职。

1989年4月，苏菲因脑溢血再次发作病逝于北京，享年74岁。党和国家领导人陈云、李先念、宋平送了花圈，陈慕华、邓力群、曾志、林佳楣、何康等五六百位生前好友冒雨前来告别。骨灰被安放在八宝山革命公墓，骨灰盒上覆盖着中国共产党党旗。宾县，是红色基因的摇篮。

第六章　中共北满分局宾县时期

　　1945年11月16日，陈云任中共北满分局书记。1945年11月23日至1946年4月28日，中共北满分局办公地点设在宾县城。许多重要文件、政令都是陈云、高岗和张闻天在这里起草和颁布的。因此，宾县有"东北小延安"的赞誉。陈云在宾县工作、生活、战斗期间，各种条件都极其艰苦困难。领导中共北满分局和北满地区各省党的工作委员会，以非凡的胆识和智慧发动群众建党建政、发展人民武装、清剿土匪、反奸清算、分配敌伪土地，发展生产、积极支援前线，为建立巩固东北根据地和支援全国解放战争做出了历史性贡献；为北满地区、东北地区，乃至全国在广泛发动群众、土地改革、城市接管与改造等方面提供了宝贵经验。直接指导了宾县这一时期轰轰烈烈的革命斗争，使宾县的各项工作成效卓著，在宾县人民心中记下了光辉的形象。

第一节　中共北满分局迁入宾县

　　东北长达14年都在日伪统治下，抗战刚结束时，我党的决策是力争尽快控制东北。冀东部队率先出关北进，收缴敌伪武器，镇压汉奸、敌特，接管城市，恢复生产。中共中央先后派20名中央委员、候补中央委员，包括4名政治局委员，率领2万名干部和11万大军挺进东北。1945年9月14日，中共中央决定成立以彭真为书记，陈云、程子华、林枫、伍修权为委员的中共中央东北局。并决定组建东满、西满、南满、北满4个分局。北满地区包括松江、合江、黑龙江、嫩江、牡丹江（绥宁）5个省和哈尔滨特别市。辖80多个市县，面积40余万平方公里，人口近1 000万，在争取控制东北斗争中占有重要战略地位。党中央、东北局十分重视北满根据地建设，派遣大批优秀干部进入北满创建根据地。

1945年11月16日，中共北满分局在哈尔滨成立。陈云任书记，高岗、张闻天、张秀山、李兆麟为委员。刚成立的中共北满分局所处的环境十分艰苦。在哈尔滨工作几天后，北满形势发生突变。1945年8月14日，蒋介石政府按美国授意怂恿与苏联政府签订了执行雅尔塔协定的《中苏友好同盟条约》。利用此条约条款，蒋介石政府取得了"接收东北主权"的权力。日寇投降后，国民党政府倚仗美国，向苏联发起外交攻势。苏军答应将收复的地区移交给国民党政府，并对哈尔滨的共产党党政机关及武装部队活动加以限制，要求驻哈的共产党党政机关及武装部队全部撤出去，中共中央指示中共北满分局撤到哈尔滨市郊近的县。

一、陈云采纳了中共宾县工委书记陈德京的意见

1945年11月21日，中共宾县工委书记陈德京到哈尔滨向中共松江省工委书记张秀山汇报宾县形势，见到了陈云。陈云向陈德京征求了中共北满分局是撤到阿城好还是宾县好的意见，陈德京向陈云介绍宾县情况说："宾县城是哈尔滨东部重镇，距哈尔滨才120华里，汽车2小时可跑到。宾县南部是山区，中部有丘陵，北部有平原。粮食充裕，只要有火柴能点火、有盐可吃饭，就可以生存，就可以打游击。进能攻，退能守，这里是赵尚志抗联三

军的游击区，群众基础好。"陈云听了陈德京的介绍后，决定中共北满分局迁入宾县。陈云对陈德京说："北满分局和部队机关决定到宾县去。我们先给你调一个排，两挺机枪。你先回去准备粮草，沿途了解情况，大部队随后就到。"当天下午4时，陈德京由哈尔滨返回宾县。途径蜚克图、满家店时，他安排了分局机关和部队临时住处。晚上，陈德京找到中共宾县临时支部书记赵三声，传达了陈云、张秀山的意见。为保证北满分局迁入后的安全，11月21日晚赵三声带领省军区8名战士，查抄了城内两个国民党党部，将党部主要负责人关押起来。11月23日，中共北满分局机关从哈尔滨出发前往宾县。路经蜚克图时，天色已晚，就地宿营，陈云住在李阳春家。11月24日下午，陈云率中共北满分局机关进入宾县城，驻地是一个天主教堂。教堂大约60平方米，分卧室、书房、厨房和中间过道4个间隔。陈云和分局秘书长孙仪之住在牧师书房。后来高岗来时，住在卧室。随同中共北满分局机关迁入宾县的有中共松江省工委、省军区司令部，进驻教堂前院的医院里。中共宾县工委为保证北满分局、省工委机关的生活，成立了宾县税捐局，收取农副产品和各种车辆税，由县商会安排商号出钱，提供伙食费用。宾县城内有县自卫大队和驻军守卫，秩序相对比较稳定。城外却不太平，北满分局警卫人员加强了城门守卫部队的力量，并给机关人员每人配备了手枪和手榴弹用来自卫。

二、东北民主联军北满军区在宾县组成

1945年11月末，陈云接到东北局电报，到哈尔滨与高岗、洛甫见面。他们研究了北满工作，并于11月30日以"陈、高、洛"的名义给东北局并中央写了《对满洲工作的几点意见》的报告。会后，洛甫到牡丹江任省委书记，陈云、高岗回到宾县，组成北

满军区。陈云任政治委员，高岗任司令员，李天佑任参谋长。李立三、冯仲云、钟赤兵等人先后从苏联回到宾县，邹问轩、刘成栋等人也曾在宾县居住工作过。

三、拜访王以哲的姐姐

宾县是东北军著名抗日爱国将领王以哲将军家乡。1946年初春，在陈云指示下，松江省军区司令员聂鹤亭派王宏伟在宾县城查找王以哲姐姐的住址。了解到确切地址后，松江省工委书记张秀山和聂鹤亭一起去拜访，此事在旧东北军部分官兵中传开，都认为共产党够朋友，靠得住。

四、对干部进行时事政策教育

在中共北满分局刚迁到宾县时，常有国民党特务和土匪骚扰。在艰苦和险象环生的环境中，陈云规定逢五、逢十召开形势任务座谈会，向北满分局、省工委、省军区和宾县干部讲当前形势和任务。要求干部丢掉幻想，克服侥幸取胜的心理；要求干部一切从实际出发，脚踏实地，扎扎实实地从零做起；要求把胜利扎根到艰苦的工作之上。他还经常和大家谈思想理论方法，把唯物辩证的思想方法归纳为"交换、比较、反复"六个字，引导大家理论联系实际，分析、讨论、综合、归纳，提出正确的指导性意见，使大家很受教育。李立三从苏联回宾县时没有行李，只带一条毛巾，挽着个漱口杯、牙刷。孙仪之把自己床铺连同被褥让给他用，自己和机关人员挤一起睡大炕。陈云对李立三很坦率真诚，有一次李立三问陈云，我过去犯错误，为什么"七大"还选我当中央委员呢？大概我过去不是错误吧？陈云说，你过去的错误还是错误，这是在毛泽东领导下，推选你当中央委员的。并向他解释了毛主席对犯错误干部的政策，李立三思想才通了。

五、松江省第一次人民代表大会在宾县召开

1946年1月上旬，松江省军区集中一个团兵力与三五九旅配合，由李天佑指挥，一举歼灭了方正土匪。接着又攻克通河县城，土匪逃散或被俘。根据形势发展，中共北满分局和松江省工委决定召开松江省人民代表大会，并进行积极筹备工作。1946年4月14日至25日，松江省第一次人民代表大会在宾县城召开。参加会议的包括共产党、国民党、民主同盟和各团体工商会代表共116人。秘书长刘成栋代表中共北满分局书记陈云致开幕词，松江省工委书记张秀山作了《关于剿匪和治安工作》的报告。总结了松江省人民自治军建军工作和剿匪斗争的成绩，明确提出今后的任务是剿匪、生产、练兵、放手发动和武装群众，帮助群众在经济上翻身。冯仲云、钟子云等先后在会议上讲话。会议民主选举产生了松江省政府行政委员会，委员9名，冯仲云当选为省政府主席。

六、破获两起特务企图暗杀案件

中共北满分局到宾县后，国民党曾先后两次派遣特务到宾县企图暗杀中共北满分局领导人。

1945年12月中旬，国民党特务张兴帮派其老婆阎秀霞到宾县侦察中共北满分局领导和省工委领导的行踪。阎秀霞以与驻宾县苏军联防站排长阿辽士同居为掩护，后经松江省军区保卫科暗察后将其逮捕。她写了自首书，并表明今后保证为共产党工作，还把张兴帮在哈详细住址和生活规律等供出。松江省军区保卫科把材料呈给陈云，陈云特批给哈尔滨市苏军马少校。苏军将张兴帮逮捕，在道外十六道街小院内绞死。

1946年3月上旬，松江省军区老七团三营由双城调往宾县承担警卫任务。国民党铁血团特务李鸿钧趁机混入部队，被派到营

部卫生班当了卫生员。中共北满分局机关驻地由老七团三营一个排担任警卫。李借给警卫排送药之机，侦察到北满分局领导居住地情况，并在距陈云、高岗住房最近处的围墙上做了标记。1946年3月上旬一个黄昏，李按照在墙上做的标记，隔墙向陈云、高岗住处投掷手榴弹，未投入屋内，在窗下爆炸。因为陈云、高岗已在前一天去了通河，张秀山当时也没在室内，所以没伤着人。手榴弹炸响后，松江省军区保卫科闻讯迅速赶到现场，进行搜查。通过分析研判，当夜逮捕了李鸿钧，李供认不讳，后经群众大会公审将其处死。

　　1946年4月末，驻哈苏军回国，在哈尔滨周围的东北民主联军同松江省军区三五九旅、黑龙江省军区部队协同作战，解放了哈尔滨，中共北满分局机关、松江省党政军机关，随后迁回哈尔滨。

第二节　从实际出发拟定正确工作方略

　　在中共北满分局宾县时期不到半年时间里，陈云同志从实际出发拟定了正确的工作方略，团结带领中共北满分局和五个省的党政军民迅速建立了巩固的根据地，为我党同国民党争夺东北争取宝贵时间，奠定了坚实基础。陈云把党中央确定的夺取东北的战略决策与实际相结合，提出正确工作方针、意见，当作北满分局面临的首要任务。

一、从调查研究入手

　　陈云注重调查研究，一切从实际出发。他从中共北满分局机关抽调少数干部，与宾县当地干部组成工作组，到宾县乡村去了解调查当地农民的生活状况和社情民意，把这些情况反馈上来进行分析研究。提出发动群众的政策是：消灭土匪，惩办罪大恶极有血债的警察、特务，把开拓团、满拓团的土地分给无地和少地的农民耕种。陈云了解到宾县县长陈德京、自卫大队政委季铁中二位都是宾县人，社会关系很多，于是经常找他们了解情况，分析当地社会各阶层反响，研究宾县各方面对共产党和人民自治军的态度，从而探讨北满分局应采取的斗争方针和策略。

二、确立中共北满分局工作战略方针

根据深入实际调查研究取得的第一手材料，经过剖析升华，陈云等中共北满分局领导，提出了中共北满分局工作的战略方针。在给中共中央和东北局《对满洲工作的几点意见》的电文中指出："当前在满洲工作的基本方针应该不是把我们的全部注意力集中于这三大城市（指沈阳、长春、哈尔滨），而是集中必要的武装，在锦州、沈阳前线给国民党部队以可能的打击，争取时间。同时将其他武装力量及干部，有计划地、主动地和迅速地分散到北满、东满、西满，包括广大乡村、中小城市及铁路支线的战略地区。以扫荡反动武装和土匪，肃清汉奸力量，放手发动群众，扩大部队，改造政权；以建立三大城市外围及长春铁路干线两旁的广大的巩固根据地。我们必须经过战争及根据地的建立，以达到包围歼灭大城市之敌及钳制长春铁路干线，使我们能够在同国民党的长期斗争中，取得全面的优势。"这样的观点和主张，得到了党中央的充分肯定。1945年12月24日，刘少奇根据东北军事部署中存在的问题，指示东北局："你们今天必须放弃争取东北任何大城市的任何企图。""中心任务是建立可靠的根据地，站稳脚跟。""要把屁股坐在东满、北满、西满等可靠地区，去建立可靠的根据地。"12月28日，毛泽东为党中央起草了《建立巩固东北根据地》的指示，肯定了以陈云为首的中共北满分局的建议，指出北满分局提出的东北工作方针，为建立巩固的东北根据地，争取全东北的解放指明了胜利途径。党在东北的工作方针和战略部署，由独占东北到建立巩固的东北根据地的转变，以陈云为首的中共北满分局给中央的《对满洲工作的几点意见》起了重要作用。中共北满分局的意见和中共中央12月连续发出的指示，解决了建立东北根据地的方针政策等一系列问题。根据中共中央指示，东北各地区重新调整了战略部署，从而把建立巩固的东北根据地工作引上了正确轨道。

三、推动主力部队北调

北满地区历史上就盛行匪患。抗战胜利后，国民党政府一时难以从大后方运送部队到东北，就采取对伪官吏和土匪封官许愿办法，使其就地变为所谓"国军先遣部队"的各级长官。我们党先期进入东北的部队大多集中在南满，在北满的部队很少，且大部分还是以我军指战员为骨干收编的土匪组成。北满组成的2.5万人部队，老成分不到1 500人。不但战斗力不强，可靠性也成问题。能否建立根据地一个关键问题在于主力部队能否迅速赶到北满。1945年12月6日，陈云、高岗致电中共中央东北局，建议派五个老主力团到北满。中央采纳了他们的建议，决定调刘转连、晏福生率领的三五九旅过来，随后又决定将杨国夫率领的山东军区第七师调过来。经陈云一再催促，这两支主力部队克服重重困难，日夜兼程急行军，分别于1946年1月底、2月初到达指定位置。由于及时到来，为剿灭土匪，巩固北满根据地提供了坚强有力的保障。也使我军得以在苏军撤出哈尔滨、齐齐哈尔后及时进占了这些大城市。

四、出台土地改革相关政策

陈云通过工作实践，认识到要建立巩固的东北根据地必须首先使群众认识共产党，了解共产党是为劳苦大众利益而奋斗的。主力部队到达后，陈云意识到发动群众的时机到了。他针对北满农民百分之六十是无地雇农和少地贫农的情况，提出把伪满洲国分给日本移民所谓"开拓地"和暂时租给农民所谓的"满拓地"，重新分给贫苦农民，同时增加雇农的实物工资，减少地主租金。中共北满分局和松江省工委，结合实际研究制定了土地改革相关政策。中共松江省工委下发了《关于减租处理敌伪逆产和发动农民的指示信》和《关于敌产满拓、开拓及军用地处理的初步办法》。规定：将满拓、开拓地及军用地等无偿分给无地和少地农民，帮助农民解决地租和土地问题。还针对北满地区大多数地主有武装的特点，陈云提出先通过经济斗争提高农民觉悟，然后组织农民到地主、汉奸家起枪，待农民有了自己武装，再回过头来进一步开展经济斗争，简称"经济——武装——再经济"。针对北满土地广阔，人口分散而我们干部较少的特点，陈云又提出在一定时期内要集中使用干部组成工作团队，在一个省先到几个县，在一个县先到几个村，发动群众、建立政权、取得经验、培养干部、再逐步推开，概称"蝗虫政策"。这些做法，让北满农民在耕者得其田后迅速发动起来。不仅使我们党站稳了脚跟，也使我军得到充足的兵源。这些政策和规定的产生，当然是出自陈云高瞻远瞩的政治眼光、高超卓越的领导才能和实事求是的工作作风。其中也不乏宾县这方"实验田"的作用。

五、具体部署剿匪工作

针对匪患严重情况，陈云、高岗和松江省工委一起研究剿匪工作。1945年12月，中共北满分局作出了"扫荡土匪武装，肃清汉奸力量，放手发动群众扩大人民武装，剿灭土匪，粉碎国民党对东北进攻阴谋"的具体部署。组织剿匪部队，会同当地人民武装自卫队，开展剿匪斗争，保证翻身人民的胜利果实。至1946年5月中旬北满65个县基本荡尽了匪患。中共北满分局按照党中央的部署在剿匪、土改、财经、后勤、兵工、交通、城市工作、文化和建党建政方面，根据实际情况制定了一系列具体政策和措施，对东北根据地的创建与巩固起到了重要指导引领作用。

第三节　创造和推广党政建设工作经验

1945年11月，中共北满分局组建后，把中共滨江省工作委员会改为松江省工作委员会，并成立了中共合江省工作委员会、合江省政府，中共牡丹江地区委员会，绥宁省政府。与此同时，还开始建立县级党组织，并普遍接收县级政权。

一、加强党政建设

中共北满分局机关、松江省工委进驻宾县后，把建党建政发展党员培养干部作为重点工作来抓，直接领导组建了中共宾县工作委员会。1945年12月13日，陈云主持召开中共松江省工委和宾县工委干部会议，动员干部下乡发动群众建立巩固的根据地。会后，中共松江省工委派谢邦治带领工作组到宾县全孝区搞社会调查，发动群众。月末，成立了中共全孝区工委和区政府，这是松江省建立的第一个区级党政组织。1946年初，北满地区掀起了党政建设高潮。宾县19个区分别建立了区工委和区政府，建立了33个党支部，培养发展党员213人。基层党组织和政权建立后，极需大批干部。为解决干部不足问题，中共北满分局决定采取开办军政干部学校和举办训练班的办法培训干部。中共松江省工委首先在宾县开办了"教职员训练班。"培养对象是爱国青年知识分子，对其进行政治理论教育和军事训练，提高政治思想素质和理论水平。培养训练结业后，学员被安排到县党政机关工作。这些干部不仅为北满根据地的创建、发展贡献了力量，还在以后的建党建政及土改斗争中发挥出巨大作用。

1945年12月1日，中共北满分局在宾县召开扩大会议，陈云就目前形势与创建根据地问题作了报告。指出"我们的基本方针是创建包括中小城市与铁路支线在内的广大农村根据地。全党同志要准备进行长期的艰苦的斗争，到乡村中去，到群众中去，造成有广大群众可以依靠的乡村阵地。""实行土地改革，是发动农民群众起来斗争，建立根据地和打败国民党进攻的关键。"实行土地改革的任务，落在基层党组织和政权身上，人民群众是土地改革的主力军。

二、创造和推广工作经验

中共北满分局在宾县土改工作中，总结和创造了许多好的经验和做法。一是提出正确口号，使农民明确了斗争方向。宾县人民在日伪长期统治下，饱受剥削压迫，有强烈的闹革命翻身求解放获自由的愿望。中共北满分局和松江省工委派工作组，同宾县工委干部一道因势利导，深入到农村广泛宣传党的土改政策，做群众工作，使群众很快发动起来。宾县群众把翻身解放归纳为四句话："吃饱肚子，拿枪杆子，抓印把子，说话算数。"二是在斗争中武装农民。中共宾县委书记马斌在土改调查时发现当地地主普遍有枪，如果农民不掌握武装，就斗不过地主，土改就无法开展。他带领群众收缴地主枪支，成立农民自卫队，使土改运动蓬勃开展起来。陈云称赞"这是一种伟大创举"，并将这一做法在北满各省推广。三是加强党政军的群众纪律。严格遵守三大纪律八项注意，充分发挥人民军队善于打仗又善于做群众工作的光荣传统。四是形成了深入基层的好风气。陈云要求"各级干部都要有做艰苦工作的思想准备，都要深入到基层去，脚踏实地，扎根群众、艰苦创业，要把建立巩固的东北根据地的思想变成干部战士的行动。"1945年以来，中共北满分局抽调大批党、政、军干部，深入到农村发动群众，开展反奸清算，减租、减息和没收分配地主豪绅土地斗争。五是形成总结经验，以点带面的工作方法。中共北满分局很多工作就在驻地宾县进行试点，总结宾县经验。1946年5月，中共松江省工委编辑发行了《宾县农运工作总结》小册子。5月30日，中共北满分局在为小册子作"序"中，肯定了宾县农运工作经验和成绩：一是将开拓、满拓地处理给无地或少地农民；二是改减租、减息政策为没收地主土地分配给农民的政策；三是建立了农民武装。1946年6月3日，中共中央东北局专刊发行了《宾县农运工作总结》，并对宾县的工作方法予以肯定。同时决定："宾县农运总结为每个干部必读的党内读物；在研究宾县农运总结时，必须联系自己这方面的群众工作，研究自己那里群众工作情况，讨论和总结你那里群众工作经验并写成书面报告送给东北局。"各地借鉴宾县的经验和做法，少走了不少弯路，促进了工作的顺利开展。

中共北满分局在宾县时期的革命事迹和做出的杰出贡献彪炳千秋。

第七章　建党建政建立人民武装

抗战胜利后，东北地区成为国共两党两军的必争之地。中共中央为了占有东北，将全国战略方针做出重大调整。指出"目前我党对东北的任务就是要迅速坚决地争取东北，在东北发展我党强大力量。"制定了"让开大路，占领两厢"建立东北根据地的战略方针。中共中央成立东北局，并抽调大批干部和军队挺进东北，在战略上抢占了先机。在东北迅速建党建政建立人民武装，成为建立巩固东北根据地，反击国民党进攻，保卫抗战胜利成果的紧迫任务。

第一节　恢复与建立中共党组织

抗日战争时期，中共宾县党组织领导宾县人民同日伪统治者，进行了英勇斗争。由于敌人的残酷迫害和屠杀，中共宾县党组织遭受严重损失。许多党员牺牲了，幸免者隐蔽起来，进行分散的秘密斗争，还有一部分输送到抗日队伍或转战到外地。"八一五"日本侵略者宣布无条件投降，隐居在宾县满井村的中共党员赵三声迅速来到宾县城寻找同志，很快联系到臧稔、白明洁等9名党员，秘密筹建恢复党组织工作。

一、中共宾县临时支部工作委员会

1945年8月23日，成立了中共宾县临时支部工作委员会，赵三声任书记，臧稔为副书记，白明洁为士兵委员，李延新做组织工作，孙党民做宣传工作。县临时支部机关设在不被人注意的伪马车组合社旧址。支部党员自己掏腰包筹集工作经费。赵三声的爱人王敏卖掉了结婚时穿的旗袍，补充活动经费。还有中共党员赵纯打入伪二十三工兵厂当副官，将二十三工兵队的一部分改编为县治安队，赵纯当上了政治部主任，与县临时支部接上关系，送来了粮食、豆油和猪肉，帮助县临时支部解决了困难。赵纯看到赵三声外出活动非常危险，便把自己的手枪送给了赵三声。赵纯在1945年日本裕仁天皇宣布无条件投降时，公开身份是伪国军少校军官。当8月16日清晨，赵纯得知日本开拓团集中300多人，从山路南撤时，于当天下午，率部分国兵追至吊水湖岭下，将南撤的日本开拓团缴械，多数日本人自杀，少数妇女儿童带回县城，收在临时战俘营。为了早日与上级党组织取得联系，赵三声、苏铭涛多人自筹路费多次去哈尔滨寻找上级党组织。苦心人天不负，终于在1945年10月通过中共党员李梦久与中共滨江工委负责人李兆麟接上组织关系，确定宾县临时支部归滨江工委所属的哈东地委领导。临时支部的全体同志，冒着生命危险积极发展组织和开展政治宣传工作，领导宾县人民同国民党反动派、地方封建势力展开艰苦顽强的斗争。在斗争中发展党员队伍，仅一个月县临时支部党员发展到20多人。1945年11月2日，赵三声参加哈东地委召开的工作会议，听取了地委书记王景侠作的工作报告，明确了当前工作的主要任务是发展党的组织，建立各级政权，组织地方武装。11月7日中共宾县临时支部召开工作会议，传达哈东地委工作指示，再次明确支部分工：赵三声继续任支部书记，臧稔任副书记兼视察员，分管外地各联络点工作。白明洁做士兵委员工作，李延新做组织工作，孙觉民做宣传工作，郑文雅做敌工工作，苏铭涛做交通员，王雨、王哲民、周伦为宣传员，张道荣、王敏、董志臣为总务，韩谋智、攸秉恒分别打入国民党两个支部，刘桂芬在县公安局工作，李阳春、白景山、李忠一、田俊若、王可、佟广训等分别在蜚克图、宾安、宾公、摆渡、满井、全孝等地工作。这些党员在极端危险的环境下，不顾个人安危、不懈奋斗，为党做了大量工作，为宾县人民的解放做出了重大贡献。

赵三声　原名赵俊臣，曾用名赵春城、田尚福。1918年出生于哈尔滨香坊，童年迁入宾县。1933年春，在宾县中学加入共青团，同年8月转为中共党员，任共青团宾县特支组织委员、代理书记。1935年经组织安排潜入宾县宾州街北门伪警察所当警察，担负搜集敌伪政治军事情报的特殊任务。1937年5月共产党宾县组织被破坏，牵连他被捕入狱，在狱中坚持斗争。于同年7月下旬，被判处犹豫执行徒刑5年，取得监外执行，被定为"要视察人"。1944年4月，被宾县特务搜查班逮捕入狱，经本人坚持斗争于1945年2月被释出狱。1945年"八一五"组织中共宾县临时工作委员会任书记。同年11月任中共宾县工委委员。1946年1月任中共宾县委委员、县公安局副局长、宾东办事处主任，兼任宾公、摆渡区委书记。1948年后，历任省政府科长、宁安县长、省委宣传部办公室主任、省广播事业局副局长、省电视台副台长、佳木斯医学院副院长，省气象局副局长、党组副书记等职。

臧稔　臧稔是宾县早期中共党员之一。1931年至1935年在宾县、哈尔滨市进行革命活动，引起日伪特务机关的注意。1935年冬，他在哈尔滨被捕，关押在上号监狱，经四十多天严刑拷打，皮开肉绽，遍体鳞伤。凶恶的敌人用铁丝残酷地把他小腿骨穿透，但他以共产党员的钢铁意志，坦然自若，始终没有泄露组织机密和暴露个人政治面目。日伪特务机关没有抓到任何把柄，又通过关系担保，敌黔驴技穷，使他获释。恢复健康以后为唤醒人民爱国主义思想觉悟，同时也为自己找个稳定合法职业作掩护，在家乡杨家小铺开设私塾馆讲学。在私塾里他排除封建礼教束缚，提倡男女平等。在他精心教育下，学生们不仅学业成绩都很好，而且奠定了热爱祖国的思想基础。1937年春，臧稔与抗联某部在糖坊老山头打击松花江上航行的日本炮艇，引起日伪警务机关对他的再次怀疑。伪警察到家里去抓他，早有内线通告，未果。1937年冬与打入满井保当会计的共产党员赵俊臣（赵三声）取得联系。1938年到伪万发保做事务员，与打入万发保的共产党员白明洁取得联系。1939年日伪征用民间马匹充作军用，他和白明洁暗中领导群众开展反征马斗争，用劣等马充好马。1943年任伪摆渡村公所村长，联合其他村长一起开展反交出荷粮斗争。1945年11月任中共宾县临时支部副书记后，到摆渡组织剿匪。1946年2月15日牺牲于宁远杨家沟。

李延新　原名李景岫、曾用名李福。1913年出生于宾县李万斛屯。1929年入宾县中学学习，在吕大千的领导下，参加地下革命活动。1936年秋，主动联系抗联三军去家乡开展"红地盘"并发生"虎头山大战"，歼灭日军43人。1937年5月吕大千被捕，1944年春赵三声被捕，他却冒着危险去各家慰问。1945年"八一五"伪政权解体后中共宾县临时支部吸收李延新参加外围组织，负责组织工作。年末参加中国共产党。历任县政府财粮科长、政务秘书、副县长、县委副书记、书记等职。1957年秋，调黑龙江省中医学院任党委副书记。

白明洁　蒙古族，1918年出生于宾县宾州镇西门外。1932年参加共产主义青年团，同年转为中共党员。1937年5月宾县党组织被破坏后同共产党员黄静亚、臧稔与抗联联络员宋芳保持联系。1945年"八一五"后参加中共宾县临时支部任士兵委员。1946年编入东北民主联军,后转业到内蒙古自治区任农牧总局科委副主任。

二、中共宾县(工作)委员会

1945年11月17日,中共宾县工作委员会(简称县工委)成立。陈德京受党组织派遣回宾县任中共宾县工委书记。中共北满分局迁至宾县后,进一步充实了县工委领导力量。县工委委员7人,王中为书记,陈德京兼任县政府秘书长,"协助"县政府主席邹北影工作,后接任县政府主席。因党处在秘密工作时期,县工委对外称"宾县民运部"。

成立中共宾县委员会 1946年1月,经中共松江省工委批准县工委改为中国共产党宾县委员会(简称县委)。马斌任中共宾县委书记,县委委员有陈德京、赵三声、李智辉、李庚、李慈、王华山、李青云。从此中国共产党在宾县逐渐处于执政党地位。

中共宾县委员会首任书记马斌 马斌,安徽滁县南关宝塔村人。1914年生,本名张源。先读私塾,后考入无锡国学专科学校。暑假住校每日到图书馆看书,接受新思想启迪,开始关心时事。1933年初因与同学上街宣传抵制日货而被捕,押送到南京宪兵司令部拘留所。在狱中,他与一位叫皮留可夫的老共产党员同一个被窝,学会用俄文唱《国际歌》。皮留可夫被枪杀后,他又与上海地下党主要负责人陈原道住在一起,接受马列主义,看到了共产党人的精神。出狱后,经陈原道介绍到北平,1935年加入中国共产党。到上海在薛暮桥、孙冶方等人带领下,组织文化界救亡工作,更名为马斌。"七七"事变后,先到皖南军部,任新四军政治部编译组组长、军部军法处处长。继而到苏北盐阜区抗日根据地，在黄克诚师长领导下的新四军三师，担任射阳独立团政委，射阳县委书记。1945年抗战胜利，11月被秘密派往东北松江军区政治部任民运部长。1946年1月任中共宾县委员会书记，把党的群众路线工作方法发挥到极致。陈云代表中共中央东北局在《东北日报》上撰写了《学习马斌式群众工作方法》的社论。著名作家刘白羽亲自采访了马斌，并写了一篇报告文学，称马斌是群众工作模范。1946年4月，马斌调离宾县。历任中共哈东地委书记，中共辽宁省委秘书长、民运部长。新中国成立后，马宾（斌）任鞍山钢铁公司总经理、总工程师、冶金工业部副部长、国务院经济技术社会发展研究中心顾问等职。第五届全国人大代表，中国东北区国际技术经济合作促进会领导人。2017年3月27日在北京去世。

中共宾县第一次党员代表会议　1949年8月18—26日，在宾州镇召开中共宾县第一次党员代表会议。出席代表93人，列席代表42人，代表全县1 950名党员。会议学习了党的七届二中全会决议，明确了党的工作重点由乡村转到城市的意义。检查和批评了无组织无纪律、贪污腐败、铺张浪费、麻痹自满、右倾松劲等情绪。县委副书记王依仁传达了目前形势及党的七届二中全会决议。县委书记王钊作了会议总结。

三、基层中共党组织的建立

宾县是中共东北基层党组织建立较早的县，基层党组织建设分为秘密建党和公开建党两个阶段。

秘密建党　1945年12月，中共松江省工委工作队深入全孝区开展基层党组织建立的社会调查，建立了中共全孝区工委，任命地下党员佟广训为全孝区工委书记。对全县基层组织建设起到了带头示范作用。县工委建立了中共宾县直属机关党支部委员会，辖工委、政府两个机关支部。县工委相继派党员干部到各区组建工作委员会。1946年1月，县工委组织工委委员和机关干部认真学习中共松江省工委、松江军区政治部联合制发的《关于目前发展党员的联合指示》，各区工委按照指示精神，采用马斌式的工作方法，深入到贫苦农户家，通过唠家事、扎根串联、启发阶级觉悟，广泛发动群众，组织其参加减租减息、清算和除奸活动。对政治进步、作风正派、家庭出身好、历史清白、社会关系清楚并在斗争中表现坚定勇敢，能自觉遵守党的决议，拥护人民政权与人民军队的积极分子，秘密单独地接收其入党。到1948年春，全县中共党员发展到726人。此后，县委按照上级指示，在党内开展了三查（查阶级、查立场、查工作），"三整"（整顿组织、整顿思想、整顿作风）为内容的整风运动，清除了有严重社会关系、严重政治历史问题和立场不坚定的党员43人。

公开建党 1948年7月中旬，中共宾县委按照中共中央东北局关于公开建党的指示，开展建党筹备工作。7月28日，召开了公开建党会议，县、区机关干部300余人参加。会上传达了中共中央及东北局公开建党的文件，县委书记吴亮平作了公开建党工作报告。阐明了公开建党是我们党建设上的一个具有历史意义的转变，标志着新形势的变化和人民力量的强大。会上有89人集体公开入党，其中有女性11人，这是在宾县举行的第一次集体公开入党仪式。会后，按县委部署，基层区委于8月初以区为单位召开党员和非党积极分子大会公开党组织；县直机关总支是在8月下旬。公开建党受到广大人民群众欢迎，群众普遍反映，过去我们要求参加党组织，但不知道谁是党员，怕跟错了，这下子党公开了，我们跟谁的目标明确了。公开建党期间，全县各机关、企事业职工干部、农村广大群众积极学习中共中央、东北局公开建党文件和党章。党员按条件逐人进行自我对照检查，联系实际讨论党的任务和入党目的。非党积极分子努力克服缺点，争取早日入党，全县党组织建设与发展新党员形成了高潮。截至1948年9月，仅两个月内，全县新发展党员522人。

四、整顿党组织

1949年8月，中共宾县委召开第一次党员代表大会后，全县12个区也相继召开党代会。县、区党代会的召开，为提高党员的思想认识和党组织的整顿奠定了思想、组织基础。同年10月，全县开展整党运动，要求进一步公开党，让群众知道村有党支部和党支部应发挥的作用、谁是共产党员。党支部要向群众报告工作，听取群众建议。党员要向群众宣传党的方针政策，要在各项活动中起模范带头作用。党员不能搞特权，要接受群众监督与评论。在整党中着重抓了党风党纪工作，把居功自傲、强迫命令、官僚主义、贪污款物、侵犯人权、丧失立场、无组织无纪律、思想退坡、搞不正当两性关系和不起作用的390名党员清除出党。1949年11月统计，全县有区党委13个，县直属党总支1个。党支部200个，其中农村党支部168个，占全县186个村（街）的90.3%。机关党支部27个，工厂党支部3个，街道党支部2个。全县中共党员2 140人，其中女党员172人。

五、恢复建立团组织

1946年，中共宾县委成立青年委员会，负责全县青年工作。1947年初，青年委员会改为青年工作组，李天伶任组长。12月初，中共中央东北局常委会议批准了东北局青年委员会《关于在哈尔滨电车厂和宾县农村进行建团试点的方案》。12月15日，东北局青年委员会建团工作组来到宾县，开展建团工作。组长李明，成员初世善、吴军、罗维。1948年1月6日，中共宾县常安区委和建团工作组召开全区青年积极分子会议,常安、财神庙、老营口、土顶子、黑鱼泡、狐仙堂、长春岭等7个村15个青年积极分子到会。会上确定青年组织的名称为"毛泽东青年队"吸收15—25岁的进步青年参加。会后,以到会的队员为骨干,开展了建团工作。同年5月,在常安区和省立第四中学(宾县中学)进行"东北解放区毛泽东青年团"建立试点。同年11月1日,将名称改为"东北解放区新民主主义青年团",并正式成立中国新民主主义青年团宾县委员会,李天伶任书记,李启华任副书记,刘凤财任组织部长,蔡景和任宣传部长。11月15日至19日,李天伶参加松江省青委召开的青年工作会议,汇报了宾县建团工作情况。各区配备了青年委员,开始做农村建团的组建工作。1949年5月4日,中国新民主主义青年团宾县团员代表大会召开,选举李天伶为团县委书记,李启华为副书记。全县11个团支部(农村3个,工厂1个,机关6个,中学1个),团员87人。

第二节　建立人民政权

宾县各级人民政权,是在共产党的领导下,同反动势力进行激烈斗争中产生的。从建立伊始,就集中体现了宾县人民群众的意志、愿望和利益,以为人民服务为宗旨,确立了人民的国家主人翁地位。

一、建立宾县人民政府

"八一五"光复后,1945年8月17日,宾县伪县长王恩周急忙纠集地方豪绅和伪官吏48人,成立宾县治安维持会,自任会长,妄图继续对宾县人民实施反动统治。当时滨江省政府出自稳定局势考虑，于10月18日委任王恩周为宾县政府临时主席。不久，滨江省政府意识到这样的政权不能代表人民意愿，是封建反动统治的延续，必须将其取缔，建立真正的人民政权。11月3日，滨江省政府副主席李兆麟任命邹北影为宾县政府临时主席，解除了王恩周这一职务。可邹北影是一个政治上的糊涂人，虽是共产党派来的县主席，却脱离了共产党的领导，对党交办的工作不认真去做，整天无所事事，成了宾县反动政权和封建势力的傀儡。

共产党接管县政府　1945年11月，中共北满分局、松江省工委进驻宾县后，令邹北影停职受审，决定由中共宾县工委委员、县政府秘书长陈德京接管宾县政府工作。同时逮捕了破坏新生人民政权的李芳亭和郑馨谷。1945年12月31日，陈德京被任命为宾县政府主席。县政府设有秘书室、民政科、财政科、教育科和公安局。由此，在共产党领导下，宾县政权建设不断巩固加强，确保了全县各项工作的顺利开展，宾县回到人民手中。

宾县第一次人民代表大会　1949年3月16日至22日，宾县召开第一次人民代表大会，陈德京作了《政府工作报告》。大会选举陈德京等11人组成宾县政府委员会，陈德京当选为县政府主席。建国后，宾县政府改为宾县人民政府，陈德京为宾县人民政府首任县长。下设13个职能机构，即秘书室、民政科、财粮科、教育局、公安局、税务局、工商科、农业科、卫生科、邮电局、银行办事处、企业公司、县供销联社。

陈德京，宾县人，1915年生，中共党员。1935年12月毕业于北京家庭化学工艺社。1936年1月起，历任陕西西安军官训练团文电员，西安西北临时军委收发员。1938年12月在晋东南抗大一分校学习。1939年9月任野战部队政治部民运工作组组员。1942年5月任太行前方鲁迅艺术学校研究会委员。1945年12月起任中共宾县工委书记、宾县政府主席。1949年12月起，任松江省财政厅秘书长、副厅长、厅长。1964年10月，任省人民委员会秘书长，1965年兼任省人民委员会参事室主任，1979年4月任省计划委员会副主任。2000年11月逝世。

二、建立区、村级人民政权

1946年1月，中共宾县委、县政府决定：将原来的19个村改为19个区政府，在农运斗争中重新选任人民信得过的正副区长。全县156个村成立村人民政府，选举产生正副村长。1 666个自然屯选举产生屯代表。区、村政府的建立，有力地保证了"土改"、支前、剿匪等项斗争的开展，强化了人民民主的专政力量。

三、调整巩固村级政权

1948年12月开始，中共宾县委、县政府采取以点带面，分步实施推进的做法，开展了整顿巩固村级政权工作。当月7日至17日，中共宾县委、县政府举办两期村干部培训班，各村党支部书记、村长、农会主任520余人参加。培训的主要内容是：国际国内形势、农村相关政策、党支部工作、建政工作、开展大生产运动、向劳动模范学习等。12月末，全县抽调30余名区、村干部组成工作队，深入到满井区满井村，开展村级政权整顿建设工作试点。经过宣传动员、选民登记、推荐候选人、民主选举产生了满井村新的政府委员会。1949年2月23日，宾县委、县政府召开区委书记、区长联席会议，在全县推广了满井村政权建设试点工作经验。到当年4月中旬，全县172个村普遍进行了村级政权民主选举工作。一批素质相对较高的人员进入了村政府，同时有13名不称职的村干部被撤换。新发展党员773名，新建村党支部51个。达到了村村有党支部，党的领导统领了农村阵地。

第三节　组建人民武装

中共北满分局进驻宾县后，为了巩固人民政权，创造安全环境，保护翻身胜利果实，首先开展了解除反动武装，创建人民武装的工作。

一、组建宾县自卫大队

按中共北满分局指示，中共松江省工委和省军区司令部于1945年12月初组建了宾县自卫大队。季铁中按东北局领导指示到了宾县，陈云和高岗交给他一项重要工作——收编宾县保安大队，成立宾县自卫大队，并任命季铁中为县大队政委。

季铁中是宾县人民的骄傲　原名季兴汉，化名小王。1916年11月出生于宾县泉眼河西季家围子一个中农家庭。1928年入宾县模范小学22班学习。1931年5月，班主任吴天民领导全校学生罢课，县当局撤掉了校长董超，学潮获得胜利。季铁中在学潮运动中表现积极并得到了锻炼。1931年暑期和刘志恒、杨继增等同学组织了读书会，阅读进步书刊。"九一八"事变后，改为反日救国读书会，吸收季铁中、段锦章等人参加。1932年季铁中在宾县中学就读，在共产党员吕大千的教育引导下，思想更加先进，并与中共宾县特支委员许亨植见面，经特支研究，发展他为共青团员，10月底转为中共党员。1933年初，中共宾县特支增补他为青年委员兼共青团宾县特支书记。1934年5月到东北反日游击队哈东支队工作，任青年队政治指导员。他作战勇敢机智，与战友一起多次粉碎了日伪军"讨伐"，袭击了五常堡，参加了大青川突围等战斗。1935年春，季铁中奉命返回宾县做组织工作，继续在宾县中学"读书",却受到教务主任石云鹏等人反对,要求学校清除"危险分子"。1936年3月,组织安排他去吉林工科学校"读书"。1937年5月13日,中共宾县特支受破坏时,季铁中接到"祖父病危速归"的电报消息,便去北平,并在北平与组织接上关系。"七七"事变后,党组织派他到国民党将领石友三部队一八一师学兵队做统战工作。同年10月在刘大风等领导下,建立了冀南第一支抗日武装——一一八师游击队。季铁中先后任指导员、团政治处主任和冀南军区第四军分区政治部主任。曾参加"百团大战"和冀南地区一些重大战斗。在改编、收编刘相友等土匪武装斗争中认真贯彻党的方针、政策,促使很多土匪武装相继走上抗日道路。1944年初,季铁中被派往延安中央党校二部学习。"八一五"后回宾县,任宾县自卫大队第一任政委。1946年1月末,他调入省军区司令部,出任松江军区哈东一分区政治部主任。1947年任松江省军事部长,在主持松江省军事工作中,积极配合地方进行土地改革,建立新政权和组建民兵队伍,为建立巩固的后方根据地做了大量工作。1950年调任四十二军一二三师政委,赴朝作战,协同师长苏克之指挥了黄草岭阻击战、宁远攻击战、洛宁里等战斗。参加了朝鲜第一、二、三、四次战役。归国后,任东北军区政治文化干校校长,后转任东北军区工程兵政委。1955年授大校军衔。1960年由部队转业到大庆石油大会战,任大庆工程指挥部副指挥。1963年底,他的"右倾机会主义"错误得到甄别,调到大庆煤石厂任副厂长。1964年任大庆石油会战指挥部工委副书记,对大庆油田政治思想工作建树颇多。1979年调任石油部,任政治部主任。1980年任国家石油部副部长,1982年离休。季铁中从自身革命经历,清醒地认识到为革命做出贡献的老同志保持晚节、教育好子女的重要性。于1982年7月制定了《约法四章》和《五条决定》的家庭规定,家庭成员人手一份,作为共同遵守的准则。1985年4月23日病逝于北京，终年69岁。

宾县自卫大队的军事活动　宾县自卫大队招收的都是贫苦农民和城市贫民子弟，编制为团级。配合松江省军区部队，在保卫中共北满分局机关，松江省工委、省军区司令部及宾县委、县政府的安全上发挥了重要作用。同时，多次参加剿匪战斗，并为前线正规部队输送了大批兵员。1947年秋，松江军区以宾县自卫大队为主吸收延寿、珠河部分地方武装人员参加，成立松江省军区独立十团。1948年9月独立十团奉调离开宾县，加入东北民主联军开赴前线。

二、建立区自卫中队

1946年春，中共宾县委在全县19个区建党、建政和开展轰轰烈烈的农运工作的同时，相继组建了20个区级自卫中队，其中在全孝区有一个朝鲜族中队。至1946年4月中旬，全县区自卫中队发展到1 000余人，有枪700余支。平均每区有50余队员，30余支枪。为了震慑敌人，展示农民武装建设成就，宾县政府于1946年5月1日举行了自卫队阅兵，有1 135名自卫队员参加。县自卫大队号召各区自卫队提高警惕，防止敌人破坏，保卫"土改"运动顺利进行；在剿匪斗争中敢打敢拼，做好社会治安工作。区自卫中队为正规军输送优秀的新兵500多人，并配合正规部队多次参加剿匪战斗。到1947年初，全县区自卫中队队员发展到2 500余人。1947年秋，区自卫中队随同县自卫大队加入松江省军区独立十团。

三、建立民兵组织

在组建县、区自卫队的同时，村、屯普遍建立了民兵组织。村为民兵排，屯为民兵班，参加民兵组织的都是贫雇农或中农出身，35岁以下，身体强壮，均为土改斗争中的积极骨干分子。当时民兵成为农运工作的坚强后盾，全县有3万余人。1946年3月，中共宾县委召开了全县民兵代表大会，与会代表4 000余人。中共宾县委书记马斌作了动员报告，会上县政府以斗争果实马匹、农具为奖品，对模范民兵进行了奖励。陈云与中共松江省工委领导参加了会议，代表大会历时一周。全县各村屯还建立了儿童团组织，拿起红缨枪，配合民兵和自卫队站岗放哨，传话送信，在土改中发挥了很大作用。宾县发动群众进行土地改革，建立人民武装的做法得到中共北满分局的肯定，更确切地说是受到中共北满分局具体指导的结果。北满分局指出："现在自卫队已成为村屯之最高权力机关，不仅担负起打土匪、捉汉奸、侦察送信的工作，而群众的经济斗争也更加扩大和深入了！"

1946年5月3日，《东北日报》发表了《宾县群众组织自卫队，一面生产，一面护乡》的报道指出："宾县农民自卫队是松江省自卫队成立较早的，只有把地主手里的枪夺回来，掌握在农民群众手中，人民的政权才能有保障。"

第八章　剿匪斗争

　　日本侵略者投降后，宾县土匪猖獗起来，其性质多为政治土匪。这些土匪对共产党十分仇恨，他们占据城乡，破坏交通，抢掠群众，袭击人民武装，颠覆民主政权，杀害革命干部，完全是出于反党、反人民、反新生政权的政治目的。主要活动地点为糖满、宾摆、猞猁、大青山、元宝河等地区。盘踞区域较大，是中国共产党开展土地改革、建立巩固东北根据地、夺取解放战争胜利的主要障碍和心腹大患，非尽快剿灭不可。1945年11月，中共中央东北局提出了对土匪必须坚决予以消灭的方针。中共北满分局坚决贯彻东北局指示，所属各军区组成机动部队，对盘踞在各地的大股土匪进行大规模清剿。1945年11月20日，松江省军区"老七团"进驻宾县，在县、区自卫队和村民兵的配合下，开展了激烈的剿匪战斗。从12月中旬起，松江省军区剿匪部队和1946年1月赶赴北满参加剿匪的三五九旅部队一起，在黑龙江省军区剿匪部队配合下，对松江省境内的土匪予以覆灭性打击。至1946年10月，剿匪部队在宾县进行大小战斗50余次，歼灭匪徒4 000余人，基本上肃清了宾县境内的匪患。

第一节　围歼糖满地区土匪

糖满地区位于宾县西北部，距县城约为百里。"八一五"光复后，这一地区地主豪绅为保护财产安全和人身自保，纷纷组织大排队等地主武装。共有6支大排队，队员共500余众，其中人数较多的是满井街商团。

一、国民党建立中央军满井突击大队

1945年11月初，国民党松江联络员石云鹏、伪警察王德生，到满井搞建军活动。经刘树恒、王德生策划，决定在满井街商团身上建军。商团团长王士凤认为有了升官发财机会，同意将商团改编为中央军满井突击大队，王士凤当上了大队长，商团副团长王靖洲为副大队长。

二、刘铭久反叛作乱

刘铭久又名刘杰三，是国民党党员，伪满警察署长出身。光复后，混入东北人民自治军某师三团当上了团长。他明里被收编，骨子里却铁心要投靠国民党。刘铭久认为刘树恒是他的得力助手，得到刘树恒的帮助，自己就可以叛出共产党的队伍回到国民党当大官。1945年11月中旬刘铭久8次派人做刘树恒的工作，刘树恒知道刘铭久的真实身份和请他入伙的目的，认为跟刘铭久走将来会有出头之日，两人出于同一目的，终于结盟，共谋反共诡计，刘树恒掌控了满井突击大队。

1945年12月12日，刘树恒带领满井突击大队及其他胡匪队千余人到满家店接受改编，行至地局子屯时，秘密枪杀了自治军侦察员陈学孟。收编的满井队伍改为东北人民自治军某师第四团，团长刘树恒，副团长闫克俭。1945年12月26日傍晚，国民党松江建军联络员李永年给刘铭久送来旅长委任状与肩章。次日刘树恒组织糖满地区各路土匪千余人奔向满家店，到三节地屯安营，等待接应企图叛逃的刘铭久队伍，并掐断满家店通往各地的电话线。1945年12月27日下午7时，刘铭久、谢连科（刘铭久外甥）开始了叛变行动部署。由谢连科带领5人去抓政委陈克明，由排长张金山带5人抓副团长华锡侯，由梁班长为首的4人打死关内老干部杨志等3人，安排宋广德等5人把住大门，保障畅通。团政委陈克明觉察到刘铭久可能要"兵变"，急忙给驻蜇克图师部打电话，电话线被断打不通，便派人去报告并作了应急准备。夜间10时许，谢连科等人刚迈进陈政委住的大院，便从屋里飞出一颗手榴弹，炸伤了谢连科的手，谢带队惊慌逃窜。刘树恒带千余匪徒涌进满家店街，用两台胶轮车把刘铭久、谢连科家眷接上车，与40余叛匪从满家店东门逃出，向满井方向窜去。副团长华锡侯被抓。刘铭久、谢连科叛逃后，政委陈克明派人去蜇克图向师部报告此事，又派人去县城做稳定一营指战员的工作，并研究营救华锡侯的方案。刘树恒怕自治军来攻打，就将刘铭久、谢连科的家眷秘密运到自己家，将华锡侯等3人一同押去。

三、重拳出击，围歼顽匪

刘铭久从满家店撤离后，蜇克图一带的胡匪为防止自治军攻打，多数龟缩在王家窑屯王跃先家大院躲藏，并严查过往行人。1946年1月3日，天下小雪，蜇克图区区长吕刚乘马爬犁路过王家窑屯，被胡匪王跃先部拦劫，杀害在屯西北菱角泡。

1946年1月初，猞猁区国民党建军团长赵青山（赵花先生）和祖延堂商议在1946年1月7日攻打民主联军某师部，被驻蜇克图东北民主联军师部侦察员发现，同时还侦察到阿城胡匪徐占海与鲁大队长带千余匪徒到糖坊，企图协助刘铭久攻打宾县城。民主联军某师司令部根据侦察得到的敌情，决定兵分三路进行剿匪战斗：第一路守卫师司令部，歼灭赵青山、祖延堂胡匪的援兵；第二路包围分散之敌；第三路围歼刘铭久匪队。1月6日夜民主联军赶在敌人行动前展开进攻。二团一连包围了保安三中队和刘华一的指挥部王乡屯，在猛烈炮火下，匪徒大部投降，一小部分逃命，刘华一被捉当即处死。二团二连包围了五峰楼屯的匪徒，胡匪见大势已去，不战而溃。一团与老七团一连共2 000余人包围了糖坊街，对刘铭久、刘树恒匪队形成瓮中捉鳖之势。在一团团长阎冲指挥下，战士们向匪首住处福义魁杂货店猛烈射击，封住了大门，匪徒们躲在百姓家不敢出来。匪一团、二团和徐占海匪队来增援，遭到民主联军老七团一连的猛烈阻击，败退而逃。匪首刘树恒溜掉，徐占海右臂负伤，与鲁大队长渡过蜚克图河逃到阿城马厂甸子。国民党松江建军指挥部联络员石云鹏、李永年溜进街上办喜事的赵家，扮作送亲的混出来，逃往哈尔滨。王德生逃出街后被民主联军活捉。民主联军一团层层包围了刘铭久所在的福义魁杂货店，刘铭久插翅难逃，但拒不投降，被手榴弹炸死。作恶多端必自毙！刘铭久一死，匪徒们纷纷跪地投降。这次战斗民主联军牺牲13人，负伤72人，刘铭久叛军与胡匪被打死22人，打伤78人，被宾县历史上称为"打糖坊"，是宾县剿匪斗争中规模较大的战斗。"打糖坊"战斗结束，二团三连战士包围了王家窑屯胡匪，先向匪首王跃先家大院发射两发迫击炮弹进行震慑。蜚克图区区长张文泉、农会主任杜永德进入王家大院劝降，匪首王跃先、徐泉、陈凤岐等人意识到如果不投降肯定没有好下场，于是决定在场的52名匪徒全部投降，经教育有51人愿意加入民主联军，只有1人因年岁大被送回家。王跃先、徐泉投降后仍坚持反动立场，逃往长春参加国民党军队。解放后，王跃先改名匿居哈尔滨市，1950年镇反时，王跃先、徐泉被人民政府处以死刑。刘铭久死后，刘树恒便成了匪主，他狡诈多端，决定逃走保命。1946年1月9日夜深时，刘树恒等带着家眷与残匪逃出了屯子。刘树恒、谢连科命令匪徒张金山等人把华锡侯等3人押至柳条通枪杀。谢连科带残匪逃往老家阿城平山，刘树恒、刘敬礼（谢连科表弟）带队到宾县南部山区为非作歹，后被民主联军剿匪部队消灭。刘树恒逃往国民党部队，后投诚。

四、沈其昌匪伙的覆灭

沈其昌，伪警察出身，当过国民党建军满井突击大队副连长，为躲避反奸清算斗争，畏罪潜逃到长春。1946年春，他在松江国民党党部执行委员王篷洲和原松江第一战区满井突击大队副大队长王靖洲的授意下，于5月28日回到满井区袁家屯，开展建军活动，引起自卫队的注意。经侦察发现，沈其昌正在与国民党原建军连长李有恒、崔爽，排长丁宏生、安庆林和原建军负责人米三槐、王洪先、地主刘四等人进行串联密谋。5月30日沈其昌在袁家屯召开建军会议，制定了先打满井区政府，再攻打宾县城的计划。满井区自卫中队得知沈其昌等匪徒开会情报后由队长李长有、排长倪金荣带队去围剿，沈其昌得知后提前散会躲开。沈其昌起出王靖洲潜逃时埋在徐振亚屯的枪支，到地主史秀章家起出长枪两支，又拦劫区自卫队员抢到长枪两支，并将网罗人员武装起来，成了武装土匪。中共满井区委书记李智辉决定与匪徒展开坚守阵地战，向县委汇报了沈匪活动情况并请求县自卫大队来支援。6月2日，满井区政府大门紧闭，区干部与自卫队员做好了迎战准备。天刚拂晓，沈其昌、李有恒等30余名匪徒包围了区政府大院。区干部和自卫队员凭借四座炮台，向匪徒开火，沈其昌不敢恋战，便退往靠山屯胡有金家起枪。中午，县自卫大队队长高继宾带领增援部队和松江省军区六团的一个排来到满井韩家屯，激战中打死地主刘四，丁宏吉受伤逃走，匪徒全部撤出满井街。但沈其昌吃了败仗还野心不死，6月3日从阿城县搬来"北海"匪队2 000余人助战。沈建议"北海"队顶住县自卫大队，引起"北海"匪首怀疑沈不怀好意，骗他们来送死，于是缴了沈的枪返回阿城。县自卫大队和松江军区六团战士猛烈攻打沈匪队，匪徒溃败潜逃。

糖满地区土匪被剿灭，中共糖坊、满井两区工委、政府继续深入发动群众，开展反奸清算斗争。潜伏在当地的反动建军匪徒与一些不法分子受到惩处，潜逃到外地的王篷洲、王士凤等人在镇压反革命斗争中受到应有的惩处。

第二节　剿除宾摆地区匪患

宾摆地区指胜利镇、摆渡镇全境，位于宾县东部边远地带。东邻方正，这里山高林密，地貌多变，地势险恶。日寇投降后，方正、通河、延寿、阿城等周边地区匪徒流窜到此。当地惯匪与地主大排相互勾结为害，这些匪患被国民党建军收编为东北保安军第十八支队。盘踞在宾摆地区作乱，攻打人民武装，占据区政府，抢掠民财、残害干部群众，作恶多端，罪不容赦！

一、臧稔血染杨家沟

1946年1月，中共宾县委决定派臧稔到宾摆地区组织人民武装。他曾在摆渡河村当过伪村长，情况熟，有基础。他先到高丽帽子街以县自卫大队的名义收编了以伪村协和会分会长贾明轩为队长的宾公区保安队和以吕桂林为队长的胡匪队，又去黄鱼圈沟收编了方正县惯匪头子陈荣久匪队70多人，把收编的近100人的队伍集中到高丽帽子街。县自卫大队队长周继光把收编队伍编为县自卫大队第三营，营长陈荣久，政治部主任臧稔。一连长贾明轩，二连长吕桂林。新编队伍中，有些人匪性难改，时常违纪，骚扰百姓，臧稔多次批评教育，并命令违纪人员向群众赔礼道歉。对此，许多被收编者口出怨言，陈荣久、贾明轩、吕桂林等人更大为不满。活动在珠河、延寿、宾县交界地带的国民党股匪刘今非暗中策反陈荣久等被收编的土匪头子。2月7日，陈荣久假报太平山有土匪，骗臧稔同去。当晚，队伍到了民丰村徐家屯徐三先生家休息时，陈荣久发动叛变，将臧稔绑架。几天后，陈荣久与刘今非匪队会合，刘今非出面劝降臧稔，条件是要活就去宾县当县长，要死就断头碎尸。臧稔宁死不屈："宁可杀身，不可夺志，我是共产党员，为国为民一生光明磊落，怎能和你们去干祸国殃民勾当！"。1946年2月15日夜，中共优秀党员臧稔，被凶残的土匪杀害在宁远区杨家大沟里大崴子山上。当时漫天大雪纷纷飘落，掩盖了烈士被肢解后的遗体。宾县早期共产党员的鲜血，染红了皑皑白雪，化作映红宾县大地的曙光。

臧稔牺牲后，赵三声派人把臧稔家搬到宾县城保护起来。

二、魏老八屯激战

1946年4月中旬，活动在宾摆地区的国民党特务刘今非和惯匪头子梁国玉被国民党东北保安司令长官分别委任为松江省第十八支队参谋长和支队长。刘今非、梁国玉收编了陈荣久、尚永山等匪队2 500余人，任命了团、营、连、排官职。宾摆地区原分散的各自为政的小股胡匪变成了有组织有领导的大股政治土匪，其人数是宾公摆渡两区自卫队的11倍。

　　1946年5月28日，赵三声安排宾摆两区自卫队各出10人去方正县购买子弹，此事被当地地主魏老四得知。魏老四是摆渡区自卫队长田俊若的叔丈人，田带头清算斗争了魏，魏仇视区政府、区农会和田俊若。他为报私仇，便向刘今非、梁国玉报告了这一消息。6月3日拂晓，刘今非、梁国玉带领匪队800余人，包围了摆渡自卫队驻地魏老八屯魏家大院，并发起进攻。区农会主任、自卫队政治主任张宏飞在指挥战斗中负伤，队长田俊若带领区干部和自卫队员24人，利用土墙、炮台作掩体，击退了匪徒多次进攻。时近中午，匪徒见久攻不下，施用苦肉计，将田俊若母亲和队员崔景山母亲及王义福的妻子等5人抓来，拉着草车，企图引火烧自卫队据守的院落大门。草车在前，匪队尾随跟进。当草车距大门20米远时，田俊若命令射击，双方展开激战，田母受重伤后身死，王义福妻子中弹倒下，匪徒未能靠近自卫队大院。匪徒又将自卫队员家属逼来喊话劝降，家属不从，匪徒就威逼殴打。一颗子弹飞进匪指挥所，穿透了陈荣久脑袋从左眼射出，刘今非、梁国玉意识到这是内部人打的，为防意外决定立刻撤退。此时地主魏老四怕匪队撤走，唆使给自己当过腿子，现在是区干部的杨成春去劝降自卫队，杨成春此举遭到自卫队的训斥与痛骂。杨成春故意制造混乱，匪徒趁机攻进院来，缴了自卫队的武器，将田俊若、张宏飞、洪建勋等22人捆绑。身负重伤的张宏飞痛斥叛徒并高喊："革命成功、胡匪必败！"匪徒向张宏飞开枪，年仅24岁的张宏飞为革命献出了宝贵生命。

　　张宏飞，1923年出生于吉林省永吉县。1943年投奔其兄张宏儒迁来宾县。1946年2月参加中共松江省委办的训练班。40天结业后，在中共县委委员宾东办事处主任赵三声带领下，去宾公摆渡地区开展工作。张宏飞同田俊若筹建摆渡区自卫队，任主任。当时，群众对共产党的政策不了解，没有发动起来。土匪如蜂，我方武装力量比较弱小。赵三声和张宏飞研究，必须坚定信心，坚持宣传和发动群众，壮大我党我军力量，对敌匪，打得赢就打，打不赢就躲，保存实力，以利再战直到胜利。张宏飞深入各村发动群众，同南摆渡区自卫队、区农会其他同志一道开展农运工作，自卫队发展到30多人。在地主家起枪30余支，子弹数千发，有效地抵御了土匪的袭击，保卫了农运工作，保证了反奸清算和减租减息斗争的进展。农民在斗争中逐渐觉悟了，自卫队受到欢迎和支持。当然受到打击的地主富农，伪警宪特等反动势力和土匪把区自卫队、区农会视为眼中钉，多次找机会进行反攻倒算报复，都被张宏飞巧妙地战胜了，不幸的是在魏老八屯战斗中，壮烈牺牲。

三、赵三声带自卫队脱险

1946年，赵三声是中共宾县委委员、公安局副局长兼宾公摆渡两区工委书记。摆渡区自卫队与刘今非队激战后，赵三声将分队调回高丽帽子街。高丽帽子街地主石光祖与区自卫队分队长孙占山密谋，企图杀害赵三声，投奔匪首刘今非。摆渡区失守，张宏飞牺牲，田俊若被俘，中共宾县委书记林立决定赵三声撤出宾公区，转移到宁远区，与宁远区委书记李庚会合。赵三声接到通知后，召开区和自卫队干部会议，会开到中间，赵三声敏感觉察到可能有自卫队员叛变了，决定分三队撤退。第一队由队长于万春率领抢占街西淘淇河大桥，第二队由副队长李超率领押运物资，第三队由分队长孙占山率领防堵追兵。一、二队按部署跨过了淘淇河大桥。第三队由于孙占山叛变，赵三声去接应，于万春带几名战士冲到赵三声面前大声说："赵主任我是队长，应由我去，你要掌握全队呀！"边喊边向前面冲去。途中正好遇见孙占山和地主石光祖与石光祖干兄弟王永全在一起，于万春开枪把石打伤倒地。匪徒王永全向于万春开枪，于万春壮烈牺牲，年仅21岁。于万春是宾县满井人，幼年丧父，家贫如洗。经赵三声帮助教育成为坚强革命战士。赵三声忍痛撤退，当走到侯家屯时，一位姓徐的老人早等在那里告诉赵三声去宁远的路有匪徒张之冲设卡，去栅板站的路有土匪谭老四设卡堵截。赵三声对老人很感激，如没有老人的情报，赵三声等人将陷入敌阵，遭到重大伤亡。赵三声决定从普安去新甸。赵三声率队到了江西刘屯，在开明人士刘景文先生家喂马休息。临行时，刘先生给大车加上一匹骡子，赵三声一行很快到达新甸。

自卫队在新甸沉痛哀悼了于万春和张宏飞烈士。经过三天整顿，这支武装工作队又活跃在宾摆大地，继续发动群众开展"土改"和剿匪斗争。

四、三门王家屯血案

1945年12月下旬，哈东军分区独立第三营在宾县宾安区组成，党志当上了营长。收编的乔家沟大排队副队长王宾和党志同是宾安当地户，又均是地主家庭出身。王宾对党志当上营长不服气，时常发牢骚。王宾家在反奸清算斗争中被清算，匪首刘今非乘机拉拢王宾。1946年4月，刘匪委托王宾故交黄希武给王宾送来营长委任状。5月初，宾县一些胡匪串通，预谋在端午节统一行动，攻击满井、宾公、摆渡、宾安、猞猁区政府。5月下旬，黄希武再次到宾安向王宾传达了刘今非命令，让王宾参加端午统一行动，拉出队伍，消灭自卫队。王宾与胡匪勾结，设下圈套。1946年6月2日，王宾派人到宾安区报告匪情，区工委书记孙武立即派区自卫队迎战。班长姜启林带9名自卫队员向三门王家屯进发，行至屯东岗，见有人在铲地没有在意，当自卫队员走进沟底时，铲地的14人突然操枪围上来，居高临下开枪，姜启林与9名队员全部壮烈牺牲。事后，王宾还公开劝党志拉出队伍投奔刘今非，说将来能当大官，受到党志的训斥。松江省军区科长席文山与党志研究决定，将王宾逮捕。区政府查清王宾仇视共产党的反奸清算斗争，有叛变投敌行为和有害死区自卫队员之罪，决定对其处以极刑。区工委书记孙武亲自执行，告慰了壮烈牺牲的自卫队员在天之灵。

五、攻打高丽帽子街剿灭顽匪

匪首刘今非、梁国玉躲在黄圈沟，听到赵三声撤出高丽帽子街，于1946年6月4日夜，押着田俊若等21名自卫队员向高丽帽子街奔来。途中收编了叛匪刘鸣山带领的小股匪队，进街时还受到叛匪孙占山、刘发、王国发和王永全等列队欢迎。匪徒驻扎在宾公区，老百姓被逼每天必须杀3头猪"犒劳"匪队。农户每天负担费用3元，商户每天25元。匪徒到处流窜，抢劫、奸淫，人民群众深受其害。21名自卫队员逐渐被保释，最后只剩下队长田俊若、区长洪建勋和炮手崔有3人。匪首们以给大官做诱降田俊若，遭到拒绝；又找来田妻魏兰芳劝降，也不起作用。6月14日上午，刘今非、梁国玉押田俊若到街西门外，临刑前田俊若大义凛然地说："从打被抓那天我就没想活，你们就是打死我，我也不投降！"匪首下毒手将田俊若枪杀，时年仅27岁。

1946年6月17日拂晓，松江省军区副司令员李寿轩率骑兵营和六团共500余人到宾公剿匪，赵三声率区自卫队引导配合，包围了高丽帽子街刘今非匪队。天亮时，由东、南、西三面开始剿匪，匪徒躲在住户家不敢露面。剿匪部队因怕伤到群众采取了围攻战术，匪徒们扒开街北大墙逃窜。当日晚剿匪部队进入街里，群众欢庆胜利，救出了洪建勋和崔有，捉住叛匪孙占山。孙占山当即被群众乱棒打死。次日活捉了叛匪王国发、王俊丰，由群众押到田俊若墓前处决，为烈士祭了灵。随后，由洪建勋区长引导，松江军区战士200人，在骑兵营张营长指挥下，历时10天，彻底消灭了土匪残余势力。在反奸清算、挖匪根运动中，相继揪出了匪首陈荣久、梁国玉、尚永山、刘鸣山、赵品三等25人，均被镇压。

为纪念剿匪斗争中牺牲的烈士，1948年初，中共宾县委决定将高丽帽子街改称万春镇，将宾公区改称胜利区，将摆渡区魏老八屯改称宏飞屯，以志不忘英烈。

第三节　歼灭猞猁河畔众匪

猞猁河地区位于宾县西南部，是宾县与阿城的结合部。日寇投降后，这里成为两县多伙土匪联合作乱的地方。猞猁村伪村长冯锡义组建了维持会并组织成立了地主大排队，规定种15垧地以上农户要出人出枪，大排队与土匪均被国民党收编为政治土匪，与新建立的猞猁区人民民主政府和农民武装为敌。

一、击溃来犯宾县城之匪

1945年8月19日，伪满国军二十三工兵队中校副队长于会堂带工兵队到宾县，追击到南部山区，将逃离宾县的日本侵略者击溃后，带一个排留在宾县。被县主席王恩周、县维持会副会长李芳亭将于部改编为宾县保安大队，于会堂当上大队长。11月初，于相继收到国民党建军旅长委任状。虽被滨江省政府副主席李兆麟正式任命为宾县保安大队队长，但对现职不满，他带领90名士兵集体加入国民党。11月23日下午，四和庙匪队联合阿城玉泉镇大排队80余人共计400余人，在冉谦等人引导下，直奔宾县城。

深夜，土匪从县城西水门洞进入城内，砸开监狱放出犯人。于会堂企图接应土匪进城被副大队长赵纯控制的两个排的火力压住。土匪没得到接应，几次强攻未能得逞。11月24日下午，中共北满分局机关和松江省工委、省军区司令部进入宾县城后，了解到土匪袭击宾县城时各方队员的表现，下令解散了宾县保安大队，逮捕了于会堂和李芳亭，查清于会堂的全部罪行后，将其处死。

二、追剿赵青山匪队

赵青山，地主出身，早年从医栽种牛痘得绰号"赵花先生"。日伪时曾任自卫团长，光复后借机拉起40余人的大排队。1945年11月，被国民党收编当上了反动建军的团长，其子赵义当上副团长。先后收编了孙家窑、二道川、太平寺大排队，聚集匪徒百余人，后又与阿城土匪头子于斌带的匪队合并在一起。1946年4月，猞猁区政府给他送去县政府制发的《解散地方民众武装、团体，枪弹如数上缴》的命令，赵青山自恃力量强大，拒不执行。还给区政府写信公然表示自己是中央军了，不能缴枪投降，气焰嚣张。赵青山盘踞在赵花先生屯一带作乱，给当地"土改"斗争和社会秩序造成严重危害。中共宾县委书记林立与县自卫大队长周继光决定实施追剿，消灭这一反动武装。1946年5月12日晨，中共宾县委调集猞猁、居仁、蜚克图3个区自卫队40余人，包围了赵的老窝赵花先生屯。自卫队发动进攻，赵青山等匪徒藏躲在屯里，一时难以攻破。下午阿城匪首于斌带队从自卫队后包抄，蜚克图区自卫队长许宪忠、猞猁区自卫队副队长侯伯昌牺牲。腹背受敌之下，退出战斗，匪队也被打死数十人。5月18日，猞猁区农会干部与自卫队员50余人将赵匪队夹击在满家屯，匪徒被打死4人，其余败逃。时过2天，赵青山与于斌去一面砬子山观音庙上香拜佛、结义。自卫队员提前埋伏在一面砬子山上，当匪队一行接近时，突然枪声四起，匪徒毫无准备，夺路而逃，到老窝赵花先生屯藏匿起来。6月1日拂晓，松江省军区老七团团长于波带领一个连战士，在猞猁区自卫队配合下，包围了赵花先生屯。区自卫队首先猛烈开火，老七团战士在后面埋伏。赵青山知道老七团前来攻打，非常恐慌，赵义要交枪投降，赵青山不肯，赵义带5人逃命去了。老七团战士展开政治攻势，赵青山回话宁死不降。老七团战士当即用迫击炮、掷弹筒向匪巢攻击，顿时匪徒驻地的院墙、炮台被炸开花，房屋着火，院内浓烟滚滚。自卫队员与老七团战士冲进院内，多数匪徒吓得跪地举枪投降，个别顽抗者被当场击毙。匪首赵青山躲藏井中，拒不投降，将其击毙在井中。众小股匪徒吓得魂飞魄散，漏网之鱼，逃往南山里红星屯隐藏起来。

三、邵奎武沙山屯兵变

邵奎武是猞猁区自卫队排长，与匪首赵青山干儿子祖延堂匪队的胡文举是直系亲属关系。祖延堂对胡文举许愿，让胡作邵奎武的哗变工作，在胡的威胁引诱下，邵奎武决心哗变投奔祖延堂。

1946年6月20日晚，猞猁区领导人带领区自卫队来到居仁区沙山屯。邵奎武召集一、二班战士17人参加的秘密会议，进行哗变动员和明确分工。半夜12时许，邵奎武按预定部署，带领一、二班闯入区领导人驻地单家大院，邵奎武对区自卫队副队长刘青山开了第一枪，其他匪徒按分工行动，由于自卫队没有提防，伤亡惨重。区委书记齐英杰负伤，自卫队指导员王云、副队长刘青山和警卫员赵永启当场牺牲。邵奎武带29人逃往祖延堂匪驻地三道沟子。叛匪离开沙山屯后，群众将负伤的齐英杰护送到宾县城，因当时医疗条件差，齐英杰因流血过多，于22日英勇牺牲。

　　齐英杰，原籍河北省定县西柳春村，1923年生于雇农之家。1938年高小毕业，1939年参加革命工作，后入抗大学习二年，期间加入中国共产党。出校后历任定县第四区组织部长、区长、区委书记等职，1945年秋华北解放区动员干部到东北开展工作，组织决定齐英杰与爱人张桐竹同时参加干部团赴东北。1945年11月下旬，随中共北满分局机关来宾县。1946年1月中共宾县委派齐英杰任猞猁区工委书记。齐到猞猁区后在极端艰苦条件下，与土匪斗，与地方封建势力斗，组建起猞猁区人民政府和区自卫队，为猞猁区人民翻身解放做出了巨大贡献，直至献出宝贵生命。齐英杰、王云等牺牲后，中共宾县委派姜庆泉任猞猁区工委书记兼区自卫队指导员，韩民任区自卫队队长，整顿恢复了区工委、区政府、区自卫队、区农会，继续完成齐英杰未竟的事业。

四、全歼猞猁区顽匪

　　1946年7月，东北民主联军某师与松江省军区老七团到哈东各地，配合各县自卫队，开展剿匪斗争。祖延堂把残匪带到刀切砬子屯藏匿。7月下旬的一天老七团包围了刀切砬子屯，团长于波为保护群众，争取众匪徒投降，采取了围攻相结合战术，给祖延堂送去口信，5天内不投降就全部消灭。祖延堂见无路可走，只好带匪徒列队举手投降。老七团押着祖延堂匪队到猞猁区政府大院，祖延堂向于团长要求不要改编，保留原有人员，不离开本地；又要求给其中的36人任职给官。于团长看出祖延堂是人降心不降，就口头答应，并按祖延堂提供的名单，将36名骨干一一叫出站队，说给任职。叫出的匪徒将枪码在一起，人离开了枪，于团长一声令下，早已准备的战士齐围上来将36人上了绑与祖延堂一起推上两辆大车，拉到东山脚下全部枪毙。当日又将部分匪徒押到县监狱受审，接着老七团采取劝降、围攻等策略，1个多月时间，将于斌、孟宪文、刘敬礼、杨君等20余伙400多匪徒全部消灭，肃清了猞猁河一带匪患。宾县政府在猞猁区政府所在地三道岗屯举行齐英杰、王云、刘青山、赵永启等烈士追悼大会。对叛匪邵奎武、王德录、马青林和匪徒胡文举等10人进行公审，押赴刑场，执行死刑。叛匪郭长发逃到宾县猴石区，"土改"运动中被揪出，猞猁区群众将其抓获。为纪念齐英杰等烈士，中共宾县委决定将猞猁区改称英杰区。

第四节　收降大青山匪队

大青山是宾县一大名山，也是县内最高山。位于宾县东南边陲，与尚志县分水岭为界，北麓是宁远区、汤什河区。光复后，当地地主豪绅组织起多支大排队。其中有以富商刘德君为首的宁远治安维持会治安队，地主江庆生为首的乔家崴子大排队，惯匪头子李青云为首的马家岗大排队，地主石海山为首的程家店大排队，地主刘伯山为首的汤什河大排队。这些大排队在土改运动中暗地与国民党地下建军勾结，成为政治土匪。

一、防匪大排队成叛匪

1946年2月，中共宾县委派李庚去宁远、汤什河、常安3个区开展工作，很快建立了区工委、区政府、区农会和区自卫队，开展反奸清算和剿匪等工作。4月成立了由区自卫队和各大排队组成的宁远区联合防匪指挥部，区长葛殿有任总指挥，区自卫队长陈财任副指挥，各大排队长为成员。同时区政府为了加强防匪队力量，借给每个大排队5支长枪和一些子弹。随着反奸清算斗争的深入，各大排队队长意识到斗争迟早要落到自己头上，开始与政府、农会和自卫队闹对立。区领导认识到与地主出身的大排队队长之间的矛盾不可避免，决定收回借给的枪支。李庚已觉察到大排队的敌对情绪，时刻注意观察提防，果然李青云在通往县城的路上堵击去县开会的李庚，被李庚绕道躲开。石海山出头联络，李青云等匪队被国民党东北保安军第十八支队建军联络员李子芳收编，委任营级编制。7月上旬一天上午，区自卫队10名战士到衣家屯巡逻，地主伪区长衣德林一面留自卫队员吃饭，一面派其父衣双到乔家崴子给李青云送信。李青云带30名匪徒前来，抓捕8名战士，另两名越墙脱险。李青云缴去大枪11支，子弹千余发。李青云、汪庆生、石海山抓了自卫队，暴露了叛匪的面目，怕民主联军追剿，便带着100余名匪徒逃进大青山深处躲藏，伺机兴风作浪。

二、匪徒疯狂报复

匪首都是地主豪绅，在"土改"运动中，家庭和本人受到清算，便靠手中有人有枪，用反攻倒算对抗反奸清算，实行疯狂的阶级报复。

残杀干部群众　在县土改工作队的领导下，宁远、汤什河群众清算斗争了当地地主，穷苦农民分到了土地，地主对翻身农民恨之入骨。地主、匪首衣德林带领土匪闯回家，将清算斗争积极分子徐万富开枪打死。

1946年7月上旬，李青云得知东北民主联军某独立师一团撤离的消息，立即组织匪队下山进行反攻倒算。7月18日派李洪昌带匪徒40余人下山去杀李青云预谋欲杀的人。但李洪昌不愿杀人，一路上吵吵嚷嚷，有意识地向群众透露要杀的人是谁，使其早点逃离。马家岗屯主任张发、杨家屯"土改"积极分子杨大秧子和程福，都已不见踪影。此次李青云杀人阴谋落空，李洪昌起了关键作用。但李青云对斗争他家的屯主任张发仇恨难消，7月22日夜会同汪庆生、石海山带领100余匪徒包围了张发的家，枪杀了张发和其大儿子张殿文。四天后李青云又杀一个回马枪，带10余名匪徒进屯，用枪乱打，打死群众赵臣。匪首衣德库得到肖家屯地主肖连成亲口说出本屯宗尚德全家是清算斗争衣家的积极分子，衣德库表示与宗家势不两立。8月25日上午伙同谷万庆等4匪徒偷偷进了肖家屯隐蔽在宗家附近。中午，宗光恩从地里干活回来被抓，衣德库、谷万庆押着宗光恩去大石头沟屯向匪首请功，途中宗光恩奋力反抗，被衣打死。反奸清算斗争步步深入，地主阶级势力上垮台，经济上崩溃，土匪失去了支持的力量。穷途末路的土匪小股出来抢劫，常被打散或消灭，便组织大股匪队出来抢劫。

抢掠新甸街　1946年9月初，李青云闻知各区领导人到县开会，大部队还没回来，认为这是出动抢劫的好时机，便纠集"老来好""老二哥"等7股匪队计700余人，夜里闯进新甸街，包围了区政府和自卫队驻地，切断了电话线。区自卫队采取以守待攻战术，保住了区政府和自卫队。700余名匪徒进入街内大肆抢掠。次日晨3时，匪徒们赶着5辆装满布匹、棉花、粮面、生猪等物品的胶轮大马车，牵着40余匹马、20多头牛，押着40余名群众撤出新甸向深山逃窜。

洗劫常安街　天亮时匪队到达常安区长春岭，当地地主宗德富和伪警察白国荣等人出来迎接并告诉常安区自卫队不在区上，可在此休息。李青云吩咐匪徒汪庆生将抢来的东西运回大青山花鹿沟屯匪窝，自己带部分匪徒来到常安街，砸了区政府和农会牌子。被清算斗争的地主张耀明、陆海德等人向李"诉冤"，李为给其出气，带领匪徒到农会会员家反攻倒算，常安街23名农会会员家被洗劫一空。得到常安区自卫队联合宁远区自卫队前来攻打的消息，李青云吓得立即带领匪徒逃命。

火烧黑鱼泡屯　1946年9月中旬，"四海"匪队到黑鱼泡屯抢劫，土匪骨干分子"炮头"被该屯大排队打死。李青云、汪庆生、石海山为给"炮头"报仇，联合了"黑虎队""南阳队""石德魁队"等6股土匪400余人，于9月29日夜包围了黑鱼泡屯。大排队用"洋炮"和抬枪应战，天亮时，守屯大排队没有弹药，土匪攻进屯内，家家户户遭到抢劫。打死大排队员4人，打伤1人，捆绑了大排队长李祝三和队员吴青林、邢本义等20余人。匪徒点燃了住户的房子，押着大排队员，赶着3辆满载物品的马车和60余头（匹）大牲畜，在一片浓烟中撤走。可巧天降大雨淋灭了大火，但是该屯房屋还是烧毁40余间。李带匪队路过双凤合屯，又烧毁了李棚匠和郝树山的房子，并将郝打死。当匪徒牵着抢来的牲畜走到财神庙时，宁远区自卫队队长陈财率队打来，匪徒丢下30余头牲畜逃走，陈财将牲畜返还给黑鱼泡屯群众。

三、收降匪队，肃清匪患

随着反奸清算和挖匪根斗争的深入，群众革命积极性越来越高，宁远、汤什河、常安3个区自卫队发展到400多人。李青云、汪庆生等匪首面对巩固的新生政权和强大的人民武装不敢兴风作浪，只好带领匪徒躲进深山老林，陷入了无粮断炊、军心慌乱、疲于奔命、寝食不安的绝境。程家店土匪队副队长李洪昌是跟共产党一心的人，暗中帮助区政府做工作，见时机已到，向李青云、汪庆生指出投降是唯一出路。李青云让李洪昌去宁远区政府联系投降事宜。1946年10月1日，李青云、汪庆生、李洪昌带领匪队向宁远区政府投降。中午区工委书记李庚、区长葛殿有、区农会主任曲延栋、区自卫队长陈财和全体区干部、区自卫队员列队迎接归降的队伍。通过教育有21人表示愿意参加区自卫队，56人发给自新证和路费回家。区几位主要领导专门招待了李洪昌，给他庆功。李青云、汪庆生、衣德库投降后，匪性不改，怕群众对其斗争，逃往外地。

1947年初，按上级指示，全县掀起搜匪除奸运动。宁远区群众揪出伪警察胡匪白国荣并将其处死，揪出仍有活动的匪首"一抹脸"并将其枪毙在曲家屯。财神庙群众揪出焦德宽，当即枪决。衣家屯群众揪出地主匪首衣德库并将其乱棒打死在徐万富墓前。匪首汪庆生潜逃到珠河，揪出后就地处死。群众捉住石海山，经区政府审查认定石海山是匪首，但没太大罪恶，得到宽大释放。

新中国成立后，在镇压反革命运动中，政府先后逮捕了李青云、谷万庆、衣德林等人，均被处死。1948年村级建政时，将张发居住地改为张发村，将宗光恩居住地改为光恩村，以示纪念。

第五节　平定元宝河叛匪

为清剿土匪，保证根据地的开辟和建设，1945年12月初，松江军区司令部直接组建了宾县自卫大队，将永利义勇奉公队收编为第四中队，并将永利义勇军奉公队指导员白明洁调到县自卫大队工作，同时任命八路军老战士郭文杰、王正清分别为四中队指导员和中队长，殷永贵为副中队长。县自卫大队政委指示郭文杰、王正清扩充兵员，建立连级中队。四中队在元宝河驻扎期间，吸收了新战士40余人，全队近百人。中队长王正清为国民党兵出身，兵痞恶习始终未改。当上中队长，独断专行，还让群众给他捐献钱物，抓百姓的鸡、鸭吃，郭文杰严厉批评了他，并制止他的错误行为。他不仅不思悔改，还怀恨在心。副中队长殷永贵等人对郭文杰对他们的严格要求也心怀不满，产生谋杀郭文杰的恶念。

1946年1月10日，郭文杰派战士张富到县城给县自卫大队政委季铁中送信，报告王正清的错误行为。张富到殷家油坊屯朋友家住下，信没及时送到。当晚4时许，王正清、殷永贵召集中队3个班长开会，密谋叛变。晚10时许，王正清趁郭文杰睡熟之时将其绑架。王正清集合队伍，逼着队员乘上抢来的12个马爬犁，将郭文杰绑在爬犁上。王正清、殷永贵带队从元宝河出发向大泉子走，行至庞家屯时，将郭文杰杀害。午夜时分，王正清带队来到大泉子，县供给部主任张来庆等人没有应变准备，20余名战士全被缴械。张来庆负伤，县自卫大队的3名侦察员被杀害。王正清、殷永贵怕县自卫大队来追击，带队向宁远、汤什河窜去，在三门于家屯加入了于洪泮带领的"东海"匪队，并和"防贤""青林""双山"匪队汇合。汇合后的五伙匪徒在三门于家屯与太平山一带抢劫民财，扰乱治安。松江省军区为消灭这伙匪徒，调动驻防在延寿县独立营，又联合当地的进步民众武装400余人，在1946年1月18日晨包围了"东海"匪队驻地三门于家屯，展开激战。匪首于洪泮当场被击毙，王正清、殷永贵为躲避追剿，带队回到了元宝河。1946年1月下旬，白明洁率领松江军区一个连，在元宝河与"防贤""青林"匪队交上火，王正清、殷永贵听到枪声，带队逃往黑龙宫。8月，王正清、殷永贵匪队被民主联军击溃。1947年在"土改"运动中，王正清被群众乱棍打死在县体育场。殷永贵为逃脱惩罚，多次改名换姓，先后搬家到阿城、北安等地藏匿，1960年8月被宾县人民政府依法处决。

第九章 土地改革 农民翻身

宾县是东北乃至全国开展土地改革运动较早的地区，是在中共北满分局、松江省工委直接领导下开展起来的。中共宾县工委、县政府把上级精神与当地实际情况紧密结合，领导全县人民创造了许多好的经验和做法，对全省乃至东北的土地改革工作起到了示范和推动作用。

从1945年12月13日开始，到1948年3月初结束。宾县的土地改革经历了调查试点、反奸清算、煮"夹生饭"、"砍挖"斗争、平分土地等阶段。

第一节 调查试点

中共北满分局进驻宾县后，分局书记陈云于1945年12月13日主持召集北满分局、松江省工委、宾县工委干部联席会议。指出："要建立巩固的东北根据地，工作上要克服一般化，最关键是发动宣传群众，县委要扎根群众中，县委即民委，民委即农委。我们要下去发动群众，只有广大农民群众发动起来了，理解了我们，相信了我们的党，我们才能站住脚，才能由弱变强。"第二天，中共松江省工委按北满分局领导的部署，抽调13名干部，会同宾县工委干部组织工作队，深入到宾县全孝区进行社会调查和发动群众，抓土改工作试点。全孝区是日伪时期所谓的"模范村"，又是日本开拓团入殖地，社会情况既比较复杂，又有代表性。工作队首先组建了中共全孝区工委和区政府，加强党的领导，建立了人民民主政权，接着开展社会经济状况调查。刚开始时，群众对工作组不了解，多数人不敢接近。队员们深入到各屯，主动与群众接触，访贫问苦，扎根串联，宣传党的政策和革命道理，启发群众思想觉悟。群众解除了疑虑，积极主动支持工作队，很快打开了工作局面。工作队经过艰苦细致的调查，弄清了全孝区各阶层的经济情况：地主富农占农户10%左右，却占有农村65%的土地；中农占农户20%，占地20%；贫雇农占农户70%，仅占地15%。其中卖工夫出苦力的占农户的60%左右。基本上反映了宾县当时农村各阶层的经济情况，对以后各级领导制定农村方针政策、指导农运工作，提供了可靠依据。试点中，工作队还发动群众开展了清算斗争。当地地主孙可仁强占了日本投降时扔下的60垧开拓地和50余间房屋，违犯了党中央受降物资一律归国家所有的规定。工作队发动群众对孙可仁进行了清算斗争，没收了他强占的土地和房屋。耕地分给无地或少地的农民，房屋分给了无房住的农民。宾县土改由此拉开序幕，工作队起草拟定了《开拓地满拓地的处理原则与办法》上报，中共北满分局、松江省工委据此制定了相关政策指导工作。经过20天的努力，全孝区土改调查试点胜利结束，为宾县各地的土改工作树立了样板。

第二节 反奸清算

"土改"斗争首先从反奸清算开始，斗争的对象是日伪时期欺压人民的汉奸、特务、恶霸和伪村区屯长等。目的是没收他们掠夺的土地、财产，归还给人民。中共宾县委书记马斌带领工作组首先在城厢区开展了反奸清算的试点工作。

一、清算斗争

1946年1月30日，县公安局逮捕了伪宾州街劳工股长朱宪章。朱仗势妄为罪恶多端，民愤极大。2月16日，宾县召开公审大会，万民参加，这是宾县人民民主政府成立后召集的第一次大规模的群众大会。群众高举大旗，敲锣打鼓，高呼口号。县长陈德京首先讲话，也是万人第一次亲耳听到人民民主政府的声音。民政科长王克军戾诉了朱宪章孝忠日寇、欺压百姓、霸占妇女、敲诈勒索等罪行，激起全场愤怒，一致发出"打死他""枪毙他"的呼喊声。县长陈德京宣布："答应大家要求，枪决他！"朱宪章被处决。消息传遍全县，群众无不拍手称快，深受鼓舞。

二、减房租斗争

城厢区西丰街有700余户居民，其中租房的有340户。群众普遍反映房租高，难以承受。其中地主高三阎王有房20多间，原来房租就很高，近期又涨价了。住户不同意，高就撵搬家，群众一致要求削减房租。1946年2月，中共宾县委工作组与城厢区干部10人来到西丰街发动群众，与群众共同研究制定了减房租斗争方案。工作组于2月9日组织租房户300余众去斗争高三阎王。高开始时狡辩，继而耍赖、放刁、装糊涂。群众有工作组撑腰，根本不买高的账，高见群众势大，自己斗不过，当场退还多收的租金1 000元。住房户与高重新签订了租房合同，确保了住房户利益。出租房屋大户老耿家，有了高家教训，顺顺当当地答应了住房户减房租的要求，340家租房户都减了房租。

三、清算"配给粮"斗争

群众的要求就是斗争的目标。城厢区西丰街群众揭发福顺兴、裕泰盛等粮号从1943年起就克扣群众"配给粮",造成许多群众闹饥荒的事实,并有700余人到街工农联合会要求清算"配给粮"。中共宾县委工作组与街工农联合会共同研究制定了清算"配给粮"斗争计划。

1946年2月21日,城厢区西丰街联合南康街群众千余人直奔粮号售粮处永利东。女掌柜说粮食都在福顺兴、裕泰盛,民兵押着女掌柜,队伍涌向福顺兴。谁知群众队伍进院里,突然从柜台里打出一枪,群众没有畏惧,直奔柜台。福顺兴管家安子清从柜台里蹿出来,被群众一顿拳打脚踢,然后把他捆绑吊在柱子上。掌柜的石昆峰被团团围住,群众质问石昆峰为什么克扣"配给粮",为什么用"配给粮"发不义之财。石昆峰开始还百般抵赖,群众把他绑起来吊在柱子上。宾县城防司令部和第九机枪团的战士,急速赶到福顺兴大院,搜出了粮食、盐、豆油、火柴等许多配给物资,送到区政府,将这些物资按人口比例分给群众。宣布福顺兴物资是敌伪财产,依法收归国有,将石昆峰押到区政府。2月22日,由15人组成的清算代表团,带领群众到裕泰盛。掌柜的鉴于福顺兴的教训,乖乖地接受了清算。至26日,清算售粮处17家,清算回"配给粮"80余万斤,全部分给了群众。群众纷纷称赞共产党好,民主政府好,八路军好。2月末,城厢区木工80余人,自发地组织起来清算工头赵刚、井春甫和伪组长王连壁,清算出现款伪币32.5万元。清算后,成立木匠工会,民主选举正副主任和组长。此为清算"配给粮"斗争的继续和扩展。在斗争中,培养了党的积极分子,发展了新党员,提拔任用了干部,充实了区工委、区政府的领导力量,成立了城厢区农工联合会。城厢区反奸、减房租、清算"配给粮"斗争进行两个月，打开了工作局面，给全县农运工作带了个好头。中共宾县委书记马斌亲自撰写了《城厢区西丰街减房租斗争与工作中的几个问题》和《清算福顺兴、裕泰盛配给粮斗争的经验》，上报给中共松江省工委，省工委给予充分肯定并在《东北日报》上发表。全县19个区很快成立起区工委、区政府、区农工联合会，173个村相继成立起农工联合分会，为全县农运斗争奠定了组织基础。

四、没收地主土地分给农民

1946年3月15日，中共宾县委召开由各区工委书记、区长、农工联合会主任和工作队长参加的工作会议。会上传达了中共松江省工委《关于敌产处理的初步办法》和《城厢区发动群众反奸、减租和清算"配给粮"斗争经验》，马斌书记部署了反奸、减租增资工作任务。中共宾县委制发了《关于反奸清算运动的指示》，均强调了发动群众，需依靠贫雇农，团结中产阶层群众共同斗争；强调了要组织农民武装，消灭地主武装，保卫人民，保卫政权，保卫胜利果实等主要任务。中共宾县委提出了"蝗虫政策"，即集中兵力突破一点一面，改变过去"遍地钉钉子"，人单势孤推不动工作，又容易出危险的做法。马斌带领7人首先在宾县西部地区开展农运工作，在工作方法上采取"越岛"行动，即点燃烧透一个屯，附近屯"冒烟"。4月中旬，县委将西部经过锻炼有经验、有组织能力的40名干部与20名自卫队员派到县东部开展工作。他们发动群众斗争汉奸24人，清算地主土地减地租56户，很快打开工作局面。4月末，中共宾县委召开工农代表大会，马斌作了《发动群众，打倒封建势力，为建设巩固的东北根据地而贡献力量》的报告。与会代表一致反映减地租对富农、佃中农有利，对一无所有的穷人利益不大，提出向地主富农均地、租地的要求。中共宾县委决定满足贫苦农民的基本要求，将"反奸清算，减租增资和分'开拓地''满拓地'的政策"，改为"反奸，没收地主土地与开拓地、满拓地，分配给无地或少地的农民，保证穷人彻底翻身的政策"。这一决定在大会上一公布，代表们都拍手叫好。还推广了城厢区农工联合会总结的《农工翻身大道理》条文，确定了穷人翻身的标准、参加农工联合会会员标准和怎样当好干部的规定。

1946年5月中旬，全县清算斗争地主192户，进行清算斗争524次，有1 010个屯，62 612人参加。斗争果实有土地18 018坰，占地主土地的45%；牛543头，马1 076匹，皮车120辆，衣服3 000余件，现款伪币758万元。

五、马斌式群众工作方法

在开展反奸清算、减租斗争中，中共宾县委书记马斌带头下乡发动群众，做深入细致的群众工作，创造了许多好经验取得了显著效果。马斌一身农民着装，与贫雇农同吃同住同劳动，与穷苦农民交朋友，谈心叙家常，讲革命道理。群众也把马斌看作是自己的朋友，扎下了感情的根子。马斌这种扎根穷苦农民中实实在在的作风，带动着工作队员和农村干部，所到之处发动得迅速、全面、彻底。马斌善于发现问题、解决问题，善于总结经验。相继撰写了《宾县群众工作状况》《宾县反奸清算斗争的经验》《宾县分配敌伪土地的经验》《宾县的减租工作》《宾县领导群众工作的经验总结》等文章，在1946年三四月份《东北日报》上发表。7月3日，《东北日报》发表了《发扬马斌式的群众工作》的社论。

第三节 煮"夹生饭"

1946年11月21日，中共中央东北局发出《关于解决土改运动中"半生不熟"问题的指示》，要求各地彻底检查土改运动情况，集中力量消灭"夹生饭"问题。出现所谓"半生不熟"的"夹生饭"问题，表现为：地主恶霸势力未被彻底打垮，土地分配不彻底，不合理；群众没有真正发动起来，出现和平分地、假分地、明分暗不分现象；干部队伍和积极分子队伍不纯，个别地主狗腿子、流氓进农会，掌握了农会领导权；群众武装没有建立起来等。

在开展煮"夹生饭"运动中，宾县先行一步，为全省提供了经验。

一、开展"回头看"

1946年10月22日至23日，中共宾县委召开扩大会议，让各级干部回头看，正确分析形势，估足成绩，找出问题，从思想上转弯，为煮好"夹生饭"作准备。通过回头看查摆，与会者一致认为：群众发动起来了，但不全面、不深入、不彻底、有死角，特别是工作组没到的地方最为明显；土地青苗虽然分了，但个别地区分得不认真，地主多留地、留好地；部分干部群众心有疑虑，怕有一天给地主退回去。村级政权及农会有三分之一不作为，其原因是干部不称职，有的受地主拉拢成了保护伞。县委书记林立代表县委检查了工作上的失误与错误，突出问题有四点：一是运动最初火力大，轰轰烈烈，以后干部抽调冷下来；二是从始至终干部力量不足，有些村屯，区干部还没去过；三是干部提拔的对象标准不准确，重才轻德，提拔后关心教育不够；四是对群众运动领导不得力，没能及时总结经验教训，给予正确指导，只注重到运动轰轰烈烈，没能注意到踏踏实实，认真细致工作。出现了干部包庇地主、坏蛋，侵犯中农利益等现象。县委扩大会议随即做出四项决议：一是深入开展"防翻把"与挖坏根子斗争；二是整顿组织纯洁区村农会、民兵、自卫队，充实区村政府的领导力量；三是开展干部教育；四是结合抓好生产支前等项工作。

二、常安区试点先行

1946年12月末，中共宾县委召开工作会议，进行煮"夹生饭"专题部署，要求县委委员和各区工委都要分别抓一个试点村。县委书记林立带队在常安区财神庙村抓试点，从1947年1月1日开始至12日结束。

三、煮透"夹生饭"

1947年春，中共宾县委书记林立动员全县在生产中煮"夹生饭"。要求农忙小"煮"，农闲多"煮"，宾县委制定印发《煮熟"夹生饭"的四条标准》，指导全县。各区工委均制定出生产与煮"夹生饭"工作计划，煮"夹生饭"工作在全县展开。至1947年7月，全县178个村的"夹生饭"全部煮透。共斗争地主富农936户，收缴耕地3.07万垧，牲畜7 000余匹（头），粮食2万余斤，衣服1万余件。在煮"夹生饭"中建立农村党支部10个，发展新党员40名。挖坏根子462人，其中汉奸76人、伪警察13人、恶霸地主55人、惯匪4人、特务反动建军分子12人。宽大处理302人，被群众处死160人。宾县土改斗争成效显著，群众发动得全面，问题搞得深透，常安区较为出色。1947年7月下旬，中共常安区工委书记卢景斌出席中共中央在西柏坡召开的土地工作会议。8月3日，卢景斌在会上介绍了常安区"土改"斗争经验，会后，卢景斌另行分配工作。1947年8月，邹家华任常安区工委书记。

邹家华，曾用名筱舟，祖籍江西余江，是中国革命史上优秀新闻工作者、政治家，是出版家邹韬奋的长子。1926年出生于上海，1934年入上海私立体育小学三年级。1937年"七七"事变，经香港、汉口到重庆。1938年下半年入重庆私立巴蜀中学初一班。1941年入香港培正中学高一班。1943年上海大成中学高中毕业。1944年经徐雪寒介绍在淮南军区入伍。1945年6月进华中淮南建设大学学习并加入中国共产党。1945年10月，调山东省政府实业所建筑科任干事。1946年1月调东北，同年6月到宾县在省委机关做临时性工作，不久给中共宾县工委书记马斌当秘书。1947年6月调任中共常安区工委副书记，同年8月任书记。领导常安区人民，出色地完成了宾县土改斗争试点任务。1948年3月，邹家华离开宾县，转向更重要领导岗位。后来成为中共中央政治局委员，国务院副总理，全国人大常委会副委员长。邹家华不忘他战斗、工作过的宾县常安区，常安区人民也一直传颂他在常安区领导人民实现翻身解放作出的光辉业绩。1996年8月25日，邹家华在回宾县期间，亲笔题写了"常安中学"的校名牌，并镌刻在常安中学新校舍的校门前。

第四节　"砍挖"斗争

1946年7月25日，中共中央东北局发布关于挖财宝的指示，提出当前应着重斗财宝、挖干货，继续进行挖坏根与分地主留得过多的土地，彻底摧毁地主阶级的经济基础，解决农民生产、生活困难。此后各地迅速掀起了声势浩大的"砍大树、挖财宝"运动，即"砍挖"运动。

一、中共宾县委的六条具体意见

1947年6月末，中共宾县委召开工作会议，对"砍挖"运动进行了部署。县委书记林立传达了省委书记在县委书记联席会上的讲话。林立强调群众放手大胆干，就是把天捅个窟窿由县委负责。在"砍挖"斗争的政策上提出六条具体意见：一是对地主要区分大、中、小，对大地主要彻底斗，对中地主土地要分，底产也要分，对小地主土地要分，底产不挖；二是对富农要区分恶霸富农和勤劳富农，对恶霸富农和三重性富农（反动性、封建性、独占性）和二重性富农（汉奸性、封建性）要彻底斗、挖底产，对勤劳富农斗出多余土地和剥削量超过30%的部分；三是不得侵犯中农利益；四是斗争中没收的油坊、烧锅和带有汉奸性质的"配给粮"要斗要分，属民族工商业不能斗争；五是对带有反动性的封建迷信团体要斗争，算政治账；六是对二流子一类人要立足教育帮助。

二、斗争失控，放手变撒手

中共宾县委工作会议后，以区为单位举办"砍挖"运动培训班，全县掀起"砍挖"斗争高潮。对所有地主、富农反复进行斗争，挖底产、掏干货，群众斗争运动掀起来了。部分干部将"放手"变成"撒手"不管，一些基层干部和积极分子单纯为了取得经济利益参加斗争捞干货，忘记了政治斗争，也不管政策，乱斗一气。斗争了80%以上的中农和部分工商业者，有的以此借机报"私仇"甚至把人打死。一些不法分子趁混乱之机，兴风作浪。满井区有19个地痞、二流子组成斗争队伍，到处贴封条、乱斗一气，借机报仇把人打死。糖坊区地痞、二流子合伙一夜间斗争19家中农。"砍挖"斗争偏离了方向，滑入扒皮斗争、流血斗争和均贫富一拉平斗争。

三、推广城厢区"砍挖"斗争经验

1947年城厢区有6村6街，人员复杂。为了制止坏人借机干扰运动，区工委决定召开群众会议，从发动群众入手提高认识，统一思想，端正方向。进一步明确了发动群众是对农会会员放手，农会会员是斗争主力；斗争标准是把封建势力推翻，把地主阶级命根子财宝挖干净；对恶棍、二流子不放手。这些坏分子斗争中农、贫民、小商贩是对"土改"斗争的破坏，是在帮封建势力地主阶级的忙。这样一来，恶棍、二流子站不住脚了，被群众揪出，揭发其破坏运动的罪行。全区共揪出恶棍、二流子19人，扫除了"土改"运动的障碍，集中力量深挖了12户地主企业的底产，并将这12户地主企业没收为群众企业，企业内的原有长工和农工联合会会员变为股东。为了纠偏，中共宾县委于1947年8月18日发出了《关于侵犯中农利益的通报》，指出流氓、坏蛋斗的中农都不算数；农会组织斗的中农74%应该纠偏。批评部分干部严重的平均主义、本位主义，检查了制定加入农会的条件中没有规定中农应参加的错误，强调对斗错的中农用果实予以补偿，干部要向斗错的中农道歉，规定今后斗争中农必须经区农会批准。10月，县委召开"砍挖"总结会。在运动中全县挖出土地3.8万垧、金子39.39斤、银子1 100余斤、长短枪53支、子弹5 000余发和大量现金。

中共松江省委总结了《宾县目前群众工作两点经验》《宾县"砍挖"斗争中看到的几个问题》和《宾县城乡群众运动中看到有关工商业的几个问题》等几篇经验，中共宾县委总结印发了

《"砍挖"斗争成绩》《关于放手发动群众问题》和《常安区干部积极分子训练班》等文件，由中共松江省委汇编成《宾县工作报告特辑》，于1947年在《松江通讯》第十一期专载，为全省"砍挖"斗争提供了经验。

四、"扫堂子"斗争

宾县"砍挖"运动出现"左"的偏差。1947年12月中旬，中共宾县委召开工作会议，传达学习呼兰康金区"扫堂子"斗争经验，再次重申干部不要有倾向地主思想。会后全县1 638个屯组成群众斗争队伍，打开区、村、屯界线，再次轮番斗争地主、富农。本地群众也开始"撒手斗争"，全县斗争了90%左右的中农。外乡群众斗争队伍闯入县城，斗争了47户工商户。参与斗争的群众说城里的耗子比乡下猪还肥。"扫堂子"斗争的标准是把斗争对象斗到净身出户去串房住，只留下碗筷。斗争完全由群众说了算，干部跟着斗争跑，对打死人习以为常。

1948年1月12日至23日，中共宾县委两次召开"扫堂子"斗争汇报会，强调注意政策，不要再斗争中农，不要再打人杀人。但会议对错误制止不力，会后违反政策现象仍时有发生。

第五节　平分土地

1947年10月10日，中共中央制定公布了《中国土地法大纲》。11月3日至21日，中共中央东北局在哈尔滨召开北满地区省委书记联席会议，传达中央土地工作会议精神，部署土改工作任务。会后中共松江省委对平分土地工作进行了具体部署，各地平分土地工作全面展开。1947年11月，中共宾县委召开会议，传达贯彻省委平分土地会议精神，学习《土地法》大纲，制定出充分发动贫雇农、团结中农彻底平分土地、彻底消灭封建的基本方针。会后各区委迅速开展总攻封建势力斗争。

1948年1月末，中共宾县委书记林立离任，吴亮平到任，发现过"左"行为，对各区工委下达指示，要求2月9日前停止斗争，停止打人、杀人。并以屯为单位召开群众大会，吸收地主富农参加，宣布停止斗争，全县混乱局面开始扭转。

一、划阶级定成分

1948年2月22日，中共宾县委召开划阶级定成分与平分土地会议。县委书记吴亮平在会议总结部署工作时重点强调了要发动群众学习《中国土地法大纲》和省委有关文件，要求广大干部群众要正确掌握划阶级定成分的政策、方法，要算好经济账。各区制定了工作方案，层层召开干部、积极分子会和以屯为单位召开群众大会，学习讲解《中国土地法大纲》特别是深刻理解省委提出的"缩小打击面，补救中农，照顾地富生产，停止打杀"的指示。1948年2月29日，全县划阶级定成分工作结束。全县59 243户，其中贫农（含雇农）45 515户，中农11 200户（其中当富农斗争划回8 294户），工商业者432户，富农1 437户，地主659户。正确划分阶级成分，农村的阶级阵线清楚了；"依靠贫雇农，团结中农，监视地主富农"的阶级路线便于执行了；体现了政治上关心中农，给中农去掉了政治包袱，思想得到了解放。

二、平分土地

1948年2月末，中共宾县委组织区、村干部843人开展平分土地试点，试点后全县开始平分土地。农村每人均得一份地，雇农、贫农、革命军人、军烈属分近地、好地；对孤寡者给一人两份地；中农土地以原有地为基础，多不退少给补，愿意打乱重分也可以；对地主，富农也要分给土地，照顾其生活。全县共平分土地240万亩，占总面积的100%。平分土地，在中国几千年历史上"耕者有其田"的愿望终于实现了。平分土地后，又进行分浮产，农民分得土地和财产，生产和生活条件翻身了。

1948年3月初，全县土改运动胜利结束，宾县完成了历史上的一大杰作。

第六节　落实政策

土改运动中出现过"左"、过激行为和平均主义倾向，给部分群众造成怕富、平均和等靠要思想。中共宾县委、县政府认真落实党的政策，采取有效措施，纠正"左"的错误，稳定群众思想，调动了群众发展生产、过上好日子的积极性。

一、制止过"左"行为

1948年4月下旬，中共宾县委派出工作组，分赴万发区柳家屯、常安区民生屯、全孝区朝鲜屯等已归并的"一心屯"，宣布将其解散，恢复到原有状态。全县已归并的"一心屯"全部自行解散。同时全县干部和党团员深入到群众中，宣传上级开展大生产运动指示，公开阐明土改结束后不再搞经济斗争。农民分到的房屋、土地、马匹等果实不退还，一律归私人所有。多收粮食可自由交易，今后贫雇农、中农生活富裕了也不再升成分，群众吃了定心丸，过"左"行为被制止。

二、开展"纠偏"工作

"纠偏"指对在土改运动中错斗错划侵犯中农利益的错误进行纠正。1948年5月，中共宾县委召开工作会议，落实省委关于"纠偏"工作的指示。县委书记吴亮平教育干部要端正态度，充分认识"纠偏"不单纯是给中农退东西，而是我党有错必纠、实事求是的思想体现，是爱护群众关心群众的体现，是贫农团结中农的基础。吴亮平代表县委承担了发生政治错误的责任，要求区委代表县委向干部、群众和被斗错的中农道歉。会后，各区委按县委要求制定了生产与"纠偏"相结合的工作方案，以村、屯为单位召开群众大会，宣布对斗错的中农进行"纠偏"。"纠偏"工作教育了贫农，温暖了中农，理顺了关系，化解了矛盾。中农普遍反映思想轻松了，心情舒畅了，斗去的东西退不回来也行了。

三、落实房屋产权政策

地权已确定，而房权没有确定。中共松江省委提出处理房屋产权是土改工作的继续，是土改中对斗错中农进行"纠偏"的重要内容。要将斗错中农的房子全部退回去。1948年9月上旬，中共宾县委召开工作会议对此进行研究后决定：全县已分掉的1.2万间房子，房权归现住房主，为其发放了房权证明。中农住房困难的，由区、村想办法解决。各地为400余户住危房的中农解决了住房，对中农盖房优先批给房木和贷款，发动群众帮助盖房。

四、发放《地照》

1948年7月23日，中共宾县委、县政府集中230人，经过3天训练，分两队到民和区新民屯、新立村搞土地等级评定试点。8月6日结束后，各区培训人员对各村、屯开展土地等级评定工作，9月20日全县土地评定结束。土地最高等级12级。经实测实评，全县有耕地191 928块，315.3万亩，给6.12万户发放《地照》72 236份。农民领到《地照》，心里托了底，使党的政策得到有效落实，增强了群众对党的信赖，清除了顾虑，理顺了关系，稳定了人心，激发了群众发展生产的积极性。

宾县的"土改"运动，是宾县人民革命斗争史上划时代的一页。

第十章 参军支前喜迎新中国成立

宾县是全国最早的解放区之一。东北光复后，宾县人民在共产党的领导下，卓有成效地开展了"土改"运动，劳苦大众真正获得翻身解放当家作主站起来。广大群众感谢党，跟党走的积极性空前高涨。积极响应党的号召，发扬勇于奉献的主人翁精神，积极动员和输送优秀儿女参军参战，大力开展拥军支前工作，为全国解放战争的胜利提供了大量的人力物力支持，积极发展经济和社会事业，为建设美好家园、迎接新中国诞生贡献力量。

第一节 参军拥军优属

1946年国民党发动全面内战，调集40万军队大举向东北进军，妄图与我党争夺东北独占东北。为打败国民党反动派的猖狂进攻，保卫胜利果实，解放全中国。东北民主联军主力部队极需扩充兵员，壮大人民军队力量。1946年4月，中共北满分局发出紧急指示，要求各省输送新兵，补充主力部队。

一、动员参军扩充兵员

中共宾县委根据上级指示，开展动员群众参军工作。全县各级党政组织、干部，通过召开会议、印发宣传材料、张贴标语口号、走访群众等多种形式，开展扩军宣传动员工作。宾县人民从日伪残酷统治下解放出来，分得了胜利果实，过上了从没有过的好日子，对党怀有深厚阶级感情。党的号召立即化为行动，人民感到参军光荣，全县很快掀起参军参战高潮。年龄18—35岁青壮年踊跃报名参军，出现了许多父母送子、妻送夫、姐妹送兄弟参军的动人事例。据统计，仅1946年，全县青壮年补充到主力部队6 000余人，其中由县区自卫队转入1 200人。

1947年5月5日，县、区成立武装委员会，村成立扩军领导小组，把参军参战与"土改"相结合。通过诉苦，启发广大群众阶级觉悟，召开祝捷大会，宣传前线胜利消息和开展扩军立功运动等形式，掀起参军参战高潮。7月，中共中央东北局决定在扩军中采取组建二线兵团的办法。到1949年4月，宾县有900人参加二线兵团，并编入主力部队。据统计，解放战争期间，全县参军近1.8万人。入伍战士英勇战斗，浴血疆场，许多人立功受奖。

全县有623名英雄儿女在战场上壮烈牺牲。永和乡范有才被中共中央军委授予战斗英雄称号。范有才，宾县永和乡联华村张广屯人。1920年生。1946年11月参加三十八军师留守处当班长，1947年7月1日参加中国共产党。在辽沈、平津战役中立大功4次，小功2次；在抗美援朝战争中立大功3次。多次负伤，为二等乙级残疾军人，荣获战斗英雄称号。受到毛泽东、周恩来接见。1952年转业回乡生产。1953年应贺龙元帅特邀参加赴朝慰问团，同年出席东北军区军人代表大会。

满井乡的王守金多次立功。王守金，1928年生于满井乡利达村曹海屯一个贫农家庭。1946年3月参军，任营通讯班长。在解放德惠、四平、锦州3次战斗中，立大功3次。在解放锦州时负伤失去右腿，1949年6月复员回乡。1950年4月被评为民兵模范干部，出席东北模范民兵奖励会议。1951年6月应内务部长谢觉哉邀请，参加赴朝慰问团。1956年11月，被评为复员残疾军人模范。出席全国烈军荣复转业军人模范代表大会，被选为主席团成员，在大会介绍模范事迹，受到毛泽东、周恩来等党和国家领导人接见、合影。

新甸镇刘家胜被第四野战军司令部授予一级战斗英雄称号。

二、拥军优属

1946年春节前，宾县政府对拥军优属工作进行了具体部署和安排。县政府与县直机关为县荣誉院伤残军人送去了过年物资，并进行走访慰问。以村为单位对全县1 109名荣复转业军人和全部军烈属进行走访慰问，每户都送去了过年物资。全县2 500余户军烈属，均由当地政府以粮食、工日、现金等形式给予优抚补助。

1948年春，平分土地和分果实，中共宾县委、县政府对军烈属、荣复退伍军人制定了特殊照顾政策。县委决定村成立优抚委员会，屯成立优抚小组。要求对军烈属中无劳动能力者安排他人代耕。1948年至1949年，宾县部分山区和沿江地区歉收，为保证灾区军烈属生活，县政府为其补助口粮447 750斤，烧柴3 200万捆，修房70户223间。1948年11月3日，县委召开辽沈战役祝捷大会，全县发起慰劳军队活动。各村自发筹集肥猪22头、鸡蛋10万余枚、粉条4 497斤等物品慰问解放军。1949年春节，各区为县荣誉院送去肥猪18头、鲜鱼1 800余斤、狍子15只、山鸡150对。社会各界还通过冬鞋贷金募集、献干菜捐款捐物活动进行慰劳军队，支援前线。

第二节　全民奋力支前

宾县人民为前线输送了大批兵员，同时还积极参加战勤服务，组织军需供应，支援全国解放战争。

一、组建支前民夫队

1946年1月至1947年2月，宾县组织3次民夫队，支援解放德惠作战。共出民夫10 600人、大车500台、担架500副。在县长陈德京、县委委员李庚、刘青云带领下，民夫们冒着枪林弹雨，不怕流血牺牲，勇敢地抢救伤员，运送军用物资到前沿，出色完成了支前任务。宾县第三批民夫队在吉林榆树县老牛沟和喇嘛狼窝执行任务时，遭遇敌机轰炸，民夫牺牲3人，炸毁大车5台，炸死役马20匹。在攻打盘石县杨子坑战斗中，常安区丁连仲、新甸齐凤山、满井区盛玉先3人舍生忘死救伤员。6月15日松江省政府通令嘉奖，授予3人"民夫英雄称号"。1947年9月至1948年3月，东北民主联军发动夏秋冬三季攻势。宾县分别于1947年9月和1948年2月组织支前民夫队，出民夫1 786人、大车300台、担架120副，两队分别于1948年2月和8月胜利完成任务。1948年9月，辽沈战役打响，中共宾县委、县政府组织动员民夫875人、大车73台、役马298匹、担架130副，到锦州战场执行抢运伤员和押送国民党兵俘虏的任务。辽沈战役胜利后，东北野战军于11月6日召开庆功大会，授予宾县民夫大队奖旗82面，被评为模范民夫280人。

1946年1月至1948年11月，宾县先后共组织支前民夫队6次。共出民夫13 261人，大车1 183台，担架750副，役马数千匹。每次都胜利完成任务，载誉而归。

二、开展军需供应工作

1945年11月，中共北满军区司令部、松江省军区司令部和所属部队进驻宾县。中共宾县工委、县政府动员全县各行各业，开展为军需生产服务工作。12月，松江省军区后勤部接管了县游民习艺所雕印科和被服车间，直接为军区生产服务。1946年2月雕印科交给县政府，成立宾县印刷厂。县政府没收敌伪企业成立县民生福油米厂，即宾州油酒厂前身。产品主要是由县财粮科调拨保证军需。宁远、宾安、新甸等地开办公营粮食加工企业，产品供应当地驻军。1945年11月开始，县政府发动妇女制作军服、鞋帽、子弹袋等。1947年统计，全县制作军服3 500件、鞋5 000双，募集军鞋贷金伪国币107.6万元。1947年10月3日，县委、县政府执行东北行政委员会发布的《关于一九四七年度征粮购粮问题的命令》精神，以区为单位，按耕地面积下达了军粮征购任务。广大群众踊跃交军粮，到1948年12月初，全县共出送粮车6 500台次，交军粮6 187万斤，如期完成了军粮征集任务。

三、输送干部南下

1948年12月，中共松江省委作出关于组织干部南下进关支援全国解放战争的工作部署。中共宾县委、县政府积极开展了南下干部的选拔工作，经县委审查确定干部90名。其中科级、副科级干部17人，一般干部57人，村级干部16人。1949年2月，南下干部集中在省委党校办两月训练班。4月初，南下干部出发，6月初到达刚解放的江西省。他们与当地干部团结奋斗，开辟出新的工作局面。发扬宾县革命老区的精神，为当地革命和建设奉献了聪明才智，许多人成为革命斗争的领导和骨干。

第三节　互助合作发展生产

1947年2月15日，东北行政委员会发布生产令，规定：农民拥有土地所有权，任何人不得侵犯；凡个人土地，一律按时耕种，不得任意荒芜，奖励开荒。中共松江省委提出努力发展经济，做好反蒋自卫战争准备工作，要求把发展经济纳入各级党委主要议事日程。中共宾县委根据上级指示，从1948年春季开始，组织干部和群众在农村开展大生产运动。

一、团结互助

大生产运动开展初期，为了解决农民生产中的困难，中共宾县委、县政府组织农民开展生产互助合作，实行换工插犋成立生产互助组。1948年春，全县成立农业生产互助组8 796个，有效地解决了生产中人、钱、物不足的问题。挂锄期后，宾县委及时总结了糖坊区孔庆山屯、民和区安家屯、胜利区王景生屯、全孝区贾家屯互助组和宾西区于生、胜利区王海洋等46名互助长的典型经验。在推广经验的同时安排县、区、村三级干部到基层蹲点，抓互助组建设，帮助农民解决生产上的困难。1949年宾县农村存在常年互助组、季节互助组、临时插犋组和单干户四种生产形式，一直持续到新中国成立后组建农业合作社。

二、发展生产

1948年3月29日，中共宾县委、县政府召开全县春耕生产动员会，号召全县党团员、各级干部组织广大群众，行动起来，掀起春耕生产高潮，保证把地种好。会后，组织县、区、村三级共1 300余名干部深入农村"蹲点",面对面指导,及时解决群众生产中困难,确保了适时播种和苗情良好。6月8日,县委发出《关于领导好夏锄的指示》,强调到了季节都宜于早的原则。经过45天奋战,于7月25日完成了夏锄任务,达到了深耕细作,三铲三趟以上面积占88.4%。秋季,组织农民放秋垄、铲大草、促早熟,使农作物获得空前丰收。同时修厕所、积肥、铰麦茬,做好明年生产准备。全县参加秋收劳力8.5万人,11月10日全县打场结束,12月20日完成送交爱国公粮任务。在挂锄期和冬闲时,县委、县政府组织群众广开生产门路,大力开展副业生产。沿松花江地带打鱼、打洋草;山区采集山产品,打柴打猎采药材;沿公路地带车拉脚,搞编织、纺织和养牲畜家禽等,改变了农民猫冬的习惯。年内全县农民打鱼收入7.7亿元(东北币下同);打洋草、蒲草收入12亿元;采集山产品,打柴和狩猎收入129亿元;拉脚、编织收入678亿元,合计826.7亿元,占全年农业总收入的31%。

三、扶贫解困

农民刚从封建地主剥削中解放出来,生活状况一时还没有大的改善。为帮助群众解决困难,1948年初,省、县下拨贷款3 492.6万元(东北流通券,下同),省下拨荞麦6万斤、小豆种16万斤;县借给农民口粮157万斤,下拨豆饼27.1万斤。县政府在贷款上不分成分,一视同仁。既全面照顾,又突出重点;既对斗错中农给予"纠偏"补偿,又奖励生产好的典型和教育改造二流子。

1948年7月,全县有万余人患鼠疫、霍乱、天花、伤寒等传染病。中共宾县委、县政府组织县、区干部,深入到疫区,搞防疫治疗。动员全县188名中、西医为病人治病,8月初,疫情得到控制。在党和人民政府领导关怀下，宾县人民战后重生，战胜了饥饿和病魔，显示出新旧社会两重天。

四、奖励模范、弘扬正能量

按上级奖励生产劳模的指示精神，1949年3月，中共宾县委、县政府召开奖模大会。出席会议的县、区、村干部284人，模范工作者172人。对劳模进行奖励。一等劳模10人，奖每人一台马车、1匹马；二等20人，每人奖大布2匹、食盐35斤；三等26人，每人奖锄头、镰刀、鞭子各一把。通过奖励生产劳模，调动了农民生产劳动积极性，增强了广大农民发展生产、勤劳致富的责任感、使命感和主人翁精神，奠定了甘为国家作贡献的思想基础。

第四节　百业新兴迎新中国成立

迎着曙光，中共宾县委、县政府认真贯彻执行党的各项方针、政策，军事、经济工作两手抓。在组织发展农业生产同时，积极发展工商业和文化教育等事业，使社会各业俱兴，促进了城乡经济繁荣和社会的进步，以实际行动，喜迎开国大典。

一、工业上马

在中国共产党的领导下，宾县工业有了较快发展，工业上马，出现了公、私营工业欣欣向荣的景象。

私营工业　1948年3月"土改"运动结束，工作重点转向集中精力抓生产建设，以产业发展促稳定、保民生。为了促进工业发展，宾县成立了工商业指导委员会，县长陈德京为主任，负责企业工业整顿、恢复和发展。到1949年3月，私营工业企业已发展到683家，从业人员2 103人，分别是1946年的3.6倍和2倍。同年6月，为私营工商业者发放执照578户，从业人员登记1 855人。

公营工业 代表人民利益的新宾县（人民）政府成立后，接收敌伪财产，建立公营工业。第一个接收的是宾县发电厂。于1946年组建民生铁工厂。1946年春，县政府接收裕泰盛粮食商号，改为宾县民生福油米厂，用机械加工米面。1947年冬，县政府接收同发源烧锅，与民生福油米厂合并，称宾州油酒厂。1947年接收商号俊升恒，改为新建民丰织布厂。1949年1月成立宾县企业公司，领导全县公营工业生产。当时，县城有宾州油酒厂、发电厂、农具厂、印刷厂等，共有职工400余人。

二、商业并进

光复后，宾县商业与工业一样得到迅速恢复和发展，私营、国营，城乡并进。

私营商业 据1946年初统计，宾县有个体商业者419户，从业1 049人。"砍挖"斗争期间，一些个体商业户遭到清算斗争。县工商业指导委员会成立后，对商业加强领导，对被斗争的商业户实行"纠偏"和物资补偿，以政府行为予以保护，全县很快恢复了商业正常秩序。到1948年，全县个体商业户发展到761户，从业1 950人。门面招牌，鲜亮一新。

国营商业 为了掌握经济命脉，保证人民生产生活，打击奸商，规范市场，县政府于1946年3月组建了松江省贸易公司哈东分公司宾县支公司。1947年11月，改称县贸易局。1948年县贸易局改称工商科，为县政府职能部门，负责领导全县工商业工作。建立了县百货公司、粮食公司、土产公司。国营商业把农副土特产品收购上来，把国家工业产品推销出去，为工业生产开辟市场，稳定市场物价，回笼货币，保证了国家现金支付。国营商业一度忽视经济核算，在经营理念上产生"无货向上要，开支向上报，赔赚不知道"的供给制思想，县工商科及时予以纠正。

农村供销合作社　1948年1月15日，宾县在三宝区元宝河村搞建供销合作社试点。动员农民入股投资为社员，集资办供销合作社。试点后，建社工作在全县推开。到1948年10月30日，全县农村供销合作社发展到42个，资金达24.5亿元。1949年末，全县农村供销合作社发展到55个，其中村级社17个。此后，全县农村逐步向1村1社方向发展。

三、文化建队伍立阵地

随着解放战争的节节胜利和土地改革等项工作不断取得新成就，党的文化政治宣传工作的优势和作用突显出来。中共宾县委、县政府开展了以庆祝、纪念胜利成果和宣传党的方针政策为主要内容的各类文化娱乐活动，形式逐步增多，文化活动由民间转入政府行为与民间自发相结合，由政府主办为主。

建立宾县文工队　1946年底，宾县成立了半军半民性质的文艺表演团体——宾县文工队，有队员60人。演出节目主要是配合政治斗争，反映土地改革、支援解放战争、镇压反革命等方面内容。形式多为秧歌剧、表演唱、快板等。主要剧目有《土地还家》《姑嫂劳军》《反翻把斗争》《兄妹开荒》等。主要在县城演出，有时也下乡进行义务宣传。节目贴近生活，反映群众愿望，所到之处很受欢迎。

建立电影院　1948年建立宾县电影院，位于县城中心地带。内设长条木凳500个座位。使用日本罗拉牌坐式35毫米旧放映机，天天爆满。应群众要求有时白天也放映，这是宾县第一个群众文化娱乐中心。

建立宾县文化馆 1948年12月，县政府设立宾县民众教育馆，在宾安区设立分馆。1949年12月，县、区两馆合并更名为宾县文化馆。文化馆遵照党和国家文艺方针政策，组织辅导文艺创作，指导城乡群众文化活动，培养文化骨干，推动社会主义文化事业前进。还举办文化补习班，为城镇青少年补习文化课。

四、教育形成体系

宾县新政府成立后，非常重视教育工作。不断加大对教育的投入，扩大教育范围，提高教育质量，全县出现了小学、中学和成人业余教育同步发展的局面。

小学教育 1945年11月11日，宾县政府发布《为学校复兴的训令》。1946年春，全县67所小学恢复上课，有学生639人。土地改革结束后，翻身农民积极要求兴办学校，国家也急需培养人才。1949年末，全县13个区办起完全小学校13所，村办初级小学校152所。共有428个班，老师457人，学生19 558名。适龄儿童入学率57.8%。

中学教育 1946年宾县建立中学校，县长陈德京兼校长。1947年，改为省立第四中学。1949年根据东北教育工作会议精神，教育转入新型正规化。

成人业余教育 "土改"结束后，翻身农民迫切要求文化翻身不当"睁眼瞎"。1948年冬，全县以屯为单位开办冬校，组织村屯干部、妇女及青壮年文盲学习时事政治和识字课本。1949年全县开展识字运动，县、区加强对冬学领导，明确由全县各地的470名小学教师和有文化的青年为扫盲教师。识字运动进入高潮，常年参加学习的有3.3万余人，占农村劳力的30.3%，涌现出一批学习劳动的先进人物。二区居仁村劳动模范石成发被评为松江省特等学习模范，被群众誉为"拣粪学习疙瘩王"。四区利达村残疾军人王守金创办冬学成绩卓著，荣获一等学习劳动模范称号，被誉为"神瘸子"。

五、庆祝新中国成立

1949年10月1日，中共宾县委、县政府在县城设中心会场，全县12个区设分会场。全县党政机关、企事业单位职工干部和乡镇、村屯干部及在校师生2万余人，通过有线广播收听了中华人民共和国成立大会实况广播，聆听了毛泽东在开国庆典大会上的讲话。各单位组织讨论座谈。10月1日晚，县城举行灯火晚会，欢庆中华人民共和国成立。从10月2日起，全县城乡机关、学校企事业单位和村、屯全面掀起学习1949年10月1日人民日报社论《中华人民共和国万岁》和10月2日人民日报社论《不可战胜的人民国家》两篇文章，学习热潮持续半年多。

新中国成立后，站起来的宾县人民，在中共宾县委、县政府领导下，投入到火热的社会主义革命和建设之中，使宾县不断地旧貌变新颜，前进的脚步始终落点在党指引的路线上。

第十一章 进行社会主义革命和建设

新中国成立标志着中国进入新民主主义社会。经过三年经济恢复、第一个五年计划、"大跃进"、十年内乱、拨乱反正，进入社会主义现代化建设时期。

第一节 恢复国民经济

在国民经济恢复时期，宾县很快抚平战争创伤，经济建设在革命斗争形势惯性作用下，有了较快的发展。

一、由革命斗争转入经济建设

站起来的宾县人民把翻身作主人，变为建设新中国的强大动力。

1949年3月，中共宾县委、县政府把翻身农民的政治热情引到生产建设上来，开展了大生产运动。县委在土改运动试点的常安区开始组织插犋换工。1950年县委在英杰区全德村组建互助组试点，坚持自愿两利原则，组织劳动互助。1951年全县按照中共宾县委的"只有组织起来才能扩大再生产，才能吸收更多劳动力参加生产劳动，才能多打粮食，全面提升生活水平"的工作要求，互助合作运动在全县形成，生产力水平得到进一步提升。使农业总产值由1949年的3 540万元增加到1952年的5 003万元。工业产值由1949年的52万元，增加到1952年的391万元。城乡人民的物质文化生活初步改善，国民经济发展由百废待兴转入欣欣向荣。

二、投入抗美援朝

抗美援朝运动中，宾县人民发扬抗联斗争光荣传统，在各级党政机关和全县城乡人民群众中进行爱国主义和国际主义教育。通过宣传教育，全县人民认清了美帝国主义发动侵略战争的本质，激起全县人民义愤。于1951年5月下旬至9月下旬，全县25万人签名反对美帝国主义发动侵略战争，保卫世界和平运动。有2 112名青年志愿参加中国人民志愿军赴朝作战，172名烈士血洒朝鲜三千里江山。县政府组织民工担架队，2 284人直接投入战场。宾县各界人民群众踊跃捐献飞机大炮款。仅宾县300余名卫生工作协会会员捐款1 500万元。

三、"三反""五反"运动

"三反" 宾县"三反"（反官僚主义、反贪污盗窃、反铺张浪费）运动从1951年9月开始。县直各单位有1 381人参加，占各单位全体人员的96%。其中有贪污行为的892人，交代贪污金额7 179.66万元（东北流通券，下同），退赔贪污款2 744.35万元。共揭发检举铺张浪费给国家造成损失达人民币2.4亿元，是贪污款的3倍多。从1952年2月15日开始"打老虎"，对重点人进行突击审查。由于在"打虎"中轻信口供，大部翻案，最后定案时，本着"重证据，不轻信口供"的原则进行核实立案。确定62人犯有贪污错误，"三反"运动的警示作用意义深远。

"五反" 宾县在工商业中开展"五反"运动。从1952年2月1日开始，经历45天，到3月16日结束。所揭露的比较严重和普遍的是偷税漏税问题，其次是投机倒把、扰乱市场、小额偷工减料及欺诈暴力等行为。通过"五反"运动给宾县工商业管理打下了基础。

第二节 第一个五年计划时期

1953年至1957年，宾县在第一个五年计划时期有了历史性的发展，显示出社会主义的优越性。这一时期，宾县基本上完成了对生产资料所有制的社会主义改造，有98%的农户参加了农业生产合作社，有92.1%的个体手工业者参加了手工业合作组织，有99.4%的私营工商业户实行全行业社会主义改造。"一五"计划的主要指标大多数都提前超额完成。

一、对生产资料所有制的社会主义改造

从1953年开始，宾县开始实行土地集体所有制和工商业合作制。迅速打破封建传统的生产关系，逐步建立起新的生产资料所有制和新的生产秩序。

农业生产合作化 根据中共中央《关于发展农业生产合作社的决议》指示精神，宾县试办起东升、红星、新兴、前进4个初级农业合作社。到1955年宾县初级合作社已发展到755个，入社率达43.7%。1955年10月中共中央作出《关于农业合作化问题的决议》，宾县农村掀起合作化大发展新潮。到年末，共建立211个高级农业生产合作社，入社56 037户。高级社耕地及主要生产资料、车、耕畜、大农具等为集体所有，经营方式是大队统一核

算，小队组织劳动，"按劳计酬，多劳多得"。至此，农业社会主义改造基本完成。

私营工商业户的公私合营　对私营商业的社会主义改造，是通过国家资本的道路把私人占有的制度改造为地方国营所有制。1956年宾县在商业合营过程中，安排经销、代销、合作小组（含百货、五金、小商贩）95户，人员122人。对工业进行公私合营，组建宾县副食品厂，有职工96人。由宾州砖瓦合作社发展为宾县砖厂，有职工36人。1957年末，有813户私营工商业942人，分别转为国营、公私合营和合作经营工业，顺利实现私营工商业的社会主义改造。

手工业合作化　1955年8月，成立宾县手工业联社。1956年1月全县手工业实现合作化，组成手工业生产合作社57个，入社1 056人。实行统一领导、统一核算或分点经营、分散生产自负盈亏的体制。

二、第一个五年计划超额完成

"一五"期间宾县在计划经济的指导下，制定出了宾县五年各项经济发展指导思路、原则、目标、措施及社会事业的发展等内容。在全县上下向往社会主义的思想日渐共识的形势下，计划的主要指标大多都超额完成。工业总产值由1952年的391万元，增加到1957年618万元。经济效益比较好，比例关系比较协调，人民生活有所改善。

第三节　贯彻社会主义建设总路线

一、人民公社化

1958年8月29日，中共中央发表《关于在农村建立人民公社问题的决议》，中共宾县委在宾西、平坊两个乡试点。8月30日—9月1日，召开2 000人三级干部会，学习《决议》。农村各级干部拥护《决议》，形成一定要跟党走人民公社道路的共识。9月6日—10日，县委批准以乡为单位成立18个人民公社，入社农户和入社耕地均达到总户数、总耕地数的99%。人民公社体制经营管理范围包括计划、劳动、财务、分配、物资等方面，以管理区（原高级农业合作社）为核算单位。这一时期实行计划经济，粮食和农副产品统购统销，棉花、布匹、副食品凭票供应，豆油等凭票发放。生产资料集体所有，社员按劳取酬，集体对社员组织生产劳动"大帮哄"，社员吃集体的"大锅饭"，影响了生产劳动积极性和主动性的发挥。

二、"大跃进"

1958年7月《宾县1958年—1962年社会主义建设全面跃进规划》中规定："苦干六年实现垧产6 000斤（实际1960年只实现1 995斤），五年过黄河。"为了全面实现跃进，1960年实行"一平二调"、大购大销、大炼钢铁、大修水库、深翻地、食堂化，刮起"共产风、浮夸风、强迫命令风、瞎指挥风、特殊风"。加之三年自然灾害，农村经济发展失调，人民生活陷于低标准、瓜菜代的困境。但是人民信仰社会主义、相信共产党，没有怨言。同时大跃进也展现了宾县人民战天斗地的精神和大干社会主义的气概。省内著名的二龙山水库就是在大跃进时代宾县人民修建出来的，尤其是总结出了大跃进宝贵的经验和教训。

第四节　国民经济第一次大调整

1963年，宾县开始贯彻执行"调整、巩固、充实、提高"的八字方针。

一、工业企业压缩

对"大跃进"一哄而起，技术落后、产品质量低劣、产销脱节的1 100多个工业企业实行关、停、并、转，压缩了基本建设规模，精减了职工，压缩了城镇人口，充实了农业生产第一线。

二、农业纠正共产风

人民公社实行"三级所有，队为基础"的管理体制，并允许社员在不影响参加集体劳动的前提下经营家庭副业。纠正了"一平二调"的共产风，恢复和发展了农业生产。工农业总产值由1961年的4 604万元，提高到1965年的5 673万元，人民生活有了明显改善。这一次国民经济的大调整，使国民经济走上了有计划、按比例、可持续发展的轨道。

第五节　十年内乱

1962年，宾县政治风向强调阶级和阶级斗争，开展了以"四清"为主要内容的社会主义教育活动。1966年开始十年内乱。

一、宾县十年运动始末

1966年5月23日，中共宾县委在县级以上干部中传达中共中央《五一六通知》。6月10日，县委常委学习《五七指示》并向部、局科长进行传达。同时做出在文化、艺术、新闻、教育、科技界开展"文化大革命"运动的决定。1966年7月26日，宾县中小学教师集中到县城搞运动。8月1日宾县一中成立红卫兵造反团组织，佩戴"红卫兵"袖章，红卫兵组织在全县兴起。1967年1月17日，宾县一中"红卫兵"组织召开炮轰宾县委、批斗县委书记大会。全县掀起了揭批走资派斗争高潮，一大批干部"靠边站"。1968年3月开始反右倾，深挖批斗漏网"走资派"和"三特一叛"、地、富、反、坏、右分子等。1968年，县、公社、大队、小队到企事业干部许多人被强加罪名遭到批斗。1969年3月15日，中共宾县核心小组成立，杨金魁任组长，孟庆连任副组长。接着各级党的核心小组成立，全县恢复了党的组织。6月13日宾县革命委员会召开"解放干部"大会，先后"解放"各级干部114人，部分干部恢复了工作。9月下旬，张向凌任宾县革委会主任兼中共宾县核心小组组长，对扭转宾县运动的乱象起到重要作用，并把"促生产、促工作、促战备"摆上重要位置。1971年12月，开展批林整风运动。6月29日撤销县革委文革组。1973年7月20日宾县革命委员会召开广播大会为被错批判的县委书记平反，恢复名誉。1976年4月开展"批邓（邓小平）反击右倾翻案风活动"。1976年9月18日，县委主持召开万人大会，沉痛悼念毛泽东主席逝世。各乡镇设分会场，全县人民参加了追悼，寄托了哀思。1976年10月6日开始揭批江青反革命集团。这场政治运动历经10年就此结束。

二、运动中抓革命促生产

1967年3月20日，宾县革命委员会成立后，加强了对工农业生产的领导，开展了"农业学大寨"运动，深入贯彻了以农业为基础、以工业为主导、全面发展国民经济的总方针。大搞以水利为中心的农田基本建设，1973年中共宾县委成立改河治涝指挥部，开始对宾北、宾东涝区等进行治理。到1975年先后投工246.82万个，完成土方182万立方米，治理总面积约5 000公顷。使易涝低产农田变成永久性高产稳产田。全县粮食平均亩产达336斤，创历史较高水平。工业战线进一步开展了"工业学大庆"运动，认真贯彻"鞍钢宪法"，搞好工业支援农业，加强社办工业领导，为实现农业"四化"创造条件。1970—1971年，在张向凌主持下，宾县新建了毛巾、轴承、广播器材等10个国营工厂，集体和社队工业遍地开花。1976年全县工农业总产值由1966年的6 224万元，增加到11 036万元，增长77.3%。

第十二章 改革开放和社会主义现代化建设时期

党的十一届三中全会后，宾县进入改革开放和社会主义现代化建设新时期，走上建设有中国特色社会主义发展新征程。

第一节 开创建设中国特色社会主义新局面

1979年拨乱反正，正本清源，解放思想，开始把党的工作重心转移到社会主义现代化建设上来。

一、在转折点上开启改革之路

1979年4月，中共宾县委在工业发展上，确定努力发展轻纺工业，积极扶持和兴办集体所有制工业，搞好体制改革，办好地方工业。1979年8月在全县2 116个生产队中建立各种形式的田间生产责任制。1980年9月，在平坊供销社、新立供销社庆华部、经建供销社永利部进行经营承包责任制试点。到年末，"一社两部"开始经营性承包，基层社部的经济效益回升，此举得到中央领导的肯定。1981年7月1日起，对9个公司、28个独立核算单位、1 531名职工全面实行四级承包责任制，效果显著。

二、改革成效立竿见影

中共宾县委为了把农业生产搞上去，适应生产关系与生产力的重大转变，全面实行生产责任制。1981年1月培训农村干部3 883人，通过训练，使各级干部解放思想，清除"左"的思想影响，在全县1 345个生产队落实了农业"一条龙"责任制。全县开始大力发展多种经营生产。1982年对集体工业实行不同形式的承包，恢复了手工业联社，推进了职工入股分红制度，全系统入股职工1 700多人。通过调整产业结构，关停了木工机械厂、宾州造纸厂、五金炊具厂等6家企业。重新组建细木工板厂、油毡原纸厂。细木工板厂家具多销往外地，油毡原纸供不应求。在经济体制改革中，落实了经济责任制，企业内部实行费用包干、利润包干、产量包干、定额工资等形式。实行联产计酬、联利计酬、联责计酬，从根本上取消了平均分配。通过改革，使13个亏损企业扭转了局面；28个工厂上了新项目。安置青年320人、职工2 390人就业。年产值4 214万元，占全县工业总产值的16.5%。国营企业也开始实行承包形式的责任制。

第二节　农村农业的改革与发展

在中共中央出台一系列农村和农业改革政策指引下，宾县开拓前进，创新发展取得了改革和发展的辉煌成就。

一、中共中央5个1号文件

1982年以后，中共中央十分重视农村和农业的改革发展，先后出台下发了5个1号文件，是指导农业农村工作的纲领性文献。

1982年1号文件,突破"三级所有队为基础"的框架,肯定了包产到户到大包干都是社会主义生产责任制的形式。使干部和农民有了"主心骨",成为农村改革的原动力。1983年1号文件,从理论上确定联产承包责任制是在党的政策下中国农民的伟大创造,是马克思主义农业合作化理论在我国实践中的新发展。给农村改革以理论支撑。1984年 1号文件,强调连续稳定和完善联产承包责任制。延长土地承包期,给农民吃了"定心丸"。1985年1号文件,提出调整农村产业结构,取消统购统销等一系列制度。1986年1号文件,在肯定农村改革政策正确性和伟大成就的同时,明确规定今后必须继续贯彻执行。

1983年是落实家庭联产承包责任制的第一年,宾县的农业总产值1.87亿元,比1978年增长45.6%。到1988年农业总产值达4.36亿元,是1978年的3.48倍;农村人均收入为511.4元,是1978年116元的4.41倍,中央5个1号文件指导宾县农村经济体制改革成果丰硕。

二、家庭联产承包责任制

第一轮土地承包 1983年1月起,宾县开始实行家庭联产承包责任制。改变了"三级所有制为基础"和统一经营、集中劳动的组织形式,实行了以户经营、联产承包。生产队集体的耕地,按劳动力田、口粮田、机动地承包到户;生产队车辆、农机具、牲畜、粮食等物资作价分到各户;生产队房屋等固定资产也作价处理给个人,集体生产统一分配的体制成为历史。全县共签订农业土地承包合同10.2万份,各种专业合同1.5万份。家庭联产承包责任制,以每个家庭为生产单位,自主生产,由计划经济向指令性、指导性和自主性相结合转变。农民的粮食及收入"完成国家的、交够集体的、剩下是自己的",极大地焕发了农民生产的积极性。

第二轮承包经营 第一轮土地承包到1998年到期,历时15年。15年间,农村土地、人口和劳力情况都发生了变化。劳动力和人口是动态的,出生死亡、迁出迁入、婚嫁、升学就业、城乡流动等,第一轮土地承包存在需完善的问题。1998年进行第二轮土地承包,原则是原土地承包关系基本保持不变,对耕地流失、占用、账地不符以及家庭人口增减变化等问题进行小调整。第二轮土地承包妥善处理了以下几个问题:一是继续稳定土地承包责任制,承包期再延长30年不变;二是清理了在承包土地上的不合理负担,不允许任何项目的按土地集资或不合理摊派款,统筹款、提留款必须控制在上年人均纯收入的5%以内;三是设置承包后的土地台账,取消"口粮田"一律改为责任田;四是严肃了土地承包政策,对部分人的仗权承包、多占、黑地等问题进行了处理,机动地承包不许"暗箱操作",实行公开、公平、公正承包,接受群众监督;五是清理了"小开荒",列入责任田,统一展包;六是促进了土地承包合同兑现,收回了部分欠款;七是进一步落实和完善了"土地耕暄制"和"耕地培肥制"。第二轮土地承包,由于严格掌握政策,加强了领导力度,依法依规依靠群众,工作认真细致,整个过程顺利推进。农民满意,农村安定,促进了经济的发展。

三、林地民营

1989年春,宾县林业局在二龙山林场施业区新立乡宝泉村实施管理性承包试点,采取个人申请,村、屯推荐,林场把关,县林业主管部门批准的方法,确定承包人。踏查山场、验边划界,签订合同,公证处公证。试点后,全县国有和集体林地开始不拘形式地管理性承包。部分林地实行出租、拍卖、股份制等多种形式民营。1994年县政府下发《关于部分国有林场资源实行林地民营的意见》，把林地民营推向一个新阶段。到1999年底，全县实行林地民营面积67 660.8公顷，共计10 954户。全县国有未成林地、采伐迹地和"五荒"（荒山、荒沟、荒坡、荒滩、荒水）资源全部实行民营，集体林地陆续建立多种形式的民营。县政府下发了《林地民营管理办法》，对林木实行资产化管理，林业资源保值增值，永续利用。中央电视台《新闻联播》节目报道宾县封山育林和林地民营情况。2000年以后，县林地民营合同兑现领导小组，每年深入全县国有、集体林地对承包、租赁、拍卖、转让等林地民营地进行一次全面考核，兑现合同。全县山山树树都有主，林地复苏，渐渐郁闭成林。

四、农村产业结构调整

1983年农村产业由种植为主向养殖业和家庭副业方向发展。1985年农村产业结构调整遵循"决不放松粮食生产，积极发展多种经营"的方针。1986年起，实行"粮食、多种经营、工商企业三个轮子一起转"。小磨坊、小酒坊、小油坊、小卖部、小苗圃、小林场、小菜园、小养殖场兴起，并逐步向专业户方向发展。个体运输、建筑、餐饮、服务、修造、经商等产业迅速发展。1999年粮食退出国家征购，产业面向市场，产业结构调整和发展进入新的历史阶段。种植业向绿色产业、特色产业方向发展，主打经济作物发展牌。烤烟是宾县的特产之一，1997年全县种植烤烟4 000公顷，总产17.5万担，产量为历史新高。2005年全县共有大小果园1.1万个、庭院果园3.1万户。革命老区常安、宁远被誉为全省地产果"第一乡"。西瓜、甜瓜、高油大豆、甜菜、绿色优质水稻、玉米以及油豆角、万寿菊、食用菌等产业项目形成规模，农村许多新产业应运而生。

五、农村劳动力转移

改革开放，使农民从事的产业进行大调整。多数农民从土地经营中走出来，融入到全社会的社会主义现代化建设大潮之中。1986年后，随着农业现代化水平的不断提高，农村剩余劳动力不断增加。同时劳动力市场放开，农民自发地外出打工。2002年7月，中共宾县委、县政府下发关于《推进全县农村劳动力转移的实施意见》和《关于鼓励农民离土创业优惠政策的通知》。主要为：一是放宽户籍管理政策，凡是农民进城创业的，只要本人同意就给予办理城镇户口；二是土地流转政策，允许有偿转包承包田或将承包田交给村合作经济组织；三是税费优待政策，按下岗职工的优惠政策执行；四是资金扶持政策，在贷款上给予倾斜；五是减轻负担政策，常年在外搞劳务的、经商的农民工，可减免"两工"；六是奖励政策，对在劳动力转移中成绩突出的人员，给予物质奖励，鼓励和引导农村剩余劳力转移创收。2002年全县共转移农村劳动力67 355人，占劳动力总数的27.7%，全县转移劳动力收入达到22 291万元。2003年县政府制定关于鼓励机关企事业单位干部职工介绍或带领农民离土创业的优惠政策，成立集信息、咨询、职业介绍及专业培训于一体的劳动就业服务中心。2004年哈尔滨电视台新闻节目对宾县农村劳动力转移工作进行报道。当年全县去俄罗斯2 500人，韩国290人，阿尔及利亚240人，新加坡、日本等国200人。许多农民进入乡镇所在地和县城，使城乡建设有了较大发展。到2012年，宾县农民中的创业者，已遍布全国各大中小城市，进入各行各业，昔日的部分农民变成了老板、经理、董事长。

六、改革促进农业大发展

经过家庭联产承包责任制的全面实施与完善，林地民营及调整产业结构，国家出台一系列涉农改革政策，农业生产向现代化方向快速发展。

1984年农村改革凸显成效，宾县农业总产值达到3.1亿元，比实行责任制前的1975年增长202.4%；粮豆薯总产3.38亿公斤，比1975年增长15.72%；人均占有粮食580公斤，比1975年增长45公斤。到1988年，全县农业总产值4.36亿元，比1984年增加40.6%。1991年起，宾县坚持以经济建设为中心，围绕建立社会主义市场经济体制和加速发展县域经济为目标，大力发展"两高一优"（高产、高效、优质）农业，按照"拓三黄（黄牛、烤烟、大豆）、攻五山（全县山水田总面积中山占五成）、兴一带（哈同公路沿线经济带）、建强县"的经济发展战略和"提速发展、富民强县"的总体目标，经济结构进一步优化，经济总量持续增加，综合实力明显增强，农村经济呈现多元推进、协调发展的新格局。实行一、二、三产业并举，把单一的粮食生产变成粮林牧渔全面发展，逐步建成了黄牛、林果、大豆、玉米、蔬菜、烤烟六大生产基地。1995年农业总产值实现19.8亿元；黄牛饲养量26万头，名列全省榜首；蔬菜总产10.6万吨，创历史新高；烤烟总产超过3 000吨；林业产值实现4 619万元；渔业产值5 626万元。

1996—2000年，稳定农村土地政策，发展特色经济，订单农业种植面积逐渐增大，品种增多，效益提高。烤烟面积保持在每年5万亩以上；桑蚕柞蚕、沙棘、地产果发展到18万亩；优质大豆和宾州牌豆油取得国家绿色产品标识。减债强村和减轻农民负担，实行村级政务、财务公开，提高了管理水平和透明度。农村大批剩余劳动力进城、外出务工创收，年均15万人次，年增收入4亿多元。到2000年，全县农业总产值33.96亿元，是1995年的1.7倍多。

2001—2005年，随着社会主义市场经济体制的完善，粮食流通体制进行改革，粮食取消征购任务，进入商品化市场流通的新阶段。大力发展效益农业，千方百计增加农民收入。提高优质玉米、绿色水稻、高油大豆和杂粮的种植比例，增加市场前景好、经济效益高的经济作物，发展烤烟、油豆角、地产果、药材、棚菜等特色种植面积，提高效益。以发展养殖大户为重点，建立牛、猪、禽专业养殖小区，形成了市场牵龙头，龙头带基地，基地连农户的产业化经营格局。

2006—2011年，以建设社会主义新农村为契机，努力构建农业产业化、畜牧规模化、农村城镇化发展格局。为大力发展畜牧养殖业，县政府出台了《关于宾县肉牛生产若干扶持政策》，从银行贷款、政府补贴、土地使用、减免和奖励上都规定了优扶政策，使农民发展肉牛生产的积极性空前高涨。组建肉牛养殖合作社，建立标准化生产小区，实施统一饲料供应、统一饲料配方、统一良种繁育、统一防疫治病，为企业生产进行牛源协调工作。形成了以企业为龙头、以合作社为纽带、以小区为保障、以农户为基础的新型发展模式，促进了肉牛产业提档升级。仅2006年，全县有存栏1 000头以上的肉牛专业小区17个，规模养殖户4 000户，年出栏百头以上育肥牛场350处；养猪专业户发展到3 300户，千头猪场25处；养禽专业户发展到1 940个，万只鸡场达到25处；特色养殖专业户发展到2 200户。与畜牧业相应的防疫治病、品种改良、直线育肥等新技术迅速普及，其中宾县的黄牛冻配改良蝉联全省第一。2011年全县农业总产值实现59.99亿元，粮食产量20.2亿斤，绿色作物面积75万亩，标准化养殖小区发展到32个，各类农村专业合作社达到152个，农业龙头企业14户。为进一步夯实农业基础，投资3 200万元，全面完成全县小型（Ⅰ）水库消险加固工程，新增节水灌溉面积16万亩；治理黑土区小流域75万亩；造林23万亩。深化农村产权制度改革，化解村级债务

6 435万元，其中普九债务化解5 525万元，经济活力明显增强。

七、农村税费改革

2002年底，宾县开始税费改革。从2003年起农村取消乡统筹费、农村教育集资等行政事业性收费和政府性基金集资等，取消屠宰税、义务工和劳动积累工，调整农业税、农业特产税。税费改革减轻了农民负担，调动了广大农民种田积极性。2004年实行"一免两补"（免除农业税、粮食和良种补贴）政策，取消社会和村内"两工一车"，实行一事一议。免除农业税，结束了千百年来农民交粮纳税的历史。

第三节　工业企业改革发展

宾县工业企业发展经历了初具规模、步入低谷到再创辉煌的发展历程。

一、产权制度改革

1982年国营工业推行经济责任和经济核算制，层层签订责任制合同。实行定岗定责，按效益兑现工资。1983年在市场竞争的形势下，扩建县水泥厂、糖果厂。1985年全县一些企业由于不适应计划经济向市场经济转变，加之管理方式落后、分配制度不公、设备陈旧老化、工艺落后、产品无市场等因素，经济效益开始滑坡。1993年陷入低谷，有的处于停产、半停产状态，个别企业甚至严重亏损。全县企业年亏损额高达4 000万元，全口径企业资产包袱累计达2亿多元。中共宾县委、县政府认识到工业企业面临的严峻形势，为使企业摆脱困境，振兴全县经济，根据国务院颁布的《国营企业实行劳动合同制暂行规定》印发了《宾县工业企业实行承包经营和租赁经营工作方案》，开始进行产权制度改革。国有企业职工不再端"铁饭碗"吃"大锅饭"，领导也不再坐"铁交椅"。

从1993年10月至1994年12月，对全县158个国有、集体工商企业分两批进行产权制度改革。对企业进行资产评估，处理企业债权债务和银行贷款。根据企业的不同现状，分别采取职工全员入股合作制、租赁制、股份合作经营、委托经营、划转兼并、拍卖破产或停产整顿等形式进行改革。在改革模式上，对企业经济效益较好的实行职工全员入股合作制；对债务大、包袱重的企业实行租赁经营；对规模大、生产正常但能力低的企业，由职工"租壳买瓤"实行股份合作制；对效益低下、管理不善的企业可以委托经营；对规模小又长期亏损的资不抵债的企业实行拍卖；对资不抵债、生存无望的企业实行破产或停产整顿。无论何种产权形式，都对原企业工人、职工和管理人员实行新的优化组合，组合外的人员下岗分流。并逐步妥善解决离退、工伤及遗属人员的生活和企业富余人员安置。按所有制划分，国有企业25家，集体企业28家，参改企业职工7 900余名。国有企业产权制度改革，是改变企业产权性质的根本性改制，使厂长具有独立法人资格，无论是干部还是职工一律实行聘任制，择优上岗。企业有权自主招聘职工，实行定岗定员，按需用人。在劳动工资方面，打破原有的八级工资制，实行岗位工资和计件工资或利润分成。宾县在全省率先进行产权制度改革，不断探索和完善企业管理机制和方法，有效地激发了企业活力，再生动力明显增强。一些企业依照法规与规章进行了破产、出售、改革与技术改造、职工并轨等，形成了一批科技含量高、规模大、市场竞争力强的非公有制工业企业。1994年宾县被评为全国中小企业改革先进县。

1995年末，158户参改企业产值实现2.31亿元，比1993年增长50%；利税实现1 240万元，增长47.6%；90户亏损企业有79户扭亏为盈，2 193名放长假职工返岗。宾县产权制度改革唤醒了宾县工业企业，震动了新闻界和上层领导。《黑龙江日报》和《哈尔滨日报》等在头版头条连续报道宾县产权改革情况。1996年2月1日，中共中央政治局委员、国务委员兼国家体制改革委员会主任李铁映到宾县视察国有企业改革工作，对宾县产权制度改革给予充分肯定："我看宾县这个做法给中小企业改革提供了新鲜经验，也是一次重要探索。"宾县企业改革工作，在省级会议上介绍了经验。1996年5月，继续深化和完善企业改革，本着"一卖二租三股份"的原则，加大了对白酒厂、水泥厂、细木板厂、汽车消音器厂、建筑公司等中小企业整体或部分出售，房地产转让开发，一大批职工解除了劳动关系。2000年全县累计下岗职工7 252人。企业改制摆脱困境，解决遗留问题的主要措施：一是破产改制，甩掉债务包袱，退出国有，重新启动；二是企业出售，盘活资金，重新安置职工就业；三是职工并轨，争取国家资金和地方投入，解决企业职工补偿金和解决养老保险问题。

二、实施再就业

职工再就业，解决下岗职工的后顾之忧，保持社会稳定，促进经济发展是企业改制的目的所在。中共宾县委、县政府一方面抓改制，一方面抓安置。按照哈尔滨市政府《关于全面实施"再就业工程"若干意见》，制定出长期、中期和短期就业措施。一是出台优惠政策，支持失业下岗人员创办实体或个体经营；二是利用岗前培训基地，对下岗职工进行转岗、转业、转产培训，增强再就业能力；三是采取多形式、多渠道扩大劳务输出。通过这些措施的实施，有效地解决了下岗职工的再就业问题。一部分下岗职工根据需要重新上岗成为合同制劳务人员；一部分通过劳务市场介绍重新择业；一部分通过股份制或个人承包、租赁或买下单位企业整体或部分，自办个体私营企业，当上"老板"；一部分通过自谋职业，个人购置出租车、个体食杂百货、摄影、装潢、运输、建筑、服务行业或劳务输出等，使有能力就业人员通过各种途径基本上得到就业，许多矛盾得到有效化解，保持了经济社会的正常发展。

第四节　流通体制改革

宾县的流通体制改革面向商品市场经济。

一、物资体制改革

物资领域打破物资流通中单一的计划分配体制，实行计划分配和市场调解相结合，指令性与指导性计划并存。1986年以后，宾县物资部门所经营的国家统配物资减少30余种，对关系到国计民生的主要生产资料实行价格上"平议双轨制"。一方面国家下达指令性计划的"平价"；另一方面由物资部门根据市场需求组织计划外物资，以市场价格议价。扩大供应范围和销售对象，国家指令性计划缩小，市场调节扩大。1991年国家取消所有统配物资，物资企业全面推向市场。1993—1994年，国有物资企业实行产权制度改革。2005年物资企业职工参加社会保险并轨。

二、商业体制改革

党的十一届三中全会以后，国家进行了一系列改革。通过改革使宾县商业面貌发生了深刻变化，也给商业企业注入了新的生机和活力。1984年改革初期本着改革、开放、搞活的方针，实行政企分开，简政放权，给企业在商品采购、资金使用、作价办法、人员管理等方面一定的自主权。对大中型企业实行经营责任制，小型企业实行"国家所有，集体经营、定额上缴、费用自理、自负盈亏"；对小网点实行租赁或个人承包。在劳动报酬上改变了"大锅饭、铁饭碗"的分配制度，实行"联销计酬，多劳多得"。

宾县供销系统于1980年，在经建永利供销部等进行个人经营承包责任制试点，曾得到全国总社的肯定，其经验在全国供销系统推广。1982年进一步完善了经营责任制，全县农村各类网点实行大包干或包给个人经营，促进了商业企业的快速发展。1985年以后，县内的大中型企业，全面实行了承包经营责任制。以职工经营自主，独立核算，自负盈亏等租赁或承包形式经营。1988年在干部任用、管理体制和用工制度上，实行全面改革，搬走了干部的铁交椅，拿走了职工的铁饭碗。在承包过程中，对所属企业领导岗位全部实行了公开招标、民主测评、主管部门审核批准的招聘模式。各企业对内部各部组也实行了公开招标选择确定班组长，对组内成员实行优化组合。淘汰的落聘人员停薪留职，自谋职业。干部制度和用工制度改革，增强了职工的责任心和积极性，提高了企业的竞争力，商业面貌发生了深刻变化。

自1980年开始到1989年，宾县商业局在全地区同行业评比中，一直居全区之首，获得了"10连冠"的桂冠。1994年1月，县商业系统有5家企业完成股份合作制。1998年后，采取三种模式深化改革，即拍卖出售、租赁、股份合作制。对相关企业职工实行买断工龄，一次性安置和与原企业解除身份关系。国营饮食服务业退出市场，旅店、饭店、洗浴、美发、修理及照相服务业全部由个体经营。2000年县商业系统所属8家企业职工854人实行全员合同制，企业实行承包经营和租赁经营。2005年10月，对宾州商厦等3家商业依法拍卖，出售后均为民有民营。

改革开放以后，在多家经商、竞争激烈、买卖难做、效益难增的情况下，宾县商业闯出一条不断开拓创新、经济效益不断提高的发展之路。多次受到省、市商业主管部门表彰奖励，成为全省商业战线的标兵单位。

三、粮油购销体制改革

1986年宾县有18家国家粮食企业，1 777名职工。粮食商品开始由国家统购改为合同定购。实行合同定购，放宽农村粮食政策，农民完成定购合同以外的余粮，有权自主支配，可以议价卖给国家，也可以到市场自由销售。1991年利用国家投资建立国家粮食储备库。1995年把政策性业务与商业性经营分开，建立起两条线运行机制。1996年9月，取消城镇居民供应粮，粮油经销全面走向市场。1998年1月，粮食企业实行全员合同制，执行按保护价敞开收购余粮、顺价销售、收购资金封闭运行三项政策。防止粮食收购资金被挤占挪用，确保不给农民打白条。2003年3月，宾县粮食企业进行自主经营，自负盈亏，购销市场化及产权多元化改革，对农民实行直补和订单农业，保护价限购。2005年以后粮食流通领域全面放开，从事粮食流通领域的商业经营，成为城乡就业创业人员的主要行业之一。

第五节　招商引资与宾西开发区

中共宾县委、县政府高度重视招商引资工作，把招商作为县域经济发展的重中之重，历届县委、县政府不断加大招商力度，坚持常抓不懈。采取走出去、请进来的办法，多层次、多渠道地宣传宾县。制定招商引资政策，分解招商任务指标，奖励招商有功人员，全程提供招商服务。吸引国内外客商和人才来县投资办企，成效十分显著。搞活了县域经济，促进了宾县经济跨越式发展，为全县经济持续发展积攒了后劲。尤其自2002年以后，宾西经济开发区的建立及各项招商政策的出台，致使招商引资成果凸显，企业规模、投资金额、项目质量逐年提升。

一、宾西开发区建设规划构想

中共宾县委、县政府高度重视培育县域经济发展的增长点，面对县内缺少规模工业企业的弱势，于1994年县政府下发《关于在宾西镇建立个体私营经济试验区的决定》。2002年提出实施"工业强县、牧业富民、旅游带动、外力牵动"的战略，开展"大调研、大考察、大讨论"活动，确定了实现县域经济跨越发展的新思路，形成了建立哈尔滨宾西经济开发区的构想。同年9月11日经黑龙江省人民政府批准成立哈尔滨宾西经济开发区。2003年出台开发区招商引资优惠政策。2010年6月26日，开发区经国务院批准晋升为国家级经济技术开发区。其成为建区最晚、申报用时最短的国家级开发区，以全国仅有的3个县管国家级开发区之一的身份，成为当时全国90个国家级开发区的一个新成员。

二、开发区区位优势

宾西经济技术开发区地处黑龙江省中南部、松花江南岸、宾县宾西镇境内。距哈尔滨市区29公里。同三高速公路、哈同公路和哈佳城际铁路贯穿开发区全境，横贯南北的专用公路连接大顶子山航电枢纽直通江北，还建有宾成货运铁路专用线直达开发区，具有现代化立体交通运输网络。开发区位于哈尔滨市区和宾州镇之间，东邻国家AAAA级二龙山风景区和英杰风景区，南靠长寿山国家森林公园和吉华滑雪场，区位优势十分显著。2010年国家批准面积为18.56平方公里，后扩大到47平方公里。

三、开发区开发建设

自开发区建立以来，按照"高起点规划、高标准建设"的原则，历经几届县委、县政府坚持不懈地加大对开发区的规划和投入，全面推进各项基础设施建设，建设规模不断扩大，各类企业陆续入驻，工业新城初步显现。

宾西开发区的发展壮大，是全县上下多年来努力奋斗的结果。从2002至2005年开发区累计投入3.5亿元，完成建设"纵横"15条24.7公里道路，24公里给水管线和日供水3 000吨水厂，45公里雨水分流制排水管线铺设，66千伏、10千伏3条供电线路架设，以及通讯、绿化、亮化、市政建设工程，基础设施建设不断完善。2002年11月，哈尔滨宾西经济开发区管理委员会正式挂牌。2004年9月，宾西开发区兴宾大道正式开通。2006—2011年，编制完成了哈东新城总体规划和产业发展规划，明确了新城建设和产业发展方向和目标，全力打造国家级经济技术开发区、商贸服务新区、生态宜居旅游区。在开发区整体推进的关键时期，县委、县政府举全县之力建设哈东新城和推进招商引资工作，由县级领导和各科局、乡镇一把手带队组成工作组，长期驻守在宾西。包片包户，明确目标，明确任务，夜以继日地开展工作，进行思想疏导、房屋征收和城市建设。共征收房屋1 292户，整合建设用地66万平方米，开发商服住宅61万平方米，使开发区基础设施日臻完善。

四、开发区招大引强

自2002年开始，开发区在优越的区位优势、优惠的招商政策、优质的服务理念、优良的发展环境和优厚的奖励机制吸引下，经过多年来全县上下的积极运作和不懈努力，尤其是近年来的招大引强，使宾西开发区的入区企业和产业规模不断扩大。机械加工、建材加工、木制品加工、农副产品加工及包装制品、医药制品等诸多行业陆续入驻开发区。2003年5月，开发区首批落户的华龙面业哈尔滨食品有限公司举行奠基仪式。北大荒包装有限公司、盛兴木业、四海集团及当年的顶丰实业牛肉加工项目先后签约。从此开启了国内外大企业纷纷入驻的热潮。2004年山东愚工集团、南塑包装、现代包装等企业先后开工建设。2005年7月，宾州水泥制品有限公司一期工程230万吨水泥生产线正式点火生产，时至今日宾州水泥依然为开发区的资源利用和财源建设做出了巨大贡献。2005年奥瑞德光电技术有限公司入驻宾西开发区，成为光电产业的领军企业和本土培育的首家上市企业。2008年大成玉米工业园开工，宾西铁路举行奠基仪式。2010年黑龙江建华管桩生产项目动工建设，垦丰种业签约。2012年"中国包装产业园（宾西）"成功通过中国包装联合会专家评审团评审。

第六节　基础设施建设

加大投入，常抓不懈，宾县社会基础建设一步一个新台阶。

一、宾县城开发建设

县城宾州年代久远，在社会主义现代化建设中，旧貌变新颜，成为哈尔滨市的东郊卫星城。城镇的民生建设和开发建设日新月异，提高了广大居民的幸福指数。

　　城容城貌改造　改革开放后，宾县城乡建设力度不断加大，科学规划、稳步推进，基础设施逐步完善，城乡面貌焕然一新。1984年县城改用以二龙山水库水为城镇居民饮用水水源。共铺设主次干线输水管道3万米，进户线16万米，县城单位、居民全部吃上自来水。1998年县政府投资1 187万元，新建和改造宾州镇城区4条主干道，总长度1 990米，全部为沥青砼结构。春秋两季共整修次干道157条，4.3万米；巷道153条，21 760米。次干道、巷道新增标准化河沙路面42万平方米。1999年县政府投资拓宽整修西大街、迎宾路两条主干道2 908米，面积81 440平方米。县直各单位投资修次干道9条，沙石路面整修为黑、白路面。县城主要街路33条，长20 772米，其中沥青砼路19 347米；白色路面1条545米；沙石路1条880米。2000年对宾州镇东大街、南北大街、解放路等10余条主次干道拓宽改造，全长6 910米，全部为沥青砼结构。2001年拓宽改造迎宾路、花园路等主次干道10条，全长6 723米，铺迎宾路西段步道板8 300平方米。2002年拓宽改造北大街北段等主次干道9条，全长3 277米，人行步道板铺装5 000平方米。2003年拓宽改造东方路、建华路等主次干道5条，全长2 668米，铺设文靖路等人行步道板5 000平方米。2004年拓宽改造东方路全长1 056米。2005年拓宽改造北环路1 778米，同时维修路面15 000多平方米。此时，县城建有主要桥梁15座，总长194米。2006年拓宽改造西大街西段印花路等13条主次干道，全长4 462米；铺设地下排水管线3 075米；铺装新颖步道板28 998平方米，安装路边石4 400米；安装路灯134盏。2007年大力推进百姓商贸城、向阳路等11条主次干道建设，全长3 088米；铺设地下管线1 611米，建公厕4座，维修公厕10座；宾州河治理1 710米，清土方29 460立方米；北环桥加宽，中心桥加宽，桥梁栏杆更新6座；安装路灯103盏。2007年宾县新公交车正式开通运营。宾县集中供热工程开工建设，一期工程共铺设管网6万米，总投资1.4亿元，供热面积96万平方米，取消宾州镇城区零散锅炉65个。2008年主要完成了解放路翻建工程，铺装沥青砼路面14 000平方米；铺设排水管道1 000米；改造朝阳路、北环路扩建及步道板重建。新建农贸大市场1处。推进集中供热二期工程和污水处理厂工程，新增供热面积130万平方米。到2009年，完成宾州镇城区供热面积达300万平方米供热能力，宾州镇空气质量达到国家规定标准。2010年完成宾州城6条主街道路和102条巷道改造；铺装人行步道板12 700平方米，建设镇内桥梁5座。2011年投资1 435.21万元，新建、拓宽、维修宾州镇城区主次干道43条，建筑面积61 877平方米；投资新建红旗休闲广场；完成了宾州河污水管道铺设工程等。2012年投资1 225.4万元，完成宾州镇石油西路、福盈路等41条主次干道，总面积11.6万平方米；投资1 928.9万元，启动二龙山至高速公路出口路段绿化、美化、亮化工程，使之成为进入宾县城的景观大道。

县城开发建设　改革开放以后，加快了城镇开发建设步伐，1986年、1987年、1991年宾县被省评为城镇建设先进县。2005年宾州镇被命名为省级文明镇。2006年县城开发建设四中住宅楼、天平小区、金穗小区、成双小区等商品楼23处，建筑面积12.2万平方米，总投资约8 548万元。2007年县城开发建设商品楼19处，面积25.2万平方米，投资约2.1亿元。黑龙江龙开投资股份有限公司投资3 000万元，兴建6 000平方米地下金街购物广场。2008年县城开发建设项目17个，建筑面积22.4万平方米，总投资约2.6亿元；园林绿化共投资495万元，完成了以哲公园、西大街植树、绿篱、草坪等建设，其中以哲公园共铺步道板5 354平方米。2009年建设项目5个，县财政局及住宅高层、天福嘉园、红旗新区等，面积27.1万平方米，总投资约3.2亿元；建办公楼3个，面积1.4万平方米。2008—2011年，共投资1 852万元，将115栋油毡纸屋面改换成彩钢瓦屋面，改造面积3.1万平方米；改造棚户区46万平方米。2010年由哈尔滨宾州建筑工程集团有限公司承建的宾县迎宾尚城棚户区改造工程正式启动，历时三年，成功打造出具有时尚品味的迎宾尚城新区，新区占地面积23.4万平方米，房屋建筑面积48.8万平方米，其中高层住宅楼7栋，多层住宅楼65栋。新区内建标准化硬面道路6条；建商业步行街1条；建休闲广场1处36 000平方米。2011年宾县行政中心办公楼、新一中教学楼、鑫福家园、绿海家园等建成使用。先后改造了集贸大厦、老工商局旧楼外墙体立面景观。2012年宾州镇开发建筑48万平方米，对大地花园、通达家园等7个保障性安居工程、棚户区改造和廉租房建设等项目开始启动，全年共建设廉租房109套，面积5 500平方米。平改坡面积达53 000平方米。

二、新农村建设

1986年各乡镇将创建文明村纳入工作日程。1990年将精神文明建设活动纳入乡镇总体规划。1991年在全县开展美化环境竞赛活动。1992年有县级以上文明村126个，其中市级以上的25个村。1996年7月，中共三宝乡委员会提出狠煞"黄赌毒奢"四风，提倡"爱党爱国、科技致富、尊师重教、遵纪守法、移风易俗、计划生育、家和邻睦、勤俭持家、助人为乐、讲究卫生"，评选"十星"文明户活动，省市媒体给予报道。各乡镇将创建"十星级文明户"与"五好家庭"建设结合起来实施。2000年5月，开展了村屯粪堆、柴草垛出屯、砂石路、栽花种草、树木绿化、改水、改厕、改院等整治环境活动。各村屯建立标准的文化活动室和广播室，整修村屯道路，实现绿化、美化、香化、净化。9月，民和乡立千村将婚育新风进万家活动开展起来，引起市、省及国家有关部门重视。市计生委在立千村召开婚育新风现场会，国家计生委和省、市计生委领导到会。10月，国家十部委领导到立千村视察。

2004年中共宾县委启动全面建设"立千式"文明村活动。2006年省推进新农村建设工作，宾州镇友联村成为省委书记吉炳轩抓新农村建设的典型村。2007年宾西西川新村建设涉及5个自然屯，246户整体动迁，建商服住宅2.3万平方米，动迁户得到妥善安置。2008年建设通乡路211.4公里，通村公路206公里，改造危险桥涵34座604米。2009年对二龙山马家屯开发农家乐"旅游品牌"乡村游项目。2009—2011年完成两批次60个新农村试点村建设，农村整体形象显著改观。投资7.9亿元，修建乡村公路1 770公里，全县通乡通村公路全部硬化。新建农村饮水工程183处，确保了3个中心镇、190个屯、10万居民饮水安全。2012年倾力建设哈东新城，撤并宾州镇、宾西镇自然屯8个，搬迁农民749户、2 957人，累计开发面积70.4万平方米。

三、交通建设

公路建设 宾县的交通主要以公路运输为主。到2012年，宾县公路建设达到高标准，具备线路网密、路况优、无盲点、车辆多、作用突出的特点。

国家级公路 同江—三亚代号G1011高速公路也称010国道，全长5 700公里。由方正县经摆渡、胜利、宁远、常安、三宝、经建、宾州、居仁、宾西等乡镇进入哈尔滨市。宾县过境段92公里。1995年始建，为半辐高速公路双车道。2002年扩建，2004年竣工，为双辐四车道，三级以上高等级路面。是连接北国同江到南疆三亚的公路交通大动脉。

省级公路　哈同公路，原为哈宾路。新中国成立后整修取直，为砂石路面，1971年始铺油渣路面，1998年建成标准的二级黑色路面。宾县过境段112.8公里。

县级公路　县级公路有四条，即宾尚公路、宾新公路、宾白公路和宏摆公路。经升级达标建设，2005年后，均由砂石路变成硬化路面。与周边市、县紧密相接，与国道构成了两横四纵交通运输全骨架。

乡镇路　乡镇级公路属地方道路，贴近人民生产生活，其发展令人关注。改革开放前，宾县地方道多为砂石路，许多路段通行艰难。1985年对地方道路建设进行改造升级。到2010年，全部达到白色路面，联通所有乡镇和主要经济区，形成了四个环路交通网络。

村、屯路　全县143个行政村，全部建成水泥路面的公路，屯路与村路相互联通。90%以上的屯都修建了水泥通屯路，屯内道路也在逐年改造，彻底解决了出行难问题，基本交通条件得到明显改善。

桥梁建设　桥梁建设是公路建设工程的重点，1986年以来，县级公路线上新建桥梁27座，均为永久性桥梁。乡（镇）、村、屯路上的桥梁，多为板梁轻台、空心板动式、空板轻台式桥梁，全县各级道路再不因桥成堑。

客运　1949年县内开辟宾县—胜利，宾县—新甸，宾县—糖坊3条客运线路。1958年宾县客运发展到有13辆大客车。1982年全县各乡镇都通了客车。1985年客车发展到123辆。到1996年，线路增至31条，客运里程1 465公里。以县客运站为中心，各乡镇设分站，班车发往哈尔滨市、鹤岗、七台河、佳木斯、大庆、牡丹江、桦南、延寿、尚志、木兰、阿城、五常及各乡镇。2000年以后，县城内成立隆鑫、二运及昌盛出租车公司，长短途客运和城内公交、出租车数量迅速增加，公路交通四通八达。

货运 新中国成立后，货运有了划时代的发展进步。由传统的畜力大铁车进化到机动车；由中小型发展到大、重型；由短途到长途；运营车辆由少到多。1983年全县共设四个运输公司。1985年运输市场开放，各单位和个体户打入运输行业，货运汽车683台。货运强劲，使宾县物流通畅，市场繁荣，经济活力旺盛，人民生活幸福。

四、电力建设

改革开放，宾县电力工业为经济建设和民生服务，按标准化优化输电、变电、配电基础建设，提升了电力建设现代化标准。

输变电 1982—2012年，宾县对输电线路不断进行改造、新建，共有66千伏安输电线路19条，全长258.51公里；10千伏配电线路1 816.56公里。全县共有66千伏安变电所16座，主变26台。其中有2 000千伏安以上变电所7个。2 000—10 000千伏安主变10台。配电变压器3 398台，容量356.760兆伏安。

农村电网建设改造 根据国家计委〔1998〕693号文件精神，改造电网，改革体制，城乡用电同价。结合宾县实际，制定了宾县农村电网建设（改造）方案。宾县农村电网建设改造工程从1998年开始至2005年末，建设66千伏工程，新建输变电工程5个，新建送电线路103.2公里；新投主变7台，容量19 000千伏安；改造变电所6个，主变增容18 950千伏安。新建改造10千伏线路1 971.9公里；更换高能耗变电器1 473台，容量63 410千伏安，改造低压台区1 593个。

2006年起，宾县每年都全面完成了农网改造升级工程，实现了农村电网建设达标升级，为宾县的经济发展和新农村建设提供了强有力的电力保障。

五、水务建设

宾县境内多山地丘陵，江河纵横，既易旱又易涝。多年来，历届中共宾县委、县政府坚持不懈开展国土综合治理。本着兴利除害原则，自力更生，艰苦奋斗，通过水土保持、防洪排涝和小流域治理等，使境内水土流失问题得到有效治理，水灾水患被有效控制。在全省"黑龙杯"国土治理竞赛中，1989—1992年连续获省政府颁发的"银杯奖"，1992年获市政府"太阳岛杯"竞赛超标县称号，被水利部授予全国水土保持先进县。1997年获省政府"金杯奖"。2001年被国家财政部、水利部命名为全国水土保持生态建设示范县。

蓄水工程　宾县共有中小水库14座，其中：中型水库1座，小型（Ⅰ）水库4座，小型（Ⅱ）水库9座。这些水库多建于20世纪五六十年代，工程老化严重，除二龙山水库经过几次大型除险加固较安全外，其余水库均存在不同程度安全隐患问题。近年来，政府投入大量资金对各水库进行消险加固，保证了水库安全和水库利用功能。

宾州河治理　宾州河是流经宾县城全境的季节性河流，由于河道弯曲，多年积淤，河床增高，河面狭窄，水流不畅，平时不成径流，河水沉积变色变质，形成污染。一遇大雨，河水出槽，冲击街道院庭，易冲毁农田。多年来，历届县委、县政府从没间断过对宾州河的治理工作，投入巨额资金，疏通河道、河底清淤、石砌护坡、改造排水管网、清理垃圾、环境整治等，尤其是近年来整治力度逐年加大，取得了明显的治理效果。1998年发生百年一遇洪水后，县加大投资力度分段治理。至1999年，累计投资274.1万元，从中心桥到北环桥河段两侧石砌护坡2 380米，筑跌水堤两处；从南城桥到交通桥河段石砌加高两岸堤防1 100米。

灌区治理 二龙山灌区 宾县二龙山灌区位于二龙山水库下游蜚克图河右岸河谷平原，是以二龙山水库调节水量为主，水田回归水为辅的人工渠道与天然河道相结合的自流灌区。灌区包括宾州镇、居仁镇、宾西镇、永和乡、糖坊镇及阿城区巨源镇等6个乡镇16个村受益，灌区设计灌溉面积2 000公顷，现有灌溉面积1 567公顷。二龙山灌区始建于1970年，1982年进行整顿设计与建设。2007年投资120万元，完成了居仁渠首枢纽工程。投资60万元，完成灌区吉东支干水田节水灌溉工程。现已修建渠道总长度34.57公里。

满井先锋灌区 位于宾县西北部，松花江南岸，满井镇境内。灌区设计灌溉面积2 200公顷，实有水田1 933公顷。满井先锋灌区辖有江南、靠山、千和、安乐、满井5个村20个屯。该灌区修建于1957年，1982年进行第一次整修，2012年进行第二次整修。渠道总长18.4公里。

宾阳灌区 位于宾县常安镇西南，柳板河东岸，为自流灌区。宾阳灌区引水直灌300公顷，范围为宾阳、德顺2个村、4个屯。2007年投资120万元修筑了宾阳拦河坝工程。现有灌溉面积100公顷。

玉泉灌区 位于宾县新甸镇东，以松花江为水源的提水灌区。范围包括玉泉村5个屯，灌溉面积267公顷。灌区始建于1977年，1979年进行整修续建工程，2012年重新设计施工，现渠道总长度8.12公里。

水土保持 1980年后，宾县开展了以小流域为单元的国土整治。吉兴河、宾州河、房家沟、三岔河4个小流域治理均被列入省水土保持小流域治理重点工程，各乡镇都有3—5平方公里的小流域治理区域。采取工程措施、生物措施、耕作措施相结合的方法，治理水土流失。到1985年，宾县已完成小流域治理项目7个。其中，列为省级4个，县级3个。1986年宾县被确定为省水土保持重点县之一。1994年宾县出台了"五荒"拍卖政策。1994年"7·13"洪灾后，全县坡岗地水土流失十分严重，受灾农田9.5万公顷，沿岸大面积肥沃良田被冲毁。1995年县政府出台《宾县大力开展植树造林加速国土整治的决定》，进一步明确"南治北防，综合防治；南封北造，封造结合；科学规划，注重效益"的工作方针。1997年水土保持工作获省政府金杯奖。1998年县委提出：将以山、水、林、田、路综合治理为内容的国土整治列为"一号工程"，实行"一票否决"制。全县共治理小流域40个，投工178万个，完成土石方522万立方米，治理面积1.17万公顷。2008—2010年，二龙山项目区共治理小流域8条，治理面积10 319公顷；2011—2013年，宁远九千五项目区，治理小流域8条，治理面积5 146公顷；胜利镇永安小流域治理面积259公顷。水土保持与生态建设取得显著成效，连续多年被评为国家、省水土保持工作先进县。

第七节　各项事业全面进步

改革开放，全面振兴，各项事业取得长足发展。

一、教育事业快速发展

教育规模与发展　1978年党的十一届三中全会以后，党和国家对教育发展高度重视，落实知识分子政策，提高教师地位，提倡尊师重教，进行一系列教育结构、教育体制及学制等改革措施，使学校教育走向正轨，教学质量明显提高，教育事业快速发展。1980年压缩普通高中，一律由县城统一办学，宾县一中只办高中班，被确定为县重点中学校，县二、三中办完全中学校。1982年以后，全县小学开始实行6年制，取消农村7年一贯制，中学学制恢复三三制。1983—1986年，全面实行联产承包责任制后，农村生产队解体，小学下伸点有许多被取消，全县有小学259所、初级中学33所、特殊教育学校1所、朝鲜族学校1所，高级中学3所，其中有2所完全中学。共有教职工5 748人，其中公办教师2 915人、民办教师2 833人；中学教师1 603人、小学教师4 145人。

学校体制改革 1987年实行分级办学、分级管理。县办县管宾县一中、二中、三中、四中和大千中学、教师进修学校、教育幼儿园、聋哑校、居仁朝鲜族学校、农业高中、职业高中11所学校的办公经费和教师工资均由县财政解决。各乡镇中学由乡办乡管；各村小学由村办村管，办公费和民办教师工资由村解决，公办教师由乡财政解决。

职称评定 1987年教育系统开始进行专业技术职称评定工作（简称定级），中小学分别设高级、一级、二级、三级四个职称等级。当年全县评为中学高级教师38人，中学一级教师293人，中学二、三级教师295人；评为小学高级教师305人，小学一、二、三级教师1 323人。自此以后，每年进行一次教师职称评定，评定合格教师可以向上晋升一级。2010年全县共有高级职称教师920人，中级职称2 871人。

人事制度改革 1989年实行校长选聘制。1995年实行领导聘任制、教师聘用制。全县聘前分流385人，落聘230人。当年宾县职业教育中心成立，由农业高中、技工校、成人中专、职业高中、电大、卫校及农机校组成，隶属县政府。1998年经省验收合格成为普及九年义务教育达标县，以后逐年巩固"普九"成果。

自国家出台"民转公"政策后，编内民办教师通过考试和考核等形式，每年都有一部分转为公办教师，2000年清退编外等教师1 087人，此时，全县教职工6 108人，全部为公办教师。2003年新的教育体制变为由地方政府负责，分级管理，以县为主的管理机制。2007年宾县全部免除义务教育阶段学生的杂费。2008年全部免除义务教育阶段的课本费，小学和初中除住宿费外，其他费用全部取消。2010年随着农民进城，外出务工人数的不断增加，农村中、小学生源逐年减少，根据此现象，县教育局合理调整网点布局，撤并学校38所，调整班级150个，调整学生数1 113人。为保证校园安全，经过培训上岗，全县总计配备保安252人，保证了师生人身安全和校园的安全稳定工作。宾县被评为省级教育先进县。

教育教学与教改　1978年以后，教育教学、学校管理、升学考试逐步走向规范化。1990年开始，县教育系统进一步规范全县教育教学工作，出台《宾县中、小学校教学常规》，涉及备课、讲课、批改作业、辅导学习及成绩考核等各个教学环节，使教学工作有章可循，有序进行。县、乡教育主管部门每学期都要组织多项教育教学研究工作，针对不同学科开展教研会、观摩课、公开课、示范课等数次；组织教师分期分批、分学科进行培训，提高教育教学素质；开展教学大纲、教材、教法及教师基本功竞赛和文化知识考试，评定奖励骨干教师和优秀教师。2006—2010年"十一五"期间，基础教育的课程改革不断深化，树立抓教改抓素质教育理念，在培养学生基本素养、自主和创新能力上有了新的突破，教育质量不断攀升。

考试升学　1980—1984年，宾县高考成绩连续5年居松花江地区各县高考成绩之冠。从1986—2005年，二十年间，宾县高考进入本科院校的6 324人，专科院校7 106人，中专1 375人，总升学率49%。2006—2010年，五年间，宾县高考报名总数13 615人，总计被上级院校录取11 335人，总录取率83.2%，高考超过600分的学生总数达542人，达到清华、北大录取分数线12人，实际被录取4人。2010年宾县高考综合成绩在哈尔滨市八区十县中位于前两名。全县中考报名2 666人，被县三所高中录取2 479人，录取率为92.99%。

尊师重教 1987年以后，教师开始评定职称，按职级兑现工资，教师地位显著提高，政治待遇、工资待遇、社会地位明显提升。至2005年，为县城教职工建设住宅楼9栋，有400余户教师喜迁新居，有696名教师加入中共党组织，出席县党代会代表109人次，县人大代表117人次，县政协委员128人次。省人大代表1人次，市人大代表5人次，市政协委员3人次，连续多年评选出县十佳教师标兵、十佳教师、十佳校长数百人，特级教师、功勋教师和国家、省、市先进个人若干人。当时，每逢教师节，县、乡、村都要召开会议，表彰奖励先进，为教师购买纪念品等，表达对教师的敬意，送去关心和温暖，激励教师更好从事教育教学工作。2006—2010年，五年间总计评选省、市、县级优秀教师1 498人。

教育经费与学校建设 1986年建立人民教育基金制度。县、乡教育费附加和人民教育基金征收工作全面开展，教育投入开始以固定的方式稳定下来。1989年全县教育经费1 152.6万元，用于中、小学危房改造工程。共维修校舍18 649平方米，翻新和新建校舍14 281平方米。1992年全县开展捐资助学，共集资1 656.6万元。1994—1998年，县、乡政府共投资6 170.6万元，新建校舍77 111平方米。2001—2005年，投资4 007.66万元，改造危房67 315平方米。期间，社会各界、干部职工捐款数十万元，全部用于学校建设。省、市有关部门、企业援建希望小学十余所。2006—

2010年，不断强化薄弱学校改造，总计维修、改造和新建学校227所，总面积18.3万平方米，总计投入资金8 715.8万元；投入资金225万元，新建微机室68个，购置微机1 980台，新建多媒体教室34个，新建农村远程教育系统1 400台套，新建理化生和通用实验室29个。2010年9月10日，全省"百所希望小学竣工庆典"在宾县英杰益阳小学举行，省委书记吉炳轩等省、市、县领导参加了此次庆典活动。2011年实施"校园天眼工程"，全县中心小学以上学校98%都安装了视频监控系统，总计安装视频探头700余个，实现了校园重大安全零事故目标。2011年总投资1亿元，校园占地10.8万平方米，建筑面积4.2万平方米，可容纳70个教学班，3 500名学生的新建宾县第一中学建成使用。原校址归宾县二小学，缓解了小学班级学额超标现象。

二、文化事业日趋繁荣

宾县历史悠久，文化底蕴雄厚。在改革开放后，宾县文化事业日趋繁荣，为满足人们日益增长的物质文化需要做出了贡献。

文化活动　1979年宾县有电影院4个，电影放映队58个，剧团、图书馆、文化馆各1个，乡文化站22个，广播站23个，村文化室215个，屯文化室216个。一个以县城为中心，以农村文化中心为主体的村屯群众文化网络已经形成。个体私营文化经营项目相继出现，地方戏剧场、书报亭、电子游艺厅、歌舞厅、音乐学校等大量涌现；戏剧、文学、诗词、曲艺、摄影、书法绘画等文学艺术创作竞相发展，其作品或演出多次在省内外及全国获奖。1984年县评剧团改编出演的大型评剧《白牡丹》参加地区会演获二等奖。1986年以后，县政府在历年春节前举办迎新春文艺晚会；农历正月初五或十五举办焰火晚会。县直部门、乡镇、厂矿企业每年都要利用重要节日开展多种形式的文化宣传活动。先后举办诸如二龙山金秋艺术节、二龙山之声音乐会等文艺会演。举办多次摄影、书法艺术作品展等群众喜闻乐见的文化活动。1996年宾县文化工作向多元化方向发展，乡镇政府加大对文化工作的投入，农村综合文化活动室发展到800多个，群众性的学习、唱歌、跳舞、秧歌、文艺表演等文化活动遍布城乡。1999年县评剧团创作演出的歌舞小品《送粮路上》参加中央电视台元宵晚会演出。2000年12月，县评剧团创作排演的现代纪实剧《厚土丰碑》，弘扬省模范党员、新立乡宣阳村原党支部书记武玉学同志的先进事迹，在省内13个市、地巡回演出68场，获全省首届地方戏调演优秀剧目奖、编剧、表演一等奖及乐队优秀伴奏奖等，同时获"白淑贤杯"银奖。到2005年，全县各类文化团体达到100多家，乡级文化站17个。全县文化产业迅猛发展，文化活动欣欣向荣，宾县荣获黑龙江省文化先进县称号。

文艺创作 1958年县文化馆就开始创办《宾州文艺》，即现在的《宾州文苑》，每季一期，有业余作者180余人。创作体裁有诗歌、小说、散文、曲艺、书法、美术、摄影等。后来全县又先后创办了《上弦月》《芳草》《江畔文学》《黑土地》等刊物。许多骨干文艺、文学作者的作品在省、市乃至国家各类刊物上发表并获奖。2000—2006年，宾县荣获省级文化艺术优秀剧目奖5项，市级优秀剧目奖4项；有5人荣获黑龙江省"蒲公英奖"美术、书法、摄影金、银、铜奖；有4人获哈尔滨市声乐、器乐、舞蹈、书画大赛金奖。宾县的农民画创作历史悠久，成绩斐然。许多农民画在国家、省、市参赛、参展和发表。1991年11月举办的宾县农民画展，参赛作品150余幅。黑龙江省委原书记杨易辰、文化部原副部长高占祥、中国美术家协会原副主席、中央美术学院原院长、著名画家古元等有关领导和专家到会参观。自1993年起，连续多年复评，宾县均被文化部命名为"中国民间艺术（农民画）之乡"。

文化场所　1981年宾县新建500平方米图书馆一个，馆内设有综合阅览室、儿童阅览室和外借室、电子阅览室，可容纳140人同时阅览。馆内藏书4.5万册和上百种报刊，被评为国家公共图书馆三级馆，年接待读者3万人次以上。1997年成立宾县经建乡图书馆，是黑龙江省第一个乡镇级标准化图书馆，藏书1.2万册。2000年成立了第二个乡镇级图书馆——宾西镇图书馆。2007—2011年，投资590万元，建设二龙山艺术村；投资485万元，建设乡镇综合文化站17个，村文化活动室143个。

三、体育事业蒸蒸日上

宾县体育由学校体育、职工体育、社区体育、竞技体育、健身体育等组成了全县体育事业网。体育事业广泛地融入人们的社会生活、文化生活和经济发展之中，受到了广大人民群众的参与和喜爱。学校体育制度化，按照教学大纲和教学计划要求，本着德、智、体、美全面发展的方针，组织学生上好体育课、活动课和课间操，定期开展丰富多彩的体育活动。全县每年都要举办中小学田径运动会和"百万青少年上冰雪"活动。宾县曾荣获10余次黑龙江省"百万青少年上冰雪"活动先进集体称号。1993—1995年，连续三年荣获"市中小学田径运动会"总分两个第二名，一个第一名。宾县业余体校，专门培训专项运动的运动员，为上级体校输送人才，为国家和省、市培养出几百名滑冰、举重、跆拳道、篮球、田径等优秀运动员。1986年宾县举重代表队代表松花江地区参加比赛获全省团体总分第1名。1986年以后，城镇健身活动兴起，健身操成为普及城乡的体育活动。县里组织多场健身操表演比赛，推动了健身体育活动的发展。

体育运动场　2007年原县体育场改为休闲健身广场，栽植树木，建设绿地，设篮球场2处，门球场2处，800米环形健身路、文化长廊及附属设施，为群众提供休闲、娱乐、运动及健身等多功能场所。同时，投资1 100多万元，选择原县砖厂西侧新建体育场和青少年校外活动中心，占地8.2万平方米。以后又进行了几次升级改造，现主要设施有综合楼、观礼台、举重训练房、篮球场、足球场、羽毛球场、轮滑场、全民健身场、塑胶环形跑道、健身环路、滑冰场等功能齐全、设施完善的运动赛场。自开展新农村建设以来，各乡（镇）、村屯建设水泥地面文化体育广场多处，为农民群众业余文体生活提供了较好的活动场所。

龙珠二龙山滑雪场　滑雪场位于二龙山风景区。1999年龙珠集团投资2.8亿元开发建设龙珠滑雪场，占地7.8万平方米。滑雪场设有两个初级滑雪场，一个儿童滑雪场，8条高级雪道及索道、滑雪学校和冰雪游乐项目。至2005年，曾承办8届国际滑雪节。

吉华长寿山滑雪场　滑雪场位于宾西镇长寿国家森林公园。占地面积696万平方米，设有初、中、高级雪道15条，总长度10余公里。其中最长雪道2 200米，最宽100米。至2005年，曾承办两届国际滑雪节。

四、卫生事业日臻完善

党的十一届三中全会后，宾县卫生工作拨乱反正，走上正轨。平反冤假错案，落实知识分子政策，提拔重用高级卫生技术人员到领导岗位和医疗一线，加强技术职称评定，陆续接受国家分配的卫生专业毕业生，加强了县内的卫生技术力量。1982年全省三分之二县卫生工作联合检查评比，宾县被评为第1名。1985年开始进行医疗卫生机制改革，逐步实行院（站、校、所）长负责制，科室实行技术经济责任制，行政管理实行岗位责任制。各村卫生所实行以村办所，村医承包，自负盈亏，巩固了农村基层卫生组织，提高了防病治病能力。

1978—1985年间，宾县投入大量资金，新建了防疫楼、卫校教学楼、中医院住院楼，扩建县人民医院，新建和翻建了7个乡镇卫生院用房，新建改建面积13 044平方米。1989年全县医院有床位857张，比1949年的40张增加了21.4倍；卫生技术人员由20人增加到1 335人，增加66.75倍；有高级卫生技术人员13人，中级卫生技术人员195人。卫生事业机构由8处增到280处，初步形成县、乡、村三级医疗卫生网。医疗条件不断改善，医疗设备不断增加，医疗水平不断提高，促进了医疗事业不断发展。一个以患者第一、服务第一、质量第一、信誉第一的医德医风成为办院宗旨。县人民医院、县中医院除设有内、外、妇、儿各科外，还设有五官、中医、传染病、骨科、药剂、检验、放射线等20多个科室。同时发挥了物理诊断、临床检验、专科病防治及部分疑难重症治疗、康复等特殊功能，医疗水平不断提高。

宾县城乡连续开展大规模爱国卫生运动，除害灭病，积极改善城乡卫生条件。1982年投资338万元，完成宾州镇供水工程，城镇自来水普及率接近100%。1983年投资55万元开始改造城镇排水系统。投资数百万元，治理宾州河险段护坡及植树绿化，以后逐年不断治理。到1989年底，农村自来水发展到140处，共有18万人吃上自来水。建立健全县、乡、村三级传染病管理网和疫情报告制度，每年都进行全县性的各种规范化疫苗预防注射或预防服药。2001年开展风疹普查治疗。2002年印制各种疫苗宣传单10万余张，协同省、市业务部门开展乙肝血清学调查和水痘免疫成功率调查两项科研工作。2003年实行对所有新生儿乙肝疫苗免费接种和控制"非典"接种流感疫苗。2005年开展麻疹、风疹二联疫苗的普种工作和预防结核病卡介苗接种工作。通过有计划连续性的预防治疗，做到未雨绸缪、有备无患，各种传染性疾病的发病率大幅度降低，有的基本根除。

计划生育工作成效显著。宾县人口出生率和自然增长率分别控制在7.1‰和3.83‰以内。定期开展妇女病普查普治工作，每年免费检查10余万育龄妇女，对妇科疾病早发现早治疗，被评为全国计划生育优质服务先进县。

1998年进行医疗队伍人事制度改革。按实际需要核定岗位编制，清理非在编人员，强化一线，竞聘上岗。全系统留岗1 030人，清理下岗301人。2004年根据《宾县医疗卫生事业单位机构改革实施方案》，又一次进行卫生人事制度改革，全系统1 236个编制，精减148个，精减人员比例11.9%。2007年1月，开始启动新型农村合作医疗和城镇居民医疗保险工作，为解决百姓看病难、看病贵问题开辟了新渠道，健全了新机制。2007年新建县妇幼保健院。全县共有医疗卫生机构515个，有医疗编制床位932张，有卫生工作人员1 297人（不含诊所）。其中卫生技术人员1 128人，占职工人数的86.97%；高级卫生技术人员89人，占卫生技术人员7.89%；中级242人，占卫生技术人员的21.45%。全县行政村均有卫生所（室）医疗保健机构覆盖，医疗服务能力和急诊急救能力得到全面提升。全县卫生工作人员工资实行了县财政统筹发放，加之新农合的广泛普及，使许多效益不佳的乡镇卫生院走出低谷。当年在县统战部和县残联的积极运作下，引进哈尔滨市"高翔复明扶贫工程"专项基金，由哈医大眼科医院院长刘平教授率领的光明志愿医疗队，为赵喜等96名贫困白内障患者实施了复明手术。

2011年宾县医疗卫生机构23个，医疗床位1 479张，卫生技术人员929人（不含诊所），其中有执业医师269人，助理医师20人，注册护士273人，药剂人员97人，检验人员60人。

五、广播电视普及全县

广播信息　1982—1985年，各乡镇大上广播，村办放大站，屯办广播室，村通广播率达95%；喇叭入户率70%以上。1986年县广播站改称县广播电台，为有线传输。1989年县广播电台发展为无线传输。1997年县广播电台与电视差转台合并，建设自成体系的广播传输网络。2000—2002年，广播通村率100%，入户率95%以上，在自办广播节目上，根据国家大政方针，结合本地实际，本着新闻性、知识性、教育性和欣赏性、趣味性相结合的宣传形式，力争新颖多样。相继开播《开创新局面》《农家之友》《致富顾问》《天南地北》《为您服务》《二龙山文艺》《学习与生活》《评书联播》等栏目。宣传党的路线、方针、政策，传播时事新闻、宣传英雄人物、道德模范，弘扬社会正气。宣传致富典型，传授科普知识，以促农服务为重点，注重贴近百姓生活。

电视新媒体　1979年后，宾县开始出现电视机，数量极少，为无线电视。1983年县成立电视差转台，转播半径30公里。1985年开办"宾县新闻"节目，每周播放2次。全县电视机增至2万台，其中，彩色电视机4 000多台。1992—1994年，满井、常安、胜利和宾安等乡镇建电视差转台。1995年10月，宾县有线电视台建成开通。1998年县城有线电视入户7 500户，农村有线电视入户2 000户。2005年县城有线电视入户13 000户，农村有线电视入户3 000户。2011年宾县有线电视入网户30 000户，转播台数88套，自办台数1套。随着广播电视事业的飞速发展，县政府不断加大资金投入，更新卫星接收、电视发射、摄像、录像、节目制作等设备，城乡电视得到普及。电视节目丰富多彩，成为人们日常生活中不可缺少的一项内容，是人民群众创造物质文明和精神文明的精神食粮。

六、环境保护形成常态

宾县环保工作，明确责任机制，纳入重要日程，抓综合治理，重保护开发。

大气污染治理 1986年以来，开展烟尘污染治理，主要解决城镇燃煤所产生的污染源。先后将生产锅炉全部改造，安装机械除尘设备。同时对重点企业，如水泥厂、白灰厂等粉尘排放量较大的企业，限期治理改造。2007年全县取消小锅炉，实行县城集中供热，采用环保锅炉装置，极大地改善了城市空气质量。

水污染治理 松江铜矿污水治理 松江铜矿水污染十分严重。自1992年开始，企业从设计、施工等方面研究解决污水治理问题，通过尾矿水在库内经过充分过滤、分解等过程得到净化。建成3平方公里、库容1 100万立方米的尾矿库。1999年后逐步改进治理，实行尾矿水闭路循环，形成一套完整的从尾矿输送、净化处理、排水排污，综合排放合格率达90%以上的污水治理工程。

二龙山饮水源地治理 自1998年开始，二龙山水库作为宾州镇城区居民饮用水水源地，注重了源头治理。二龙山水库上游采取工程措施和生物措施综合治理的方式，对3条河流及支流的水土流失进行治理。重点治理裸露山岗，植树种草，恢复植被，对临湖村屯厕所、圈舍、生活垃圾等有害污染源进行整治，沿湖四周做好护坡工作。同时，每年定期组织有关部门干部群众，开展环境集中整治、保护宾县安全用水行动，包括水源上游退耕植树等措施。使二龙山水库饮用水源地的水质明显改善，达到了国家规定的一级水源地保护标准。

医院污水治理 县人民医院、县中医院等医疗机构，每天排出的废水中含有大量的细菌。自1997年开始，县人民医院投资21.6万元，建成日处理废水200吨的消毒装置。新中医院在建设过程中就把污水处理纳入了常规管理工作中，彻底改变了过去脏、乱、差的局面，医院环境明显改善。

噪声污染治理　噪声污染主要来自工业、交通、建筑施工和社会生活噪音源。宾县环保、城管和交通部门坚持常年综合整治城市噪声，及时接待处理噪声检举投诉案件，根据国家《城市区域环境噪声标准》，对噪声进行管控，对不同区域的噪声指数进行有效管理。学生高考、中考期间实行限时噪声管制。

固体废物污染治理　随着城市建设和发展，城区扩展、居民增多，生活垃圾已成为污染城市环境的主要因素。过去主要采取集中堆积和掩埋的方法来处理，效果不佳。对年产数万吨垃圾的宾州镇，如何进行无害化处理，是治理的关键。近年来，县政府投资建设垃圾处理厂一座，对县城内产生的生活垃圾进行无害化处理。同时，增加环卫清理人员，及时清运垃圾，加强城市卫生管理等，城市卫生环境不断改善。

工业污染治理　工业污染主要来自工业废水、工业废气和工业固体废物。2000年宾县有工业污染企业61家，工业废水排放量每年140万吨；工业废气排放量每年4亿标准立方米。原有的废水、废气治理设施及设备老化，效率低下，工业污染比较严重。2005年实行产业升级改造，发展无污染企业，关停部分产能低、污染重的企业。如对宾西镇5家造纸企业实施查封污染设施，责令停产治理等，全县工业污染现象有所改善。

七、民政工作成效显著

宾县民政工作紧紧围绕县委、县政府中心工作，努力为人民群众服务，为困难群众服务，为全县的基层民主、民政救助、社会事务及经济社会稳定发展做出了突出贡献。宾县多次被评为国家、省、市民政工作先进县。

基层政权建设 1991年宾县由松花江地区管辖改为哈尔滨市管辖。自1990至2005年，村民委员会换届已经进行了六届换届选举，根据《中华人民共和国村委会选举法》和《中华人民共和国村民委员会组织法》的规定，由本村有选举权的公民直接参与选举村委会组成成员。2005年9月28日—10月30日，全县一次性完成第七届村委会换届选举工作，共选出143个村委会主任，委员598人。以后每届村委会换届选举都是严格依法、严格履行程序、公开公正直接选举，保证了村委会换届成功率100%。2010年8月5日至9月20日，实行了全县第三届城市社区换届选举工作，通过直接选举和户代表选举方式，选举产生了5个社区主任、副主任和23名委员，增强了民主意识，推动了基层民主政治建设。

救灾救济 中共宾县委、县政府高度重视社会救灾救济工作，一方有难八方支援。各级政府、机关、企事业单位及干部、职工、群众纷纷伸出援助之手，帮助受灾群众渡过难关，有效地解决了灾民吃、穿、住问题。1985年新甸大通村、民和部分村连续5年受灾，灾区多数房屋被淹没、粮食所收无几。经过妥善安置，将大通村239户受灾户搬迁到其他乡镇、村屯，帮助解决住房、口粮和衣物等。1994年"7·13"宾县遭受了历史罕见的暴雨、大暴雨袭击，许多乡镇交通、通讯中断。县乡（镇）党委、政府一方面组织抗洪抢险，一方面筹集救灾资金和物资。县民政部门共接收捐款550万元。衣、被86 500多件，林业局调运木材5 000立方米，全县转移灾民数千人。新立乡水利站长边洪举为保护水库大坝，保证人民生命财产安全不受威胁，以身殉职，被追认为烈士。1998年因连续降雨，松花江水位猛涨，沿江8个乡镇受到威胁。县委、县政府组织全县人民抗击洪水，宾县民政局接受省市和社会各界救灾捐款650万元，救灾物资折款300万元。救济灾民1.3万户、4.12万人，为2 011户灾民重建或维修住房。

社会救助 "五保"供养　1986年宾县有敬老院22个。2001年后，农村敬老院逐渐合并，提高建设维修标准，完善内部设施，增强服务水平，使入院老人安度晚年。分散供养的"五保户"由村直接给一定数量的土地，负责解决粮食、烧柴、衣物等生活费用。2004年国家取消农业税、提留统筹款，由县财政统一供养，每人每年拨付1 200元发放到本人。2005年敬老院每人每年生活费提高到1 500元。全县有敬老院18个，五保户2 030户，五保供养人口2 660人，其中集中供养859人，分散供养1 801人。随着社会的发展，人民生活水平逐年提高，五保供养生活费相应提高。集中供养每人每年生活费2 720元，分散供养人均1 920元。2012年全县有集中供养机构25处，新建扩建永和乡中心敬老院，新建宾县社会福利中心，建筑面积1.6万平方米的四层楼房，可设床1 000张。乡镇敬老院逐渐实行合并，集中建设和扩建高标准、条件优越的大型养老机构，居住生活条件不断改善。当年全县经审批合格的民办养老机构15家，床位1 016张，逐步满足老有所养需要。

城乡低保　2005年对贫困户实行最低生活保障制度。社会保障工作实现由乡、村集体经济承担向县财政承担的转变。县政府下发《宾县农村居民最低生活保障实施方案》和《宾县城镇居民最低生活保障办法》，对城乡低保或低收入家庭逐人逐户核查登记，严格程序，公开透明，接受群众监督。2005年底，全县有农村低保户8 100户、17 600人纳入农村居民最低生活保障，发放低保资金105.6万元；有城镇低保1 968户、7 386人享受城镇低保待遇。2009年进一步落实城乡低保对象动态管理制度，做到应保必保，应退必退，提高了保障质量。对超出低保标准的城市低保542人、农村低保对象485人进行了全面清理。同时，对符合条件的城市低保对象605人、农村524人及时按工作程序纳入低保范围。当年，全县共有城市低保9 243人，占非农业人口的8.1%；农村低保20 741人，占农业人口的3.7%。2011年以后，对城乡低保对象进行精准识别，严格地审批把关，补贴标准不断提高，保证了低保户的正常生活。

专项救助 自2009年起，县政府先后出台了《宾县城乡困难群众医疗救助办法》《城乡困难群众家庭收入核定制度》《宾县临时救助办法》等一系列救助措施。推进城乡低收入家庭认定工作，不断拓展救助项目，不断扩大救助群体，不断增加救助投入，使党和政府的惠民政策落到实处，保障体系更加健全，解决了城乡贫困群众的特殊困难。

双拥优抚 宾县是革命老区，在新时代继续发挥优抚光荣传统。各级政府高度重视拥军优属工作，在政治上关心，在生活上关怀。根据不同年代，采取不同举措，千方百计搞好拥军优属、拥政爱民"双拥"优抚工作。

自1931年起，宾县有革命烈士940多人。宾县人民政府对牺牲的革命烈士按国家抚恤条例规定，对其家属发给一次性抚恤金（粮）。1986年起，原享受定期定量补助改为定期抚恤金，根据不同类别抚恤标准，对革命残疾军人，按照不同伤残等级确定抚恤标准和就医补助标准。对重点优抚对象和革命伤残人员抚恤标准逐年提高。每年八一、新年、春节期间由县领导带队组成慰问团对驻县部队、老红军、伤残军人及现役军人家属代表进行走访慰问，送去慰问金和慰问品。2006年后，县乡政府和民政部门，把双拥优抚工作进行统筹安排，使此项工作有序、规范进行。一是实施医疗救助工程。建立重点优抚对象医疗保障专项资金，解决其看病难、看病贵问题。二是实施住房解困工程。为重点优抚对象解决泥草房、危房改造、维修补助资金，保证优抚户住房安全。三是妥善安置退役军人工程。根据退役士兵安置和补助办

法，合理安排就业和自主就业，按政策足额发放经济补助。四是
实施英烈保护工程。投入资金数百万元，改造建设县以哲公园，
将散葬烈士归园、新建无名烈士墓和烈士名录碑，使公园集教
育、休闲、健身于一体，被列为省市红色旅游景点和爱国主义教
育基地。

第十三章 奋进中国特色社会主义新时代

2012年和2017年，中共十八大、十九大先后召开，全党进入为全面建成小康社会而努力奋斗的新起点和努力奋进在中国特色社会主义的新时代。

第一节 中共宾县委新时期的新思路新举措

中共宾县委在党的十八大、十九大及历次全会精神指引下，制定和践行新时期的发展思路。

2012年11月至2013年，中共宾县委认真学习贯彻党的十八大精神，在全面建成小康社会的精神指导下，研究确定宾县经济社会发展思路，实施"强区、连线、扩城、兴带"战略。突出产业项目建设，经济实力稳步提升；着力保障改善民生，发展成果惠及群众；统筹推进城市建设，城镇化步伐持续加快；切实加强社会治理，社会更加和谐稳定；全面加强党的建设，执政能力不断提高。

2014年中共宾县委以开展党的群众路线教育实践活动为契机，以改革创新为手段，着力推进招商引资和产业项目建设，着力促进城市统筹和城镇化发展，着力提高公共服务水平和创新社会治理，着力加强和改进党的建设，奋力推动经济社会跨越发展，努力让人民群众得到更多的实惠，开创出了各项工作的新局面。扎实推进产业项目建设，县域经济持续增长；切实保障改善民生，社会事业不断进步；统筹抓好城乡建设，城镇化水平稳步提升；着力加强社会治理，社会保持和谐稳定；坚持高标准严要求，群众路线教育实践活动成效显著；贯彻从严治党要求，党的建设全面加强。

2015年中共宾县委深入贯彻党的十八届三中、四中全会、中央经济工作会议和习近平总书记系列重要讲话精神，以加强党的建设为根本，以深化改革为手段，以转方式调结构为重点，把跨越发展作为改善民生的根本支撑，扎实推进招商引资和产业项目建设，着力提升城乡建设水平，持续加大民生改善力度，加快推进依法治县进程，全面落实从严治党要求，持续抓好作风建设，全力推动经济社会平稳持续快速发展。2015年，"十二五"规划顺利收官。县域经济稳中向好；现代农业持续发展；开发区建设扎实推进；城乡建设水平稳步提升；民生保障水平不断提高；社会环境保持和谐稳定；党的建设全面加强。

2016年中共宾县委贯彻党的十八大和十八届三中、四中、五中全会精神，牢固树立"创新、协调、绿色、开放、共享"发展理念，全面启动"十三五"规划，坚定不移实施产业强县战略，全力抓招商、调结构、建项目、兴产业，整体工作取得新成就。坚持聚焦经济建设，综合实力稳中有升；大力推动园区发展，支撑能力不断增强，着力转变发展方式，现代农业加快发展；扎实推进城乡建设，整体面貌明显改观；全力保障改善民生，幸福指数逐步提高；加强党的建设和民主法制建设，社会环境和谐稳定。

2017年喜迎党的十九大。党的十九大深刻总结了党和国家事业的历史性成就和历史性变革，作出了中国特色社会主义进入新时代的重大政治判断，指出我国社会主义主要矛盾已经转化为人民日益增长的美好生活需求和不平衡不充分的矛盾。中共宾县委、县政府根据新形势、新任务，全力抓好政治、经济、社会发展多项工作，全县整体工作步入新台阶。

2018年中共宾县委召开十六届二次全会，全面贯彻落实党的十九大和习近平总书记两次视察黑龙江省的重要讲话精神，以习近平新时代中国特色社会主义思想为指导，坚持稳中求进工作总基调，坚定不移实施产业强县战略，全力稳增长、促改革、调结构、惠民生。打造宜居宜业新城、现代农业强县、全域旅游胜地，哈尔滨市东郊花园，推动县域经济全省争一流，加快"撤县设区"进程的工作目标，宾县在全面振兴、全方位振兴上取得新成就。经济运行总体平稳；园区建设质量不断提高；农业农村加快发展；城乡面貌逐步改善；脱贫攻坚成效显著；全县呈现出政治安定、经济发展、社会和谐的新局面。

宾县在习近平新时代中国特色社会主义思想指导下高质量向前发展。

第二节　经济发展综合实力省级十强县

1979—2018年，宾县经过40年努力探索、改革创新、锲而不舍、顽强拼搏，取得了经济发展和社会进步的丰硕成果，自2006年起，已连续12年被评为全省县域经济综合实力十强县。

一、经济发展成果显著

2018年宾县地区生产总值304.9亿元，是1978年9 046万元的335.05倍；财政地方预算收入4.6亿元，是1978年827万元的55.42倍；社会消费品零售总额97.6亿元，是1978年8 040万元的122倍；外贸进出口总额实现6 853万美元，比2012年增长59.1%，年均增长8%。

二、招商办企引领经济发展

2016年中共宾县委进一步完善和优化招商政策，动员和组织各方力量，深入开展大招商、招大商活动。突出招商重点，盯准国家产业政策和行业发展趋势，引进一批税源型、支撑型、拉动型大项目、好项目和科技型、活力型小微企业，积蓄发展动力和优势。紧紧围绕农副产品精深加工、现代包装、对俄贸易出口加工、新材料研发等优势产业，依托国家循环化改造示范试点园区等平台和宾西食品、奥瑞德等龙头企业，创新招商引资方法和途径，优化招商引资环境，提升项目建设质量，每年都有一批新项目、大项目落户宾县。2018年招大引强成效显著。一是实行全员招商。借助"深哈合作"的有利契机，组织干部先后三次到深圳开展招商工作。掌握了莱盛隆无人机、广州瑞祺祥岩棉制品等10余户重点项目信息。到北京、天津、上海、浙江等经济发达地区，对接项目50多个。二是进行展会招商。参加了第29届哈洽会、第22届中国投洽会及首届中国进口博览会等10余个投资洽谈推介会。并组织宾西经济技术开发区内20余家企业参会参展，发放招商引资项目册1 000余本。三是开展以商招商。积极落实对企业的扶持政策，认真做好服务，鼓励企业扩大再生产，借助现有企业的成熟市场网络和客商群体，实现以商招商。四是开展项目嫁接盘活工作。制定拟嫁接企业档案。完成了双驰自动化设备与联通管业、林静丰农与新富达钢构等4家公司的嫁接租赁工作，盘活闲置土地10.6万平方米。五是加强招商引资"政策导向"作用。制定了《宾县促进产业发展扶持办法》，重新编制了《招商引资项目册》，大力宣传国家、省、市最新出台的各项招商引资政策，促进了招商引资工作的顺利开展。2018年12月借助由哈尔滨市委主办、区县承办的"追梦40年"，哈尔滨辉煌成就摄影大展全国巡展之机，中共宾县委宣传部通过生动写实的作品及文字介绍将宾县的资源、文化、旅游、城镇面貌、农业发展、知名企业等概况宣传到深圳、香港等地，进一步扩大宾县知名度，吸引客商来宾县投资办企。

第三节　开发区晋级提档成经济发展引擎龙头

宾西经济技术开发区的建立和发展，极大地拉动了县域经济的大发展、快发展，县域经济综合实力显著增强。

一、开发区开发建设新规模

2013年宾县规划以哈同公路为轴线，重点建设宾州、居仁、宾西3个中心城镇。宾西至居仁以产业为核心的宾西新区，宾州至居仁以生态宜居为核心的宾州新区，着力打造"两区一城"。2015年宾西经济技术开发区从长远发展考虑，编制了《宾西镇、居仁镇、开发区总体规划和控制性详细规划》，开发区面积从18.56平方公里扩大到47平方公里。2013年宾西开发区被评为"美丽中国——最佳投资环境园区"；2015年被国家农业部评为国家农业示范基地；2016年被新华社《瞭望》周刊评选为"中国创新力开发区"，宾西开发区在全国知名度明显提升。

截至2018年，宾西开发区累计投入建设资金13亿元，建设道路35条57公里；建设2.6万吨供水厂一座，供水管网96.6公里；污水处理厂一座；架设供电线路58公里和新建22万伏变电所一座；铺设地下通讯光缆58公里；建设供热厂一座；建设供热天然气1.4亿立方米燃气厂一座；建成28.55公里的地方铁路一条，以及生活垃圾填埋场等。一个功能齐全、规划合理、设施配套、环境优美、管理现代、综合优势明显的新型工业城已形成规模。

二、开发区产业发展新突破

宾西经济技术开发区，经过近20年的开发建设，招商成果十分显著，许多国内外知名企业落户开发区。招商质量不断提高，产业规模不断扩大，招商成果不断积累，为宾县经济的持续发展打下了扎实的基础。为明确工业经济的主导方向，经过对现有产业认真分析研判，确定了"一主二副、一区三园"的"1+2"产业发展定位。即以农副产品加工为主导产业，包装、光电材料为副主导产业；以三个产业为基础，打造农副产品加工、现代包装、新材料研发制造三个产业园。努力实现规模发展、集群发展，由粗放型向集约型、由速度规模型向质量效益型转变。截至2018年底，主导产业项目62个，占全区的40%。

农副产品加工产业现有企业39个，已建成了以大北农、双胞胎、通威多家企业为核心的黑龙江省最大的饲料生产基地；以宾西牛业、宾西食品、宾西肉业等为代表的肉类产品深加工基地；以大成生物等为核心的玉米加工基地；以禹王蛋白、吉庆豆业为代表的大豆深加工基地；以高泰食品为核心的果蔬产品加工基地。肉类、玉米、大豆、果蔬加工产业链的关键节点项目均已建成投产，全省最大的农副产品精深加工基地初具规模。

包装产业现有企业20个，已建成了以和鑫纸业为代表的，哈尔滨地区最大的瓦楞纸生产基地。建成了以宏瑞包装为代表的，为蒙牛、伊利、农夫山泉、完达山等国内多家著名企业配套的彩色纸箱印刷基地。重点引进国内外纸制品包装、塑料制品包装、金属包装、玻璃包装、木制品包装、复合包装、包装机械与设计等各种包装企业，逐步形成完整产业链条专业化现代包装基地。

光电材料产业现有企业3个，其中奥瑞德光电是开发区本土培育出来的高新技术上市企业。现已建成工业蓝宝石材料、衬底、外延片、灯具、加工设备等光电材料基地。奥瑞德的生产加工实现了高度自动化，正在稳步推进"2025智能制造"自动化、信息化建设。产品多次获得国家科技奖项，已成为世界最大的工业蓝宝石材料生产加工基地。

2018年宾西经济技术开发区地区生产总值25.6亿元；规模以上工业产值77.1亿元；实现工业税收3.1亿元，成为重点产业聚集区，改革创新的先行区，更是财政增收的重要增长点。经过十几年的蜕变发展，宾西经济技术开发区以不到全县0.5%的土地，创造了84.1%规上工业增加值、全县46.1%的税收，已成为龙江地区发展开放型经济的重要载体。在开发区的强势拉动下，宾县经济总量、综合实力大幅提升，自2006年至今在全省县域经济综合实力排名中位列十强县。自开发区成立以来国家和省级领导吉炳轩、栗战书、李源潮、吴仪、韩长赋、宋法棠、张左己、钱运录、王宪魁等多次来开发区视察指导，给予很高评价。

截至2018年末，宾西开发区现有企业155户，其中投资亿元以上的87个，投资5 000万元以上项目34个，合同投资总额265亿元。已投产118个，在建29个，筹建8个。

开发区的名企有：哈尔滨奥瑞德光电技术有限公司，黑龙江宾西牛业有限公司，黑龙江宾西食品有限公司，黑龙江省宾州水泥有限公司，哈尔滨大北农牧业科技有限公司，哈尔滨大成生物科技有限公司，黑龙江宏瑞彩印包装制品有限公司，建华建材（黑龙江）有限公司，今麦郎面品（哈尔滨）有限公司，北大荒垦丰种业有限公司等。

第四节　旅游业是宾县发展的新兴产业

在习近平总书记"绿水青山就是金山银山"的思想指导下，经过多年开发建设，宾县旅游业已形成一定规模。自然景观、人文景观和红色景点等自然人文景观交映生辉，成为国家全域旅游创建县。

一、风景区建设与发展

中共宾县委、县政府坚持把旅游业作为推动县域经济发展的重要产业，充分发挥都市近郊优势，整合挖掘山林、湖泊、湿地、温泉、冰雪等优质资源，努力打造国内知名旅游胜地。规划以二龙山景区为中心，辐射开发北水南山及周边景区景点。共分三条线，即北部沿江线、南部沿山线和以二龙山风景区为中心的中间线，并逐步组织实施。

景区建设　宾县的旅游业，坚持政府投入为主导、企业投入和社会融资为主体的多元化投资机制，多方争取资金，加快旅游资源开发。使旅游业成为宾县促进经济发展、人文交流和美丽乡村建设的新兴产业。积极引进黑龙江融兴集团开发英杰风景区；引进江龙集团开发香炉山风景区；引进广西天昌集团开发大顶子山风景区；引进新加坡绿建集团开发长寿山风景区等。到2012年，全县共完成旅游业投资近30亿元，加强基础设施建设，旅游设施、项目、服务功能进一步完善。

2010年投资28.7亿元的大顶子山航电枢纽工程竣工。英杰风景区到2018年已累计投资50多亿元，实行"村企共建、整村推进"发展模式，建设村民住宅楼8栋12万平方米、特色民居34栋、花园洋房3.2万平方米及相应的配套设施。2012年与本山传媒合作，先后拍摄《乡村爱情》第6、7、8部；2013年成立英杰大有传媒公司，出品《大村官》第1、2部。2015年建设英杰风景区水上欢乐王国项目和温泉，总建筑面积10.7万平方米。宾县成为哈尔滨市近郊重要的冰雪旅游基地，省内许多冰雪盛会在二龙山和长寿山举办。2017年开工建设英杰梦幻雪国项目，规划占地面积32万平方米，建筑面积7万平方米，使之成为宾县的"雪乡"。引进中科集团谋划建设产学研旅游基地和院士疗养中心，2018年首批院士莅临英杰风景区健康疗养。

结合美丽乡村建设和旅游开发，历经几年时间，形成了以二龙山艺术村、民俗馆、友联村、三合村为主的美丽乡村游；以大顶子山、永和菜业为主的农业生态游；以二龙山、英杰、香炉山、长寿山等为主的四季风光游；以宾西开发区为主的工业观光游；以中共北满分局旧址、王以哲将军纪念馆为主的红色教育游等，初步构成全域旅游新干线，开启了宾县旅游产业发展的新篇章。英杰景区成为本山传媒影视拍摄基地，友联村是省新农村建设五星级村，首批国家级美丽乡村，全国休闲农业与乡村旅游示范点。二龙山、长寿山、香炉山、英杰风景区等先后承办"第七届中国·哈尔滨五花山赏秋节""中国·黑龙江国际滑雪节""第八届二龙山山水旅游节""英杰寒地温泉旅游文化节""第八届黑龙江省五花山观赏节"和"国际小姐大赛亚洲赛区比赛""香炉山中俄雪山穿越大奖赛"等重大旅游文化体育活动，极大地提升了宾县的知名度和美誉度。2011年曾荣获全国休闲农业与乡村旅游示范县称号，2016年被列为国家全域旅游创建县。2007—2018年，宾县各景区年接待游客由130万人次，提高到220万人次；旅游收入从1.9亿元，提高到8.8亿多元，分别是2007年的1.7倍和4.6倍。

风景名胜　宾县旅游总体构架为"一处湖水，两个基地，八座山峦"，简称"128规划"。"一处湖水"即二龙湖（二龙山水库）；"两个基地"即红色旅游基地中共北满分局旧址和以哲公园；"八座山峦"即长寿山、香炉山、大顶子山、大青山、猴石山、高丽帽子山、花乐山、双凤山（英杰）八座生态旅游景点。

二龙山风景区　2001年国家首批AAAA级旅游区，黑龙江省级风景名胜区、省级地质遗迹公园、省级自然保护区。距哈尔滨市东50公里，坐落在古城宾州西南6公里处，属湖泊山岳型旅游景区，总面积为40平方公里。风景区群山环绕湖水，山清水秀，大龙山、小龙山红石嶙峋绿树成荫；望龙山、飞龙山林木繁茂，峰峦叠嶂；大珍珠岛、小珍珠岛立于碧水，郁郁葱葱。二龙壁、龙泉亭、望湖亭等景观点缀其中，令人神往，素有"哈尔滨东郊花园"之美誉。胡耀邦、邹家华、贾庆林、李源潮、李铁映、陈元等党和国家领导人曾先后莅临二龙山视察旅游工作。也曾留下侯宝林、李默然、林依轮、冯小刚、周华健以及本山传媒笑星等知名人士的身影。珍珠岛影视基地曾拍摄《赌命汉》《花园街五号》《血溅鸳鸯林》《东北王张作霖》等影视剧。有二龙戏珠、长龙卧波、银峰插翠、碧波唱晚等十大丽景，还有宝岛飞虹、湖面飞鱼等四大奇观。是消暑、度假、休闲、疗养的好去处，年接待游客近百万人次。

长寿国家森林公园　位于宾县宾西镇驻地南15公里处。2006年被国家旅游局核准为国家AAA级旅游风景区，总占地面积24.83平方公里，为山岳型自然风景区，因山门处有一巨型石龟而得名。长寿国家森林公园东连巍峨的张广才岭，南托金源故地阿城，毗邻二龙山旅游风景区。公园内树种繁多，奇石突显，形成多处形象石景观，有丞相峰、擎天峰、背阴山、鹿鸣谷四大景区。春季采摘山野菜，看满山红杜鹃；夏季避暑度假，休闲垂钓；秋季观五花山色，采各种野果、蘑菇；冬季滑雪、戏雪为冰雪乐园。临近山门，便看到时任国家林业部部长徐有芳的题名"长寿国家森林公园"。步入山门，北侧悬崖峭壁，其险可叹；南山密林中耸立一尊高大的"老寿星"，恍如仙境一般。园内建有大型滑雪场——吉华长寿山滑雪场，并配有索道、雪地摩托、马拉雪橇、溜冰等冰雪项目，是距离哈尔滨市最近的集滑雪、度假、休闲、娱乐为一体的原始森林旅游度假区。

香炉山国家森林公园 位于宾县城南20公里平坊镇境内，介于宾县二龙山和阿城区松峰山之间，面积11.36平方公里，森林覆盖率98%。公园地貌以低山丘陵为主，重峦叠嶂，沟谷纵横，大自然的鬼斧神工造就了香炉山独特的地形地貌。主峰卧佛顶为公园最高峰，海拔798米，远远望去山顶恍如横卧酣眠的佛身。位于山脚谷底的溪水十八湾，总长度5 000米，溪流蜿蜒盘旋，水随山形，溪中怪石横陈，谷中空气湿润清新，悬崖峭壁耸立，柔美与粗犷和谐共存。景区建有两条登山栈道和一处下山滑道。山顶部有较大平台一处，可供游客休息就餐，周围有石洞、石桌、一线天、铁索桥等景点，有庙宇和抗联遗址。著名抗日将领赵尚志曾在香炉山茂密的丛林中抗击日寇，是东北抗联三军根据地。

英杰风景区（双凤山） 位于宾县西南宾州镇友联、英杰、永乐村境内，省级地质公园。2016年批准为AAAA级国家旅游风景区。规划面积57.67平方公里。该景区北距哈同公路3.7公里，东与二龙山景区相邻，西为长寿国家森林公园。景区多为花岗岩蚀余景观，群山起伏，峰峦叠嶂，山石颜色不同，形态各异，自然天成，巧夺天工，有"磕乡"之美誉。英杰风景区打通寒地温泉井208米，建设温泉酒店2处，共5.4万平方米。建设英杰欢乐水世界5.3万平方米和冰雪旅游基地，建设5公里猞猁河观光水系等。经过几年来的规划开发和建设，英杰风景区作为后起之秀，打造了宾县旅游业的靓丽品牌，已形成集自然风光、历史人文、休闲度假、水上乐园、寒地温泉、冰雪娱乐、农村新居、影视拍摄、农业采摘等综合性区域。

大顶子山风景区　位于糖坊镇、满井镇松花江畔，水路距离哈尔滨46公里，陆路60公里，为江河山岳型旅游风景区。2010年建成大顶子山航电枢纽工程，重点突出水域风光和航电工程。一是水域风光游，开通哈尔滨至大顶子山水上旅游线，乘坐游船或快艇从哈尔滨市沿江而下，游客可尽览两岸风光，观赏由于大坝截流蓄水所形成的宽阔人工湖。二是工业观光游，以航电枢纽工程为核心，对航运设施、发电设施、拦江大坝等参观游览，尽展工程之壮观。三是农业生态游，以大顶子山当地民俗文化为根基，开发了当地渔村、水产养殖、捕鱼垂钓、农园采摘、农作物科普等项目。近期，由新疆中海能源集团投资70亿元，规划占地2 742亩的旅游休闲度假区正在建设中，届时将以国家重点生态旅游区的姿态展示世人面前。

猴石山风景区　位于民和乡双龙村北侧的松花江畔，距宾县城25公里，占地面积27平方公里，为江河山岳型自然风景和人文景观旅游区。主峰海拔188.9米，阳坡平缓，背坡陡峭，因主峰有巨大石头似石猴而得名。1998年批准为县级风景区。景区内山水、草原资源丰富，北麓山下有莲花湖、黑鱼湖和九道湾等。草原碧波起伏，湖内荷花竞放，古城遗址觅迹寻踪，狐仙堂神话传说，使人增添一种神秘之感。景区主要建筑青莲寺，始建于民国年间，当时蜚声中外，称为"东北的灵隐寺"。后毁于十年运动，1995年后陆续复建扩建，其规模宏大，气势磅礴，香烟缭绕。景区内曾出土道家神像、石兽等多件文物。

大青山风景区 大青山为黑龙江省级自然保护区，位于宾县宁远、常安镇与尚志、延寿交界处，系张广才岭支脉，距宾县城63公里，为山岳型自然风景旅游区。大青山总面积150平方公里，森林覆盖率90%，主要山峰33座，山谷沟壑11条，一般海拔500~700米，主峰海拔952米，为宾县最高峰。大青山森林生态资源优良，山势高大巍峨，峻岭蜿蜒，纵横交错，挺拔入云。宾州古八景之一的"青山叠翠"即指大青山壮观的山林景观。山顶端有一处平地，可供游人休息，另有清泉一眼，清澈可饮。1931年"九一八"事变后，东北抗日联军第三军曾以大青山为天然屏障出没于茫茫林海，打击日伪军，现存多处抗联遗址。大青山有多种珍贵树种、野生药材及多种野生动物，可谓天然生物物种基因库。山下的常安镇、宁远镇均为革命老区，是全省有名的果树之乡和烤烟生产基地镇。

高丽帽子风景区 位于胜利镇东4.5公里的万春村境内，距宾县城50公里，为山岳型自然风景区。1998年被批准为县级风景区。景区总面积20平方公里，主峰海拔442米，突兀在群山之上，远远望去，棕色的石碴子显露于万绿丛中，酷似朝鲜族人的帽子而得名。"帽峰朝旭"为宾州古八景之一，帽子峰山高地险，表面岩石叠列，形态各异，东西两侧悬崖峭壁，峰顶较平坦，面积近百平方米，南面有神仙洞，北山有观音庙，风清日丽，登临峰顶，北望松花江，南瞰群山，给人以回归大自然之美。

花乐山风景区 位于宾县东部宁远镇境内，距离哈尔滨市120公里。抵达花乐山，踏过香水桥即进入风景区，向海拔698米的主峰"灵芝峰"进发。沿途会看到卧狮岩、麒麟岩、增寿台、万寿台、菊花台、仙人洞等20多处奇观。仙人洞内天然形成的滴水观音石像惟妙惟肖。山脚下，可观赏成片的白桦林、刺五加园、葡萄园、人参园和木耳生产基地及山鸡、野猪养殖园，鹿苑中可以和梅花鹿近距离接触。下山途中，可以看见罕见的"石菊花"和"草瀑布"景观，石菊花火红怒放，草瀑布气势磅礴，真正体验大自然风光。

二、红色旅游开发利用

中共北满分局旧址和史迹陈列馆　位于县城宾县教育局院内，为省级文物保护单位，黑龙江省红色旅游景点、爱国主义教育基地。该旧址为砖瓦结构，东西长15米，南北宽7.5米，建筑面积112.5平方米，正面门额上方悬挂着邹家华同志题写的"中共北满分局旧址"牌匾，室内保存有陈云同志当年从事革命活动的照片、资料及用过的生活工作用具等一大批珍贵革命历史文物。中共北满分局史迹陈列馆是2005年按中共北满分局原貌风格新建，位于中共北满分局旧址左侧。此馆是系统地展示中共北满分局历史和陈云部分生平业绩的传记性陈列馆，真实地记录了中共北满分局所创建的北满革命根据地，为全国解放战争和东北根据地的巩固所做出的卓越贡献。

大千中学中共宾县中学（工委）支部旧址　大千中学现址是1911年建立的宾州府中学堂，位于县教育局、中共北满分局旧址西侧，是中共宾县特别支部委员会副书记兼宣传委员、宾县中学（工委）支部书记、烈士吕大千（原名吕树俊）工作和战斗过的地方。1937年吕大千被日本侵略者杀害于哈尔滨圈河。1980年7月于此建立宾县第五中学，1984年为纪念吕大千烈士，改名为大千中学。现校园内有大千塑像，该校是全县初级中学的一流学校。

以哲公园　位于县城西南同三高速公路宾县出口处，省、市红色旅游景点、爱国主义教育基地，占地面积3万平方米，其址为宾县烈士陵园。1996年在园内建设王以哲将军纪念馆。2004年称为以哲公园。馆中以图片加文字展示王以哲将军戎马战斗的一生，有毛泽东给王以哲的信件等历史资料。整个公园苍松翠柏，绿树成荫，建有英雄纪念碑、烈士墓群和宾县不同历史时期的烈士英名录等。

第五节 商业保障供给

宾县的商饮服务业，随着体制改革和市场需求的拉动，在促进经济社会全面进步、人民生活水平明显提高中发挥着巨大的推进作用。

党的十八大以后，宾县商品经济飞速发展，经济效益和社会效益明显提高，城乡市场日趋活跃，出现了前所未有的繁荣兴旺景象。2015年全县共有各类市场及大型超市46个，其中农贸市场20个。有零售企业6 371家，住宿餐饮企业1 479家，批发企业671家，外贸进出口企业15家。宾州商厦、物尔美超市、百货大楼超市、天福缘超市、衣世界、火狐狸服装商场、新龙达酒业公司等民营企业已成为全县实力较强的商贸流通企业。城乡集贸市场进一步完善，市场服务功能和辐射带动作用不断增强。全县成品油市场供应稳定，年销售成品油4.07万吨。其中：汽油销售1.55万吨，柴油销售2.52万吨，满足了生产生活需要。社会消费品零售总额实现79.55亿元，进出口总额3 466万元。2016年商贸物流及城乡市场建设不断加强，全县共有大型超市5个，农贸、集贸市场15个，有零售企业9 646家，住宿餐饮业1 341家，批发企业1 580家，另有外贸进出口企业11家。完成了高泰食品有限公司果蔬出口加工基地配套项目建设，建成有孵化功能的哈东电子产业园，入园企业30余家。全年社会消费品零售总额实现稳步增长，总额实现89.2亿元，比上年增长12.1%。全县消费品市场运行平稳，城乡消费同步增长。2017年全县有大型超市6个，农贸、集贸、早晚市场16个，新增入统限上企业3家、个体工商户7家，电商企业16家，有各类电商平台18个。各平台主营的农副产品、山产品等货源大多依托本地，加速了宾县传统产业与电子商务的融合。中农置粮科技黑龙江有限公司获哈尔滨市电商示范企业荣誉称号。宾西牛业、高泰食品、宝泉米粉加工厂3家企业获得"龙江特产食品"证书。宾县庆红生鱼馆被评为哈尔滨市"老字号"企业。组织英杰万坤食用菌合作社和宾县小农夫蔬菜专业合作社参加了第七届深圳国际天然与有机产业博览会暨哈尔滨绿色有机食品展销会。2017年全县社会消费品零售总额实现97.37亿元，同比增长9.1%，九县（市）总量排名第4位，增速排名第3位。2018年全县社会消费品零售总额97.6亿元。网购和物流成为商品流通的新途径，外卖、快递成为新兴行业。

宾县商业发展既满足了宾县人民对日益增长的物质文化生活的需要，也拉动了城乡建设发展的广阔就业渠道。

第六节　农业现代化大提升

宾县农业坚持以供给侧结构性改革为主线，以构建现代农业生产体系、产业体系、经营体系为抓手，把农业结构调整、美丽乡村建设、精准扶贫作为战略性工作加以部署和推进，使农业综合生产能力和经济效益迈上了新台阶。

一、走特色发展之路

党的十八大以后，宾县加强规模农业的基地建设和新型农村合作经济组织建设，以及扶贫攻坚整体推进。2012年实施国家级粮食高产万亩示范区项目，建成满井先锋灌区扩稻改造项目，打造全县现代农业样板工程。扶持发展大型专业化畜禽养殖基地6个，实现畜牧业总产值39.7亿元；市级龙头企业7户，农村专业合作社达198个，产业化经营水平稳步提升。2016年按照"调优产业布局，调强经济作物，调高经济效益"的发展方向，在种植比例上实行减玉米，增大豆、水稻、杂粮、果蔬面积；巩固常安、宁远两个省级烤烟标准化生产示范区；打造国家级蔬菜种植标准园区永和菜业基地；建设居仁、太平山等食用菌基地；开辟林下经济；发展"两牛一猪"产业；新兴"互联网+农业"示范基地和电子商务产业园；加快农村劳动力转移创收等。2017—2018年持续深化农村改革，着力培育各类农村合作社、种养大户和家庭农场等新型农业经营主体。通过经营权流转、股份合作、代耕代种、土地托管等多种方式实行规模经营。全县具有一定规模的新型农业经营主体发展到205个，经营土地86万亩，促进了土地规模化、集约化经营。2018年农业生产稳步发展，实现农业总产值76.1亿元，比上年增长3.5%。

农业提速发展 党的十八大以来，宾县在农业发展上注重推进特色化、产业化、规模化发展。调结构、促转型、保增收，真正把宾县建成农业强县。2018年重点在以下几方面实现了新突破。一是农业产业结构调整不断优化。做强优势特色产业，着力打造蔬菜、肉牛、食用菌、烤烟特色县。全县发展蔬菜6.7万亩，其他经济作物3.2万亩；烤烟面积稳定在3万亩，实现产值9 800万元；年生产食用菌3 500万袋，红松果林发展到9.8万亩；建成鑫华泰肉牛、鹏联种鸡等高品质养殖基地，畜牧业质量效益进一步提升；建设生态高产标准农田2万亩；年粮食总产量保持在20亿斤以上。二是农业产业化水平显著提高。全县规模以上农产品加工企业发展到52家，市级以上农业产业化重点龙头企业9家。建成了一批与龙头企业联结紧密的种养加基地，高泰食品公司建设果蔬种植基地2.85万亩，形成了"三莓"、有机蔬菜等果蔬生产加工链，产品远销欧盟、俄罗斯、日韩等国家和地区。欧盟有机产品种植基地认证面积达到2.1万亩；无公害、绿色、有机农产品达到69个；宾西牛肉荣获国家驰名商标，居仁大米获批地理标识。三是努力推进乡村振兴战略实施。农业连年丰产、农民持续增收、农村和谐稳定，大批量农民在城乡之间长时间大范围务工转移，出现了许多亦农亦工、亦农亦商的新型农民。农村居住环境、道路交通、饮水安全、文化活动、生活水平得到较大改善，呈现出农业全面升级、农村全面进步、农民安居乐业的喜人景象。

北菜南销　宾县围绕绿色粮仓、绿色菜园、绿色厨房的发展理念，加快结构调整，大力发展蔬菜产业，促进农业高质量发展。"北菜南销"已成为黑龙江农村经济持续提升和农民脱贫致富的希望产业、潜力产业。哈尔滨市宾县永和菜业有限公司创建绿色无公害设施蔬菜基地，成为一张靓丽的品牌。2018年基地有设施蔬菜4 500亩、露地菜5 300亩，钢架大棚1 700栋。公司常年和季节性用工700多人，人均务工年收入2万元左右。许多农民将土地流转给企业，全家成为企业工人。该基地所产蔬菜绿色新鲜、质优价廉，除供应哈尔滨市及本地市场外，大部蔬菜销往杭州、义乌、温州等农产品批发市场。当年蔬菜产量达2万吨，其中南销蔬菜1.2万吨，仅西红柿南销额就达5 000多万元。实现了蔬菜生产加工、冷藏贮运、市场建设、物流配送链条式发展。宾县成为北菜南销基地县。

二、规模化养殖

党的十八大以后，中共宾县委、县政府充分发挥资源优势，紧跟市场需求，坚持走"基地化建设、规模化经营、产业化发展"之路，实现了畜牧业规模、质量和效益同步提高。2015年全县黄牛及肉牛存栏41.8万头，生猪存栏43.8万头，羊存栏3万只，家禽存栏431万只，各类大、中型养殖户不断涌现。这些中型以上养殖场，标准化程度高，配有自动饮水设备，自动通风和温控系统及粪污处理等先进的饲喂管理技术。

2018年宾县养殖专业场（户）发展到2 432个，其中：肉牛专业场（户）1 181个，生猪专业场（户）280个，禽类专业场（户）800个，其他（特种动物养殖等）171户，实现畜牧产值42.9亿元。占农业总产值的56.37%。出现了宾西牛业、安和牧业、鑫华泰肉牛饲养、祥云生猪饲养、鹏联种鸡、兴农科技发展公司等一大批高品质养殖先进典型。其中，宾西牛业安格斯肉牛二期新建牛舍70栋，面积5万平方米，存栏规模超万头；新建胜利鹏联种鸡场，养殖肉蛋鸡10万只；鹏程饲料种猪场，占地面积1.9万平方米，养殖规模2.1万头。畜牧养殖向规模化、专业化快速发展。

三、农业机械化普及提高

党的十八大以后，宾县农业机械拥有量大增，机械动力向大中型发展。

2017年随着农业机械化的普及，农业机械迅速增长。全县拖拉机拥有量29 218台（动力：512 426.6千瓦）；联合收割机5 157台（动力：245 327千瓦）；农用排灌机械7 482台（动力：60 276千瓦）；农副产品加工机械8 057台（套）；机械水稻插秧机666台。

田间生产机械化　2013年以后，随着土地流转向大户集中和农民对农业机械机具的需求，农业机械马力由小型逐步变为大中型，机尾配套机具也不断更陈出新。其功能越来越先进，农业机械化程度明显提高，许多大中型农户，家庭农机及组合机具应有尽有，配套齐全。从深松整地、播种插秧、喷药施肥到机耕收获全部实行了机械化。农村整体主要农作物生产全程综合机械化水平已超过90%，极大地节约了劳动力投入。农业机械化程度的提高，新型农业技术的推广促进了农村生产力快速发展。

农机新技术推广　2012年宾县承担国家"水稻育插秧机械技术"示范项目。以糖坊镇、新甸镇、民和乡水田面积相对较大的临江村、仁和村和立千村为重点，建立5个示范园区，面积2 525亩。此项目水稻亩增产50公斤，亩节成本48元。2013年以永和乡、宾州镇为重点，开展"无公害蔬菜栽培技术"示范项目面积500亩，示范推广玉米大垄双行全程机械化技术1万亩，水稻机械插秧技术5.54万亩，玉米保护性耕作技术0.5万亩，玉米机械化收获技术68万亩，水稻机械化收获技术8.8万亩，玉米秸秆捡拾打捆收储技术0.48万亩。2014—2016年，重点开展了"玉米大垄双行覆膜机械化种植技术"示范。示范面积4 500亩，亩增产玉米100公斤。2017年在永和蔬菜基地重点进行棚菜机械的整地、移栽、收获各环节的机械化技术。依托宾县树君现代农机合作社，落实了3 000亩大豆大垄双行机械化示范园区，取得比较好的示范效果。2018年大力推广秋季深松整地工作，通过安装深松整地检测仪进行远程精准统计，根据作业状态质量给予不同等级的补贴。当年全县秸秆全量还田2.3万亩，深松整地1.1万亩，碎混还田面积12.98万亩。

农机具补贴　2012—2017年，宾县共下发农机具补贴资金

4 164.4万元。新增45马力以上大中型拖拉机及配套农具1 172台（套），自走式玉米收获机220台，水稻插秧、收获、整地机械78台，其他播种、喷药、施肥等各类机具508台（套）。2018年根据《黑龙江省农业机械购置补贴工作实施方案》精神，推进补贴范围内所有机具敞开补贴，农业机具往大中型发展的势头十分猛烈。尤其是秸秆禁止野外焚烧，使之增添了许多玉米收获大型机械，为秸秆还田和秸秆利用奠定了基础。当年，核实全县购置各类农业机械2 011台（套），下发补贴资金3 012.23万元，农机综合能力显著提高，基本实现了农业生产过程的全面机械化。

农机合作社建设 为促进农村农业发展，推进集约化、规模化经营，鼓励经济联合体建设，积极扶持农机合作社建设。继居仁农机合作社组建后，2014年组建现代农机合作社4个，总投资1 400万元。即满井永富水田农机合作社、宾州树君现代农机合作社、永和东盛现代农机合作社、民和华英现代农机合作社。2016年新组建2家农机合作社，即糖坊国兴农机合作社，农机装备规模500万元，场库棚占地面积4 175平方米，入社农户333户，入社土地6 191亩；民和创隆合作社，农机装备300万元，场库棚用地5 767平方米，入社农户55户、入社土地2 362亩。2018年对全县7家农机合作社进行梳理、检查、整改和提高，10月份顺利通过哈尔滨市农机合作社整改领导小组验收。农机合作社实行自主经营、自负盈亏、利益共享、风险共担，主要从事农业生产和各类农机作业服务及为农民提供信息、技术、维修、培训、咨询等服务，促进了宾县土地合理流转和农业规模经营。

第七节　林业以造林护林为主

宾县山多林密。2017年宾县林业经营总面积122 850.5公顷，其中林业用地面积122 418.4公顷，占经营面积的99.6%。在林业用地中，有林地面积108 481公顷，占林业经营面积88.3%。

一、造林成效显著

2014年宾县坚持"普遍护林、大力造林、采育结合、永续利用"的方针，按照"社会营林、生态兴林、产业富林、依法治林"的总体思路，扎实开展各种营林工作。当年完成造林绿化2 733公顷，其中人工造林733公顷，村屯绿化85个，封山育林2 000公顷，义务植树60万株。2016年实施河流和侵蚀沟治理工程，累计河流清淤疏浚6 843米，治理侵蚀沟18条，生态造林506公顷，绿化村屯3个，道路160公里。2017—2018年，各国有林场计划利用林辅用地5年营造国家储备林7 463公顷，其中新造7 274公顷，占97.5%；现有林改培189公顷，占2.5%；在新造林中，营造红松260公顷，红松、龙丰果混交林7 014公顷。改培林全部改培红松林，不断提升森林质量等级。2018年完成造林480公顷，现有林改培120公顷。

二、林下经济发展迅速

近年来，全县林区充分利用森林资源，发展林下经济，扩大林业收入，已初步形成规模。至2017年，林下经济已形成六大主导产业。一是食用菌产业。发展成天顺、泉林、太平山三大食用菌合作社，年产食用菌3 500万袋，实现产值9 000万元。二是北药种植产业。北药种植面积540公顷，主要品种有林下参、五味子、灵芝、白鲜皮、芍药等，其中有6个林场种植人参328公顷。三是森林养殖产业。共养殖森林猪、森林牛、羊，森林鸡10万余头（只），蜜蜂数百箱。四是经济林产业。全县红松果林达3 200公顷，结实面积530公顷，年产松子6万公斤，实现产值120万元。地产果、大果臻子、葡萄种植也在逐年发展。五是绿化苗木产业。全县共培育绿化大苗200公顷，品种主要有色树、柞树、白桦、椴树、山槐等20余个品种。六是森林旅游业。主要依托县内著名风景区和大泉子、老爷岭风电场等发展旅游业。绿水青山就是金山银山，广阔无垠的林区潜在资源正等待着我们去开发利用，其发展前景一定非常可观。

第八节　社会事业蓬勃发展

党的十八大以后，践行全面建成小康社会的发展蓝图，宾县社会事业蓬勃发展，势头强劲。

一、教育事业欣欣向荣

宾县教育一直是强项，实现全面均衡发展。

教育网络全覆盖　2018年宾县有幼儿园49所（其中民办27所），学前班23个，在园幼儿6 441人。各类学校76所，其中，高等院校3所（黑龙江工程学院昆仑旅游学院、黑龙江农垦科技职业学院、哈尔滨信息工程学院），普通中学21所（高中3个），高中在校生7 619人，初中在校生15 710人；职业中学1所，在校学生1 909人；小学校23所，小学教学点27个，在校生26 217人；特殊教育学校1所，在校生182人。教育网络遍布全县。

　　教育经费有保障　2011年新建高标准宾县第一中学校。2012—2014年，投资6 050万元，完成学前三年行动计划，新建幼儿园20所；投资1 570万元，完成25个校安工程建设项目；投资1 812万元，建成标准化学校24所；投资848万元，完成火炉改造项目94个；投资4 063万元，易址新建占地面积4.1万平方米，建筑面积1.5万平方米的宾县职业技术教育中心。2014年对新增30台校车实施每台3万元政策补贴，对前期义务教育发展过程中产生的1 610万元债务，经审计核实后，分期进行化解。2015年完成5所学校标准化建设，对8所薄弱校进行改造升级。2016年完成12所义务教育标准化学校改造建设，其中新建学校1所，改扩建、维修11所，共投入资金5 556万元。经过不断改善高中办学条件，进行扩建改建，目前，县城三所高中校园占地面积已经达到23.84万平方米，建筑面积7.48万平方米。2017年扩建宾西、常安中心校和宾西一中，建成远程职业教育中心。2018年计划易址新建县标准化幼儿园，占地面积15 017平方米，建筑面积5 950平方米，筹建宾县第六小学。多年来，宾县政府在财力紧张情况下，仍优先保证教育经费支出。按照在校学生数，以小学生每生每年841元，初中生每生每年1 041元，职教学生每生每年3 000元，特殊教育学校每生每年4 000元生均公用经费标准，按季度直接拨付给中小学校。2012年以来，总计援助困难学生22 671人次，发放助学金总额2 438.8万元。

　　教学质量创优异　宾县教学质量在高考上能充分体现出来。2012—2014年，三年间，全县参加高考学生7 777人，被上级院校录取6 729人，总体升学率86.5%，位于哈尔滨各县（市）前列。2015年全县进入重本分数段人数472人，较上年增加37人，有1人以优异成绩考取北京大学。2016年全县高考600分以上70人，超过重本分数段的511人，普通本科589人，艺体科本科段160人，稳居哈尔滨市周边市县高中前三名。2017年高考全县理科最高分670分，文科最高分558分，超过600分人数49人，位列哈尔滨市周边县（市）第3名。2018年高考600分以上64人，进入本科录取分数段1 523人，进段率达到68.4%。普通高中强化艺体特长培养，提升高考升学率；职业教育面向社会培养专业技术人才，提高学生就业率。宾县职教中心成为"省部级重点职教中心学校"，宾县为"国家职成教育示范县"。

二、卫生事业稳步发展

2018年宾县有公立医疗卫生机构26家。其中：公共卫生机构2家；县级公立医院2家；专科医院2家；社区卫生服务中心3家；乡镇卫生院17家。全县公立医疗卫生机构编制总床位1 096张，专业卫生技术人员1 584人。全县共有村卫生室200家，卫生技术人员521人。

加强医院建设 2012年新建宾县人民医院外科综合楼1.7万平方米和扩建的县保健院投入使用。2014年投资3 000万元积极推进县中医院易址新建，建筑面积12.6万平方米。2015年投资283万元建设常安镇卫生院，建筑面积1 570平方米；投资1 089万元，建设宾西镇中心卫生院，建筑面积4 100平方米；投资823.6万元，建设宾县卫生监督所、结核病防治所和120急救中心。同时，位于宾西经济技术开发区的哈尔滨民生医院建设已投入使用，建筑面积16 200平方米，总投资6 000万元，有效地缓解了宾县公立医院就医压力。

优化卫生服务 深化卫生改革，转变工作作风，强化服务质量，提高工作效率。改善医疗卫生服务环境、服务设施和工作秩序。宾县卫生系统高度重视医风医德建设，开展以"医德好、服务好、质量好、群众满意"为核心的"三好一满意"活动。坚持以病人为中心，紧紧围绕病人需求，提供优质、高效、低耗、满意、放心的医疗服务，受到群众的好评。不断强化和完善新型农村合作医疗体系，扩大补偿范围和标准，不断提高政策报销比例，使看病难、看病贵问题得到有效缓解。2015年全县新农合参合378 349人，参合率为常住农业人口的100%。据统计，全县全年累计出院患者6.98万人次，统筹基金支付约1.4亿元。2017年根据《宾县健康扶贫工作实施方案》《宾县实施精准扶贫医疗救助工作方案》等文件精神，对全县2 922户、6 690名贫困人口完成了建档立卡和患病信息调查、核实、采集工作，实现了贫困人口健康信息精准管理，明确贫困人口就医特殊补偿政策，落实了"一站式"即时结报制度。同时，完成了平坊镇石洞村、宁远镇洪山村、永和乡北兴村、宾安镇立新村、经建乡永利村5个贫困村的标准化卫生室建设。

抓好公共卫生服务工作。以抓好13大类45项基本公共卫生服务、5项重大公共卫生服务项目实施为重点，努力扩大基本公共卫生服务覆盖面，把党和政府的惠民政策落到实处。截至2017年末，全县居民健康档案累计建档44.7万份，建档率达86.04%；为65周岁以上老年人免费体检30 997人。全县疫苗共接种60 064针次，疫苗接种率96%以上；0—6周岁儿童健康管理累计22 946人，管理率达98.24%；传染病报告840例，发病率1.56%，报告率100%；全年新发结核病患者376例，总体患者追踪到位率98%。为3 267名高中新生进行了结核病专项检查。同时，全年组织多次健康教育培训和义诊活动，城乡居民健康意识、健康水平不断提升。

三、体育事业赶先超强

中共十八大以后，宾县城乡体育场馆建设成为宾县靓丽的风景线。宾州城内现有休闲广场2处、公园2处、体育场1处；新建的居民区内，都有供居民活动使用的小广场，设有常用健身器材；乡村所在地普及小型文体广场。群众性文化体育活动十分活跃。县政府多次组织举办了全县足球联赛、职工篮球赛、乒乓球赛、环城长跑健身活动等，承办了全省县级象棋比赛。共举办城乡体操舞蹈会演活动8场次。城乡广大群众自发的早晚户外锻炼已成为一种习惯、一种常态，把娱乐与健身结合，在陶冶情操中锻炼身心，进一步推动了全民健身运动的开展和普及。竞技体育争得好名次。2015年宾县参加了哈尔滨市青少年速度滑冰比赛，个人取得单项5个第2名，团体总分第6名；参加哈尔滨市青少年举重比赛，取得县（市）组团体总分第2名；参加哈尔滨市跆拳道比赛，取得县（市）组团体总分第1名；参加哈尔滨市青少年田径比赛，个人取得单项1 500米第3名、第4名，800米第2名。2016—2017年，宾县又多次参加市级田径赛，竞技成绩在全市各县中名列前茅。其中，2017年组织参加的哈尔滨市青少年举重比赛，荣获县（市）组团体总分第1名，获得个人单项3块金牌、4块银牌、2块铜牌。

在竞技体育发展中，宾县体育人才辈出，多次在国际、国家、省、市比赛中获得好成绩，尤其是从宾县走出去的体育精英更是引以骄傲。亚运会女篮冠军、中国女篮队长苗立杰，世界大学生运动会女子铅球冠军武宪春，亚冬会越野滑雪冠军郭东玲，冬奥会女子3 000米短道速滑接力赛冠军张会及全国锦标赛举重冠军孟宪娟，连续三次获全国比赛滑雪冠军郭焱等一大批优秀运动员。为国家输送了人才，为家乡争得了荣誉，宾县多次被评为全国群众体育先进县称号。

四、文化事业彰显优势

2015年宾县精心组织，统筹安排，成功地举办了内容丰富、喜闻乐见的多项群众文化活动。开展送戏下乡33场次，观众达4万人次；组织开展了"魅力宾县，百姓舞台"全县文化活动系列文艺演出活动，县直党委和业余团体参演节目13场次；举办了秧歌健身操表演，宾县首届农民文化节活动；组织参加哈尔滨市合唱艺术歌会大赛，并获优秀组织奖；组织部分农民画作者和作品参加第二届中俄文化艺术博览会和江西万安农民画展等；举办了黑土地上的抗战——"驱逐倭寇，还我河山"纪念抗日战争暨世界反法西斯战争胜利70周年图片展；组织了"重走抗联路，再塑英雄魂"活动。还举办了宾州诗会、书法大赛等文化活动，极大地丰富了群众的文化生活。2015年4月，哈尔滨市文联为宾县90后作家张晓光召开长篇小说《墟上春绿否》作品研讨会，省、市主要报刊进行了专题报道。当年，宾县文化单位及个人有18件诗词、文学、美术、摄影作品获得国家和省、市大奖。

2017年组织县专业和业余文艺演出队送戏下乡32场次，观众达5万人次；组织开展了"魅力宾县，百姓舞台"全县文化活动季系列文艺演出活动；组织县书法家开展送春联下乡活动；组织参加了黑龙江暨哈尔滨市首届"美丽家园，幸福生活"社区文化艺术节演出；县文化体育局组织6支秧歌队参加了黑龙江省首届秧歌公开赛，荣获丁香花奖杯2座、玫瑰花奖杯3座、二等奖奖杯1座、三等奖奖杯1座；举办了"欢度国庆，喜迎十九大"廉政书画展；举办首届哈尔滨宾县英杰风景区五花山节开幕式；组织参加黑龙江省第四届"田野丹青乡土风"农民画展，参展作品49幅，获金奖1幅、银奖1幅、铜奖2幅；组织开展了"结对子，种文化"文艺演出活动。2017年6月6日举行了《陈云在宾县》一书首发暨赠书仪式，中央部委原有关领导张全景、朱佳木，陈云同志子女陈伟力、陈方等参加了仪式。同年6月14日，原中共中央政治局常委、全国政协主席贾庆林参观中共北满分局旧址和史迹陈列馆，同时参观了二龙山艺术村。在群众文艺活动方面，广大市民利用广场、公园和运动场地，自发地开展各种文化健身活动，使群众的文化活动健康发展。2017年9月25日，举行省级农民画创作基地揭牌仪式，省文联主席傅道彬、省美协副主席张玉杰、市政府副市长陈远飞到会祝贺。经建乡农村妇女郭丽华创作的农民画作品《收玉米》获省级金奖，并被选送到联合国总部参展。

2018年宾县作家协会、二龙山诗社、逸兴诗书画院、枫叶艺术团、常青树合唱团等群众性文化活动团体形成规模，场所固定，活动经常，发展势头强劲，有力地促进了全县文化事业的蓬勃发展。

五、通信事业发展迅速

通信业是近年来飞速发展的信息产业。2014年宾县固定电话用户4.1万户，比上年下降36.9%；移动电话用户35万户，比上年增长13.6%；互联网用户2.9万户。2017年宾县固定电话3.1万户，其中城镇电话用户1.8万户；乡村电话用户1.3万户，移动电话用户39.1万户；互联网用户7.5万户。2018年全县固定电话用户2.6万户，其中城镇1.5万户，乡村1.1万户；移动电话年末用户45.1万户；互联网用户8.9万户。由此可见，通讯信息业发展是网上交流、普惠民生、促进社会进步的新兴信息产业。

六、广电事业与时俱进

2017年宾县已经形成了调频广播、开路电视、有线电视、数字微波等立体综合覆盖的广播电视网络，传递自办电视节目1套，转播中央、省、市3套开路电视，城乡传递有线电视节目82套以上。电视自办节目有《宾县新闻》《新闻周刊》《记者观察》《身边》《法制民生》《直通生活》等专题栏目。2017年共发新闻稿件1 521篇，社会专题类86期，十余篇稿件在省、市获奖。2018年新开辟了《幸福都是奋斗出来的》《新春走基层》《最是家乡美》《劳动最光荣》《英烈志》等系列节目。

广播电视设备不断更新完善。2017年争取国家投资159万元，县政府匹配41万元，共计200万元，对广播电视发射台站基础设施、电力设施，发射机房及办公设施进行了全新改造。加强有线电视网络建设，宾县城镇居民有线电视用户4.6万户，达到97%，城网光缆长度35公里；农村17个乡镇有线电视均已开通，143个行政村，1 619个自然屯光缆开通，光缆总长度为2 774公里。2017—2018年，"宾县广电"微信公众号被作为全市区县（市）唯一一家媒体融合发展先进典型被推送至全省，开启了传统媒体与新媒体融合发展的关键一步。在微信公众号开设《新闻资讯》《微观宾县》和《政务服务》三大板块，为广大观众展现了宾县各项事业发展全貌，提供便民利民的新闻资讯。

七、城乡建设日新月异

县城建设崛起　2013年宾州镇城区开工建设项目30个，建筑面积85.98万平方米，棚户区拆迁526户，建筑面积9.6万平方米。2014年开工建设项目40个，面积75.8万平方米。实施棚改项目4个，即通达家园二期、大地花园新区三期、福成小区和学府名苑。2015年开发面积70.1万平方米。完成255户棚户区改造，拆迁面积2.95万平方米，回迁面积5万平方米。2016年新建四小学教学楼2 500平方米，开发商服住宅5万平方米，改造建筑立面37万平方米，改善供热面积110万平方米。2017年完成了公仆、桃李等4条道路改造及西北环路续建工程，铺装步道板1.8万平方米；设置公仆路停车位300个，通行条件有所改善；新增庙胡同移动式摊床100个，占道经营问题得到有效治理。新增集中供热入网面积14万平方米，共有换热站47个，供热总面积达610万平方米。分配廉租住房40套，发放廉租房补贴2 100户。2018年改造维修解放路、新丰路主次干道11条，更换步道板2.2万平方米，交通更加便利顺畅。恢复龙能垃圾处理厂生产，启动3万吨供水厂改扩建工程，升级供水管网及加压设备；改造老旧小区10个，惠及群众1 060户。宾县宾州镇现有住宅商服楼近千栋，高层住宅楼30多栋，城市建设成就令人瞩目，城市规模、城市功能、城市面貌列周边各县之首，成功创建省级文明县。

宾州河治理提档 2012—2018年，中共宾县委、县政府及相关部门，坚持不懈地对其进行整治，采取弯道取直、拓宽河道、河床清淤、河底铺砂石碎石、水泥块及石头护坡、河两边砌道牙石、栽种花木等措施，使宾州河面貌逐年改善。2016年进一步落实河长制，成立专门机构，明确河段分工，落实包保责任，制定整治标准，确定治理时限，改造铺设排水管线，堵塞排污口，清理淤泥垃圾，进行水下地上综合整治。2017年铺设污水管网680米，解决8处直排问题，使宾州河水质得到极大改善。

新农村建设升级 2013年宾县建设省级生态村16个。积极推进居仁镇电力、通讯、排水等基础设施建设和朝鲜族风情小镇特色民居、学校、老年社区等项目建设；全力推进宾西镇城镇建设提档升级及配套功能建设；稳步推进英杰温泉小镇以及友联村社区建设；统筹推进胜利、宁远等商贸集镇建设，加快人口向小城镇聚集。大力推进城乡环境集中整治，促进城乡环境整体改善和综合文明程度有效提升。2014年推进了英杰温泉小镇二期、旅游道路拓宽改造及杨家屯绿化亮化工程。积极推进哈佳铁路宾县过境段和木兰松花江公路大桥建设的基础工作。新建农民居住新区6.2万平方米。2015年推进宾州友联、居仁三合、糖坊永吉等

8个示范村建设，成功打造一批国家级、省级美丽乡村。友联村荣获国家首批美丽乡村。宾县荣获全国休闲农业与乡村旅游示范县。2017年维修乡村公路56公里，危桥7座；绿化村屯31个，道路36条，创建省级生态乡镇2个，生态村33个，完成泥草房改造861户。2018年新建维修农村公路110公里，桥梁12座；改造宾州镇、宾西镇公厕17座，建成宾西、宾州、胜利站前广场及配套设施，保障了哈佳铁路顺利通车；整屯实施永和大房子屯改厕70余户；建成秸秆固化成型燃料站36个。建设饮水工程719处，涉及村屯738个，其中新建饮水工程340处，改建饮水工程379处，总计投资12 708万元。经统计，全县已建设饮水工程屯1 462个，农村饮水条件与安全指数明显提高。宾县农村呈现生产发展、乡风文明、社会和谐、村容整洁、生活富裕的新气象。

第九节　脱贫攻坚

脱贫攻坚是中共十九大提出的关于打赢脱贫攻坚战三年行动的重要目标。中共宾县委、县政府深入学习贯彻习近平总书记扶贫战略思想，全面落实中央和省、市扶贫开发工作会议精神，瞄准脱贫目标，聚焦脱贫重点，强化脱贫措施，落实脱贫责任。因地制宜，因户施策，举全县之力，全力推进精准扶贫工作。

一、高位推进落实责任

中共宾县委、县政府坚持把脱贫攻坚作为最核心的政治任务和最重大的民生工程，强化组织领导，精心安排部署，坚持高位推进。2 017—2018年，组织召开县委常委会、县政府常务会、扶贫工作会、精准扶贫专项推进会以及争取上级政策工作会和金融

宾县革命老区发展史

部门协调会等20多次，及时研究精准扶贫工作中存在的困难和问题，确保各项工作快速推进落实。成立县委书记任组长，县委常委、县级领导干部分工负责的工作领导小组，落实县级负总责、乡镇为主体、部门搞帮扶的工作机制；实行县级领导包乡镇、党政部门包村、干部包户制度。在17个乡镇下派了驻乡镇工作队，5个贫困村有驻村工作队，包扶干部1 700多人。构建了上下贯通、层层负责的责任体系，实现了贫困村、贫困户包保帮扶全覆盖。形成了目标清晰、分工明确、措施有力的扶贫格局。县委主要领导认真履行脱贫攻坚主体责任，亲自推进，定期督导，跟踪问效。实行严格的督察督办制度，按照《精准扶贫任务分解表》分工，由组织部、纪检委、扶贫办共同进行专项督查，并将帮扶工作成效作为考核干部实绩的重要依据和内容。强化党员干部责任意识，着重解决思想认识不深刻、责任落实不到位、扶贫措施不精准、工作作风不扎实等问题，确保有效提升帮扶质量。

二、精准识别摸清底数

坚持把精准贯穿脱贫攻坚全过程。制定下发《宾县2018年度扶贫对象动态管理工作方案》，严格按照方案规定的脱贫标准、时间节点和脱贫程序要求组织实施。全县下发脱贫攻坚宣传单17万份、精准扶贫政策导航10 000册、扶贫手册7 000册。通过入户调查、民主评议及"两公示、一公告、一比对"，严把贫困户识别与退出关。实行建档立卡，张榜公布，召开村民代表大会集体评议，真正做到公开选贫，公正扶贫。以农户基本收入为依据，综合考虑住房、教育、健康等情况，做到精准识别。2018年宾县贫困户总数为2 944户，6 531人。年末已脱贫2 013户，4 450人；未脱贫931户，2 081人。贫困人口发生率降至0.42%。按照行政村贫困户发生率、村民人均纯收入和集体经济收入等因素，全县共

262

识别贫困村5个，分别是永和乡北兴村、宾安镇立新村、经建乡永利村、平坊镇石洞村、宁远镇洪山村。

三、多措并举分类施策

调动一切积极因素，共同给力脱贫攻坚。摸清每个贫困户的致贫原因，有针对性地制定脱贫计划。做到立足长远、跟踪帮扶，一帮到富，既扶贫又扶志。2017—2018年，宾县根据不同致贫原因和家庭现状，清晰分类，多措并举综合施策，必保达到"两不愁三保障"按期实现脱贫目标。

创办产业扶贫　充分利用产业扶贫政策，因地制宜、因户制宜、因人制宜，制定扶贫计划，确定扶贫项目，订立脱贫目标。2018年把握住光伏扶贫契机，谋划了光伏扶贫项目。项目总规模为5.66兆瓦，其中，投资650万元为4个贫困村建设了总容量为1.012兆瓦的村级光伏发电站。扣除运维成本后，可带动197户贫困户实现户均年增收3 000元左右。同时为1 574个贫困户建成总容量为4.648兆瓦的户级扶贫电站。户均增收可达3 000元。此项目于2018年10月实现并网发电，现运行良好，效益稳定。可有效运行不少于20年，是一项长久有效的产业扶贫项目。扎实推进种植业、养殖业扶贫。通过各种农业、农机和养殖合作社，带动贫困户入社脱贫。落实以永和菜业为重点的种植基地、鑫华泰肉牛养殖合作社为重点的养殖基地、泉林食用菌合作社为重点的食用菌产业项目9个，总投资2 255万元，带动贫困户1 219户实现脱贫。扶持贫困户创办个体产业增收项目，发展产业实现增收。通过扶持创办产业项目，使全县2 944户贫困户每户至少有一项可持续增收的产业项目，有力地保障了宾县脱贫攻坚工作总体目标的完成。

劳务输出扶贫　深入开展了"阳光工程"新型职业技能农民

培训活动。通过宾县职教中心招收中学毕业生进行专职培训和对农民的劳动技能培训，提高贫困户劳动技能。帮助引导和介绍剩余劳动力向本地、省外、国外输出劳务增收。如县内宾西开发区工业企业、烤烟、木耳、食用菌等生产基地及城市建筑工地、商饮、服务业、农贸市场等地就业；对外跨省到其他发达地区就业或创办实体；有部分劳务输出到俄罗斯、日本、韩国等就业，宾县年可转移贫困人口2万余人，创收近2亿元。

设施建设扶贫 积极推进危房改造，努力实施安居工程。2018年宾县完成危房改造767户，所有贫困户住房安全问题已全部解决到位。加快实施农村饮水安全提升工程，通过积极向上争取、县级财政自筹等途径，全年筹集资金1.3亿元，新建农村饮水安全工程719处。组建专项工作组，分工负责水质检测、工程施工、内业梳理等工作，确保工程质量和饮水安全。投资170万元，在全县5个贫困村建设村卫生所5个、综合活动室4个、文化活动广场2处，提高了贫困村屯群众的生活质量。

金融支持扶贫 积极组织贫困户利用金融扶贫政策，解决创办产业项目资金不足问题。2018年宾县人民政府牵头与哈尔滨农商银行宾县支行协商，共发放扶贫小额贷款7 272万元，全部投入到脱贫项目。

就医健康扶贫 多数贫困户是因病致贫，久病致贫。针对因病致贫比重较大的实际情况，2018年宾县为所有建档立卡贫困户办理城乡居民医疗保险和大病综合保险，解决贫困户看病难、看病贵问题。当年全县贫困人口均享受医疗保障政策，减轻贫困户医疗负担1 282万元。

教育救助扶贫 认真落实义务教育阶段家庭经济困难寄宿生生活补助政策，宾县每年为贫困寄宿小学生每生补助1 000元，中学生每生补助1 250元；严格落实普通高中、中等职业教育国家助学金政策，每年为贫困户高中生和职教生每生救助2 000元。2018年资助贫困学生693名，实现了救助全覆盖。同时，通过实施"雨露计划"、社会力量帮扶等方式，积极救助贫困学生和改善农村办学条件，先后筹资23.8万元，救助贫困学生196名，并为山区办学进行了捐助。

社会保障扶贫 坚持低保和扶贫"两线合一"，积极落实低保政策。到2018年宾县共有享受最低生活保障政策贫困户1 650户，2 847人；特困供养贫困户113户，切实做到应扶尽扶、应保尽保；投资23万元，为贫困户办理了农业保险和家庭财产险，为贫困户的生产生活提供了有力保障。组织和动员企业、社会团体、慈善机构和社会爱心人士资助贫困村、贫困户。全县涌现出许多帮扶工作先进典型。

第十节　居民生活向全面小康迈进

宾县把经济发展和社会进步的成果惠及全县人民，让人民享受到了改革开放建设有中国特色社会主义的红利，居民生活向全面小康目标迈进。

一、居民收入快增长

2013年宾县城镇居民家庭年人均可支配收入17 690元，比2012年增长15.3%；农村居民家庭年人均收入10 589元，比2012年增长12.3%；城乡居民储蓄余额66.1亿元，比年初增加8.9亿元。2017年城镇居民人均可支配收入24 699元，比2013年增长39.6%；农村居民人均可支配收入14 712元，比2013年增长38.9%；城乡居民储蓄存款余额106.7亿元，比2013年增长61.4%。2018年宾县城镇居民人均可支配收入26 240元，比上年增长6.2%，农村居民人均收入15 919元，比上年增长8.2%；全县社会消费品零售总额实现97.6亿元，比2012年增长77.19%，年均增长10.5%。城乡居民收入逐年增长。

二、住房条件大改善

2013年宾县城区实施棚改项目2个，完成征收526户，5.81万平方米。继续开展楼房立面改造，解决了旧楼破旧脏乱问题，完成改造投影面积40 000平方米。对入网后不热的33栋老楼进行供热管线分户改造，供热温度达到合格标准。解决13个小区物业管理不到位问题。全县完成泥草房改造13 107户，完成危房改造429户。2014年实施棚改项目4个，2 648户居民住宅和206户危房得到改造。宾州镇新增开发面积75.8万平方米。2015年实施棚改项目3个，完成泥草房改造1 110户，危房改造900户。2016年完成泥草房改造1 250户。2017年城乡居住水平继续提高，完成861户泥草房改造。维修老旧小区10个，1 260户居民受益。通过逐年建设与改造，城乡居民的住房条件显著提高，砖瓦化住房接近100%。

三、社会保险全覆盖

2012年宾县为"五七工"（20世纪六七十年代的城镇职工家属工）和"四场"（农林牧渔）人员办理了养老保险手续。

2015年宾县全力推进城镇职工和居民参加医疗保险，参保人数达到9.5万人，参保覆盖率达到90%以上。发放参保机关事业单位离退休职工3 295人养老金14 475万元。当年全县共有26.43万适龄人员参加了城乡居民社会养老保险。60周岁以上7.92万人，共发放养老金7 427.8万元，保障了领取养老金人员足额、按月领到养老金。为全县被征地农民3 641人办理养老保险，发放养老金

514万元。2016年宾县老民办教师完成系统录入1 559人，累计发放养老金506万元；老放映员录入39人，均给予相应政策落实。2017年宾县社会保障体系进一步完善。企业养老保险参保率达到89%，机关事业养老保险参保率达95%，城乡居民养老保险参保率达到98.3%，城镇居民基本医疗保险参保率达到90%，新型农村合作医疗参合率达到100%。

2018年宾县有优抚对象2 900多人。当年12月成立宾县退役军人事务局，专项负责双拥优抚和军转干部管理与服务，其保障机制明显增强。

四、衣食住行增福祉

改革开放以前，自行车、手表、缝纫机、收音机是家庭生活好标志的"四大件"，如今已被现代的信息工具、配套的农用机械、齐全的家用电器和先进的交通工具所代替。城乡基本普及彩色电视、冰箱、洗衣机和手机、电脑；城镇90%以上居民住上楼房，多数家庭拥有轿车；乡村居民住房基本实现砖瓦化，有的还在城镇购买楼房，城乡两居；家有摩托车、农用车等生产交通工具，富裕家庭还有轿车；人们穿着四季更换，新潮时尚；金银首饰老少皆带，休闲旅游不是奢望；大米白面，鸡鱼肉蛋，已是家常便饭；水果蔬菜，四季常见，山珍海味，随时品尝；富裕的家庭，出国旅游、出国求学、出国就业、大城市购房、"候鸟"迁徙过冬已不足为奇；文化活动丰富多彩，休闲健身已成潮流。人们过着幸福美满的生活，享受改革开放带来的各种福祉。

第十一节　前景展望

《宾县国民经济和社会发展第十三个五年（2016—2020年）规划纲要》的指导思想是：深入贯彻落实党的十八大、十八届三中、四中、五中全会和习近平总书记系列重要讲话精神，按照中央和省、市委的战略部署，牢固树立"创新、协调、绿色、开放、共享"发展理念，以"四个全面"为统领，以加快发展为核心，以改善民生为根本，以改革创新为动力，以从严治党为保障，坚持稳中求进总基调，主动适应引领经济发展新常态，坚定不移实施产业强县战略，全力抓招商、调结构、建项目、兴产业，推动哈尔滨都市圈卫星城建设，努力实现"撤县设区"目标，为率先实现全面建成小康社会奠定坚实基础。

一、发展定位

到2020年，全力把宾县打造成哈尔滨市东郊花园，宜居宜业新城，现代农业强县，全域旅游胜地。县域经济全省争一流。

加强生态建设，大力推进植树造林，修复水系湿地，加强大气污染防治，倡导绿色、循环、低碳发展，让宾县山更青、水更绿、天更蓝，成为哈尔滨的都市"大氧吧"。

统筹城乡发展，加快城乡一体化进程。以同三高速公路出口和哈佳铁路宾州客货站为牵动，推进县城向西北拓展，建设宾州新区，打造生态宜居家园；以宾西开发区产业发展为核心，加速产城融合步伐，打造宾西创业创新先行区；以美丽乡村建设为载体，建设一批精品示范村，打造美丽乡村特色景观带。让宾县成为哈尔滨东部产业蓬勃发展、人居环境优越的重要卫星城。

深化农业综合改革，调优种植结构，创新经营体系，健全服务体系，转变发展方式，提升农业质量效益，拓宽农民增收渠道，推动宾县由传统农业大县向现代农业强县转变。

实施全地域、全领域、全要素战略。推动景区、城镇、乡村互为联通，旅游业与相关产业融合发展，将宾县打造成哈尔滨市重要旅游集散地，国内知名休闲度假旅游目的地。

二、发展目标

在提高发展平衡性、包容性、可持续性的基础上，努力推进经济保持中高速增长，产业发展迈入中高端。到2020年，确保实现地区生产总值、城乡居民可支配收入比2010年翻一番以上，率先实现全面建成小康社会目标。

经济总量进一步增长。到2020年，地区生产总值年均增长6.5%左右；全社会固定资产投资年均增长10%左右；公共预算收入年均增长8%左右。社会消费品零售总额年均增长10%左右。

社会事业和人民生活水平不断提高。到2020年，城乡居民人均可支配收入年均增长8%左右，不断提高居民生活满意度和幸福感。现行标准下农村贫困人口实现全部脱贫。

生态环境质量得到明显改善。到2020年优良空气达到90%；地表水达标率达到90%以上；森林覆盖率达到32.5%；县污水集中处理率和垃圾无害化处理率分别达到90%以上和100%。

加快工业转型升级。以宾西开发区为主体，充分发挥宾县资源和产业优势，通过整合生产要素和创新要素，突破宾西开发区产业升级瓶颈，引领带动宾县发展。重点发展绿色食品及农副产品加工产业，加快发展光电新材料产业，探索发展对俄加工及服务贸易产业，稳定发展现代包装业，谋划发展战略性新兴产业，形成五大主导产业群。围绕骨干企业、旗舰项目整合生产要素和创新要素，拉长、加宽、增厚产业链条，引进、培植、孵化创新人才，探索采用并购投资、战略投资等资本运作方式，做大做强优势产业。到2020年，开发区规模以上工业总产值力争突破500亿元，主导产业产值占比超过60%。

推进农业现代化。以农业现代化为方向，以发展生态、绿色农业为重点，进一步调整农业结构、转变农业生产方式，打造农业新业态。使一二三产业整合，上中下游一体，产供加销互促，延长产业链。开发农业旅游业，构建符合农业现代化发展趋势的产业形态，提升农业规模化、标准化、机械化和品牌化程度。到2020年，全县耕地面积稳定在255万亩左右，粮食生产能力稳定在20亿斤以上，农业总产值年均递增6%。

壮大现代服务业。优化服务业空间布局，扩大服务经济规模和质量，加快发展旅游、商贸物流、科技、信息等现代服务业，全面提升服务业发展水平，打造宾县经济发展新引擎。到2020年全县服务业增加值占GDP的比重达到50%以上。

推进城乡一体化发展。以打造"宜居宜业活力城""集聚县域工业发展的哈东经济增长极"为目标，带动特色小镇和美丽乡村发展，构建宾县在哈尔滨都市圈的城市空间格局。

推进基础设施现代化。建立快捷畅通的现代化交通体系，构筑高标准的能源、市政设施体系，完善防灾减灾系统建设。到2020年，基础设施服务能力大幅提升，为经济社会发展提供坚实的基础保障。

促进城乡社会事业协调发展。坚持共享发展，以建设幸福宾县为目标，以提升基本公共服务均等化为重点，增大民生和社会事业的支出比重，促进各项社会事业全面进步，构建符合建设发展需求，覆盖城乡的社会公共服务体系。

实施脱贫攻坚工程。到2020年前，全县5个贫困村、6 115人贫困人口整体脱贫。

推动实现高质量就业。到2020年，城镇登记失业率控制在3%以内。

完善优质公平教育体系。到2020年，实现教育网络化，提高现代信息技术装备利用率。

加快医疗卫生事业建设。深化医疗卫生体制改革，完善县乡村三级医疗卫生服务网络。建立分级诊疗双向转诊制度，调整医疗服务收费价格，优化配置医疗资源，探索全科医生团队服务模式。到2020年，新建1个妇幼保健医院、3个社区卫生服务中心、4个乡镇卫生院。

完善社会保障体系。到2020年，城镇职工养老保险全覆盖，参保率达100%。推进职工医保、居民医保、新农合三项制度衔接，全县医疗保险参保率达100%。健全面向老人、残疾人和未成年人的福利补贴和重点人群分类实施制度，实现托底性民生保障的可持续发展。

大力发展文化体育事业。2020年完善好县级文化馆、图书馆、影剧院、博物馆等文化基础设施。建成相当规模的宾县历史图片和多媒体展厅。建立对俄地方文化合作交流机制。重点建成宾县标准化田径场地和体育馆。

宾县的发展进步有奋斗的昨天、腾飞的今天、更有辉煌的明天！

大事记

1879年

8月，吉林将军衙门派王绍元到此踏查，在苇子沟今宾州选定建官衙位置。

1880年

12月8日，经吉林将军衙门上疏，经吏部议奏，奉旨于苇子沟地方添设民官，设治宾州厅。

1881年

7月28日，第一任同知王绍元到任。

1900年

8月，俄船19艘入侵新甸，设立俄兵营，驻俄兵20人。俄兵上街抢劫商铺、搜捕妇女，仕商居民纷纷逃避，称为"跑毛子"。

8月16日，沙俄骑兵队200人入侵宾州厅，盘踞文庙书院，将书院破坏殆尽。

是年，俄人在老山头开发石矿，采块石铺哈埠路面和修哈尔滨东江桥，每月强用工匠近万人。

1901年

5月5日，驻扎新甸俄军官沙拉保夫带兵搜去高丽帽子武胜新军洋炮20杆。

6月19日，俄兵搜去捕盗营及刑房旧存各种枪械340杆。

1902年

10月，宾州厅升为直隶厅。在蚂蜒河地方设长寿县，在宾州直隶厅境内划出熟地34 148垧。

1909年

3月5日，宾州四乡群众2 000余人涌进宾州城，捣毁官盐局，把盐抢光，并要求官府衙门缓免田房税赋。

11月，设治阿城县。从宾州直隶厅划出宾人、宾民、宾康、宾乐、宾永、宾庆、宾臻、宾休、宾明等区给阿城。

12月，宾州直隶厅升为宾州府。辖阿城、同宾（长寿改同宾今延寿）两县。

1913年

3月11日，宾州府改称宾县行政公署，隶属吉林省，始称宾县。

1915年

12月5—8日，鸟河、栖板站和宾州四乡民众群起反对粮牙税，捣毁了当地粮牙公司。

1917年

10月，俄十月革命爆发，沙俄兵营撤离宾县。

1919年

5月4日，爆发五四运动，反帝反封建新思想新文化传播到宾县。

1928年

是年，共产党员臧稔从哈尔滨私立俄文专科学校回家乡糖坊一带秘密传播革命思想，开展反帝反封建革命活动。

1929年

4月18日，宾县行政公署改为宾县政府，县知事改为县长。

1930年

是年，中共地下党员冯仲云到宾县宾州、宾安、鸟河等地开展革命活动。哈尔滨地下党员安作宾、吕大千、张树声分别回家乡枷板站、老营口、三岔河开展革命活动。

1931年

7月，吕大千、张树声、孙宝太组织成立中共宾县中学工委支部，受中共哈尔滨市委领导。

9月22日，"九一八"事变后赵濯华、谭熹、陈焕锦等7人在宾县组建了东北反日义勇军军事委员会。月末成立军委司令部，赵濯华为司令。嗣后，与吉林自卫军右路冯占海部会合，改为右路军第三支队，赵濯华任支队司令。

10月12日，诚允为吉林省政府代理主席，11月12日开始在宾县城设立吉林省政府行署，署理省务、组织抗日。

10月，宾县中学以吕大千、李梦久为首组织反日救国宣传队，在城乡散发传单，集会讲演，唤起民众起来抗日。

1932年

1月，经中共满洲省委批准，建立中共宾县特别支部委员会，书记金策。特支设在玲珑山下罗家屯。

1月10日，日军飞机6架飞临宾县城上空，轰炸吉林省政府，投弹数十枚，炸毁民房数处，死伤10余人。

同日，吉林省代理主席诚允在宾县主持召开29个县的县长联席会议，共商团结各界御日侵略之策。

2月5日，日机12架，对宾县城投掷重磅炸弹，造成重大人员伤亡。

2月6日，诚允率部分人员撤离宾县退往巴彦县。

5月9日，首批日军守备队30余人占领宾县城。

5月20日，吉林抗日自卫军司令冯占海在宾县召开军事会议，制定抗日纲领，决定将吉林抗日自卫军改为吉林抗日救国军，推举冯占海为总指挥。

6月13日，冯占海、宫长海、姚秉乾率吉林抗日自卫队攻入宾县城，生擒伪旅长辛青山及其所属官兵百余人，俘虏宾县伪县长贾文凌及公安局长等伪官员20余人，2 000名伪军投降。

9月，孙朝阳部队进驻宾县城，1933年6月退出县城。

12月，共青团宾县特别支部委员会成立，季兴汉任书记。

1933年

1月，中共宾县特支由罗家屯迁到宾县城。在城区、满家店、三岔河等地组建抗日救国会。

春，中共宾县特支改组中共宾县中学工委支部为中共宾县中学党支部，吕大千任支部书记。

8月7日，孙朝阳部队被日伪军包围，赵尚志率队攻下宾县城，使之解围。之后，赵尚志被委任为该队参谋长。

10月10日，珠河东北反日游击队成立，赵尚志任队长。

月内，赵尚志率队收缴了西五甲、苇塘沟、二道河子、板子房、张家湾等地的伪警察署和反动大排队武装，惩治了一批汉奸走狗。

12月，日本关东军市村部队1个中队70人侵占宾县城。

1934年

3月2日，赵尚志率队在猞猁区黑山头下伏击日伪军"讨伐队"。

3月，李兆麟火烧满家店伪警察所。

5月9日，赵尚志率抗日游击队联合义勇军1 600余人，木炮轰宾州攻进县城后撤出，此战毙伤敌七八十人，击毙日本翻译1名，击落日机1架。

6月5日，赵尚志、李兆麟率部对日"三岔河之战"，击毙进犯之敌百余人。

10月11日，宾县由伪吉林省划归伪滨江省管辖。

1935年

3月，在宾县城建立中共宾县特支秘密联络机关——新宾书局。

5月13日，抗联三军二团捣毁日伪高丽帽子兵站，缴获大批军用品。

1936年

8月26日，抗联三军二师在关化新带领下，在宾安虎头山抗击日寇，歼敌43人。

1937年

4月，伪滨江省警务厅制造"4·15"流血事件，同年5月6日，中共宾县特支书记孙保太被捕；5月13日，特支副书记吕大千等被捕；7月21日，吕大千烈士就义于哈尔滨圈河。孙宝太也同时被害。

1940年

7月，日本福井、富山两县开拓团200户，到宾县全孝、元宝等村强收熟地44 500多亩，供开拓团耕种。

1942年

本年开始摊派劳工，4年间，宾县共出劳工1 700多人，许多人造成伤亡。

1943年

3月1日，伪宾县公署组成900人的勤劳奉仕队，3年期间，被迫出勤劳奉仕4 300多人。

1944年

12月，伪宾县公署催缴"出荷"粮1.89亿斤。

1945年

8月15日，日本裕仁天皇宣布无条件投降，伪满洲国告终。16日，日本开拓团被缴械投降。

9月上旬，经中共滨江省委哈东地委批准，赵三声任中共宾县临时支部工作委员会书记，臧稔任副书记。

11月17日，中共宾县工作委员会书记陈德京到任。

11月24日，中共北满分局机关、松江省工委和松江省军区机关迁入宾县，陈云同志率中共北满分局和东北民主联军北满军区开展革命工作。

12月初，季铁中回县，任宾县自卫大队政委。

12月上旬，东北人民自卫军三师二旅（黄克诚部队）剿匪进驻宾县。

12月31日，陈德京接任宾县政府主席。

1946年

1月，马斌任中共宾县委员会书记。

是月，组织随军担架队员4 000人、担架500副、大车300台，去吉林德惠。

4月，林立任中共宾县委书记。

4月14—25日，松江省第一次人民代表会议在宾县城召开，成立松江省民主政府，冯仲云当选省政府主席。

4月28日，哈尔滨市解放，中共北满分局、松江省委、省军区迁回哈尔滨市。

6月3日，土匪攻打自卫队，摆渡区农会主任张宏飞遇害。

6月20日，猞猁区自卫队叛变，中共猞猁区委书记齐英杰、指导员王云等牺牲。

8月，宾县开展土地改革。

12月15日，胜利区自卫队主任臧稔在杨家大沟遇害。

1947年

8月，邹家华任中共常安区工委书记。

9月末，县组织300台大车、1 000名民工到图们、梅河口、西峰等地为部队运送弹药、伤员，1948年2月完成任务回县。

1948年

1月，中共宾县委书记林立离任，调辽宁省工作。中共宾县委书记吴亮平到任。

2月10日，组织担架121副、786人，到白城地区担负第一线抢运伤员任务，同年8月末回县。

3月，中共宾县委召开侵犯中农利益纠偏大会，提出贫雇农要团结中农。

7月28日，召开宾县县直机关和区干部参加的公开建党大会。会上有89人（男78、女11人）被批准加入中国共产党。

10月，全县经过土地改革，向农民发放土地执照。

12月，农村开展政权建设工作。

1949年

5月10日，宾县政府发出行政区划通知，全县划分12个区、1个镇、181个行政村。

8月18日—26日，召开中共宾县第一次党员代表会议，出席代表93人，代表全县党员1 950人。

10月1日，中华人民共和国成立，县直机关、学校、单位召开庆祝大会。晚间，举行盛大火炬游行。

10月20日，宾县政府主席寒力到任，前任主席陈德京调省工作。

12月18日，宾县政府改称宾县人民政府，隶属松江省管辖。

1950年

1月中旬，县、区、村人民政府主席、副主席改称县长、副县长；区长、副区长；村长、副村长。

12月下旬，组织1 359名志愿担架队员赴朝，1951年回县。

1951年

2月11日，宾县组成225人的志愿赴朝民工担架连，1952年2月5日回县。

5月1日，城乡开展镇压反革命运动。

10月，支援抗美援朝，全县人民捐献飞机大炮款东北人民币189 661元。

1952年

1—2月，开展"反贪污、反浪费、反官僚主义"和"反行贿、反偷税漏税、反盗窃国家资财、反偷工减料、反盗窃国家经济情报"的"三反""五反"运动。

4月23日，县直机关召开万人大会，欢迎中国人民志愿军归国代表团和朝鲜人民访华团。

8月1日，机关工作人员开始实行公费医疗。

12月，李延新任中共宾县委书记，刘庆余任县长。

1953年

3月，县内实行粮食统购统销和定产定销定购到户。

3月下旬，1 500名民工到辽宁普兰店参加301国防工程建设，同年11月回县。

从6月起，全县职工工资停发工薪实物券，全部以货币支付。

12月，开展第一次人口普查。

1954年

1月1日，城镇人口从即日起实行粮食计划供应。

3月4—8日，宾县召开首届人民代表大会，出席代表307人。会议深入贯彻党在过渡时期总路线，推动互助合作运动。

9月，松江、黑龙江两省合并，宾县为黑龙江省直属县。

9月13日，棉布实行计划供应，开始使用布票。

1955年

7月，宾县烈士陵园建成。

1956年

1月5日，开始使用全国和黑龙江省地方粮票。

3月19日，全县实行小乡制，划分40个乡、3个镇，配备乡镇脱产干部338人。

5月5—10日，召开中共宾县第一届党员代表大会，选举产生第一届委员会，书记李延新。

5月，在职工内部开展肃反运动，先后开展5批，于1960年2月结束。

1957年

5—8月，国家投资，县内组织5 000民工修筑满井、糖坊、新甸江堤。

12月，全县城乡开始整风和反右斗争。

1958年

7月3日，宾县提出1958—1962年社会主义建设全面跃进规划（草案）。

8月，开始修建二龙山水库，1974年竣工。

同月，宾县划归哈尔滨市领导。

9月10日，全县建立18个人民公社。

10月8日，6千伏国网电由哈尔滨输入宾西，1959年11月9日输入宾州。

12月，全县建立200个集体食堂，实行集体就餐。

1959年

7月3—7日，中共宾县召开第二届党代会，大会选举钱兴门为第一书记。

8月，中共中央政治局委员、农村工作部部长邓子恢来二龙山水库视察。

10月23日，开发建设松江铜矿。

1960年

12月3—6日，召开宾县第四届人代会，房进禄当选县长。

1961年

是年，经建农业中学创鱼稻双丰收经验，校长孙显扬代表先进集体出席全国文教群英会。

1963年

11月26—29日，召开中共宾县第四届党代会，通过县委工作报告决议，胥效周当选为县委书记。

1964年

1月9—25日，中共宾县委召开三级干部大会，参加1 622人。传达贯彻"双十条"，开展以"阶级斗争为纲"的社会主义教育运动。

8月2—11日，宾县抽调377名干部组成社会主义教育工作队，进行系统培训后派往阿城、巴彦和呼兰县。

1965年

12月27—30日，召开宾县第六届人代会，赵玉山当选县长。

1966年

7月，宾县2 000多名中、小学教师集中到县城参加"文化大革命"。

1967年

3月，解放军某部团长率百余名官兵来宾县"三支"（支农、支工、支左）、"两军"（军管、军训），1968年8月结束。

1969年

6月13日，宾县革命委员会召开解放干部大会，先后解放各级干部114人，部分干部恢复工作。

9月，张向凌任宾县革命委员会主任，兼中国共产党宾县核心领导小组组长。

1970年

5月，建立宾州毛巾厂，同年12月26日正式投产。

是年，宾县城辟建运动场一处，占地面积24 080平方米。

1971年

1月，落实知识分子政策，调回部分插队落户教师回校任教。

1972年

4月8—10日，召开中共宾县第五届党代会，会议选举第五届县委，刘振东当选县委书记。

6月29日，撤销县革委文革组。

1973年

春，全县以社为单位建立18个农业专业队，后改为农建营，1978年解散。

11月，县开始宾北涝区治理。

12月20日，设立中共宾县委纪律检查委员会。

1974年

夏，开始治理宾东涝区，营造26条农田防护林带。

1975年

宾县开始烤烟种植。

1976年

4月，开展"反击右倾翻案风"运动。

5月12日—7月29日，宾县很少降雨，出现百年不遇特大旱灾，成灾面积达180万亩。

9月18日，宾县召开万人大会，沉痛悼念毛泽东主席逝世。

1977年

全国恢复高考制度。

1979年

2月，召开三级干部会议，学习贯彻党的十一届三中全会精神。

8月，对错划右派进行纠正，到年底有61人恢复工作。

11月，上山下乡知识青年开始返城，安置就业。

1980年

2月9—11日，召开中共宾县第七届党代会，会上选出41名县委委员，县委书记梁维玲。

9月，在平坊供销社、新立供销社庆华部、经建供销社永利部进行个人承包责任制试点。

10月5—9日，宾县政协四届一次会议，选举县政协主席孟庆喜。

10月6—8日，召开宾县第八届人代会，设立人大常委会，主任马占钧，赵振寰为县长。

11月，为响应中央号召控制人口增长，宾县有7 151对育龄夫妇报领独生子女证。

1981年

春，糖坊公社远景三队自发实行大包干生产责任制。

1982年

夏，二龙山水库旅游区正式对外接待游客。

9月18日，宾州镇自来水主体工程竣工。

12月30日，中共宾县委决定，农村全面推行多种形式联产承包责任制。

1983年

2月4日，县领导班子调整，中共宾县委书记赵振寰、副书记、县长钟显明。

3月15—17日，召开宾县八届三次人代会，选举王文波为县人大常委会主任，钟显明为县长。

6月21日，召开中共宾县第八次代表大会，选举产生中共宾县第八届委员会。

7月2—5日，土地革命、抗日战争和解放战争时期的老共产党员、老干部季铁中、赵三声和李延新、白明洁、王志忠等回访宾县。

9月，进行第三次人口普查。

10月31日，宾州糖厂建成并下菜开机生产。

12月1日，宾县棉布、棉花取消票证，敞开供应。

1984年

4月4—6日，召开宾县第九届人代会，大会选举钟显明为人大常委会主任，刘金泉为县长。

5月，基层政权体制改革，政社分开，全县划分6镇、16个乡、248个村，建立乡经委机构。

5月13日，县第五中学改为大千中学。

是年，宾县城居民改用以二龙山水库水为饮用水水源。

1985年

春，全县推行中、小学校，县、乡、村分级办学，分级管理体制，实行教师招聘制、校长选聘制。

7月1日，县级整党开始。

9月10日，县委、县政府召开庆祝第一个教师节和表彰优秀教师大会。

9月21日，方世昌任中共宾县委书记。

1986年

5月，全县超额完成"三北"防护林二期工程造林任务，受到地区行署通报表扬。

9月，中共中央政治局委员、国务院副总理田纪云到居仁、新立乡检查水稻、大豆生产情况。

10月16—19日，中共宾县第九次代表大会召开。九届一次全会选举产生县委新一届常务委员会，书记方世昌。

1987年

10月9—12日，政协宾县第六届委员会第一次会议召开。选举徐秉权为主席。

10月10—11日，县第十届人民代表大会第一次会议召开。选举方世昌为人大主任，选举刘金泉为县长。

11月14日，全县深化企业改革公开招标动员会召开。

1988年

3月1日，国家计生委主任彭佩云来县视察计划生育工作。

6月22日，中共黑龙江省委决定刘金泉为宾县委书记，张力新为代县长。

1989年

4月17—19日，县第十届人民代表大会第三次会议召开，选举刘金泉为人大常委会主任，张力新为县长。

1990年

3月18—20日，县第十届人民代表大会第四次会议召开，选举何忠学为县长。

6月2日，满井乡遭受龙卷风袭击，掀掉房盖140间。

6月16日，满井、经建、新甸、摆渡、宁远、常安6个乡（镇）12 671公顷农田遭冰雹袭击。

7月1日，全国第四次人口普查，宾县登记人口557 985人。

1991年

2月3—5日，政协宾县第七届一次会议召开，选举产生县政协七届常务委员会，主席徐秉权。

2月4—6日，宾县十一届人代会一次会议召开，选举产生十一届人大常务委员会，主任乔忠仁，选举产生县长辛万金。

1991年2月—1992年6月，县组建工作队进驻乡村进行农村社会主义思想教育工作。

4月1日，宾县由松花江地区管辖划归哈尔滨市管辖。

12月，宾县被列为全国500个商品粮基地县之一。

1993年

11月20日，县委企业产权制度改革动员大会召开，开始实行企业产权制度改革工作。

1994年

1月6—8日，政协宾县第八届委员会第一次会议召开，选举产生政协宾县第八届常委会主席王显忠。

1月7—10日，县第十二届人民代表大会第一次会议召开，选举产生第十二届人大常委会，主任乔忠仁，选举产生县长朱清文。

3月29日，县政府印发《关于出租、拍卖林地使用权及实行股份合作造林的决定》，开始"五荒"民营。

5月，历时一年，全县分四期实施依法治村工作。

7月13日，宾县遭受了历史罕见的暴雨袭击，县委、县政府组织全县人民抗洪救灾。新立乡水利站长边洪举在大同水库组织抢险中以身殉职，被省政府批准为革命烈士。

8月5日，县委、县政府召开"7·13"抗洪抢险表彰大会。

8月—9月，实施工资套改。全县参加工资改革539个单位，11 088人。

9月，县第二中学、第四中学、大千中学三座教学楼落成，总面积11 010平方米。

10月，宾州镇开通有线电视。

是年，宾县进行经济体制改革工作，宾县被评为全国中小企业改革先进县。

1995年

2月28日，宾县政府常务会议决定建立有线电视台和县职教中心。

9月8日，宾县首届"金秋节"在二龙山举行，县内外各界人士5万人参加。

10月30日，民和乡青莲寺复建后举行开光庆典，原省长陈雷参加并书匾额"青莲寺"。

11月6日，中共哈尔滨市委决定朱清文任宾县委书记，辛万金调任市林业局局长。

是年，开始建设同三公路（同江—三亚）代号G1011高速公路也称010国道，宾县过境段92公里。

1996年

1月9—12日，宾县第十二届人代会第三次会议选举李松林为县政府县长。

是月，宾州酿酒总厂宣布破产。

2月1日，中央政治局委员、国务委员兼国家体改委主任李铁映到县视察，肯定宾县国有企业改革工作。

3月16日，县委组织千人下乡，深入村、屯落实党的农村政策，清理农民负担等。

5月，宾县儿童福利院举行揭牌仪式，收养孤儿40名。

8月25日，中共中央政治局委员、国务院副总理邹家华到县视察产权制度改革、黄牛工程、中共北满分局旧址。

9月，经建乡栋树村村民梁谦参加国家计生协会组织的先进事迹报告团，在北京人民大会堂作首场报告。国家计生协会授予梁谦计划生育模范个人荣誉称号。

9月，取消城镇居民供应粮制度。

1997年

3月14日，宾县委组织2 000名干部下乡，抓春耕生产，落实农村政策，清理农民负担，村班子建设，扶贫帮困等。

7月1日，在体育场举行庆"七一"迎香港回归万人大会，宾县五大班子领导到会。

8月30日，省内第一条高等级公路——同三公路宾县段竣工通车。

9月8日，李孟东任中共宾县委书记。

10月26—27日，政协宾县第九届委员会第一次会议召开。选举产生政协县第九届常委会，主席王恩华。

10月27—28日，宾县第十三届人民代表大会第一次会议召开。选举产生人大常委会主任董学文，选举产生县长肖建春。

是年，宾县荣获省农田水利建设"黑龙杯"竞赛金杯奖。

1998年

5月，宾县举办第六届全民运动会。

是月，宾县政府下发《宾县事业单位改革实施意见》，全县469个事业单位进行改革。1999年1月事业单位改革结束。

6—7月，穆棱、木兰、尚志、延寿、鸡东、阿城等县（市）计189人到县考察小流域综合治理工作。

8月，嫩江洪峰下泄，洪水超过各江堤段警戒水位，民和堤部分堤段决口。县组织车辆、人力抢救糖坊、满井、新甸3处国堤，筑子堤27.5公里。

9月，宾县"普九"工作经省、市检查验收为达标县。

9月15日，县抗洪抢险总结表彰大会召开。

10月，宾县委组织4 000人的工作队进驻全县249个村、1 634个屯开始促农工作，1999年4月促农结束。

1999年

1月30日，县委农村工作会议召开。会议要求贯彻县委十二届二次全会确定的"拓三黄，攻五山，兴一带，建强县"的经济发展思路。

2月1—3日，宾县委书记李孟东在全国"学法用法，依法治县"经验交流会上作经验介绍。

2月，宾县评剧团创作演出的歌舞小品《送粮路上》参加中央电视台元宵晚会演出。

5月，台商徐新益先生捐资117万元为摆渡乡顺迈希望小学建教学楼986平方米。

8月4日，县政府下发《关于国有企业下岗职工再就业优惠政策的通知》。

10月1日，中共宾县委、县政府在体育场举行建国50周年庆祝大会。

是年，龙珠集团投资开发建设二龙山龙珠滑雪场。

2000年

1月4日，中共宾县委召开讲学习、讲政治、讲正气"三讲"动员大会，副科级以上干部500多人参加。6月29日，县委召开"三讲"教育总结大会。

2月20日，省第五届农民科技大集在县运动场举行，副省长马淑杰到会讲话。省、市、县单位及各乡（镇）农民群众数万人参加。

3月，清理乡（镇）中小学校编外人员，共清退1 087人。

8月30日，由龙广公司经理高福捐资150万元、房产开发商傅云峰捐资20万元、占地2.45万平方米的县休闲广场举行竣工仪式。同时开工建设占地面积8.2万平方米的新体育场。

9月12日，国家十部委领导到民和立千村督察婚育新风进万家活动。

11月1日，宾县进行第五次全国人口普查，截至10月末，全县户籍人口538 710人。

11月2日，宾县委召开千人扶贫、千人下基层、千人问情求策"三千工程"工作会议。

12月，宾县评剧团排演现代纪实剧《厚土丰碑》，弘扬新立乡宣阳村原党支部书记武玉学模范事迹，在全省13个市（地）巡回演出68场。

12月5日，为期6天的第二届中国黑龙江国际滑雪节暨第17届中国哈尔滨国际冰雪节二龙山滑雪首游式在二龙山举行。

是年，宾州糖厂停产。

2001年

1月11—12日，政协宾县第九届委员会第五次会议召开，选举孙维先为主席。

2月，合乡并镇，青阳乡并入宁远镇；光恩乡并入常安镇；新立乡并入宾州镇；松江镇并入平坊镇；英杰乡8个村并入宾州镇，2个村并入居仁镇。合并后全县为10镇、7乡，由249个村合并成143个村。

6月24日，宾县一中举办建校90周年庆祝活动，校友1 000余人参加。

是年，县政府和民和乡、经建乡分别荣获全国"婚育新风进万家"活动先进县、乡称号。

是年，宾县被国家烟草总公司评为全国烤烟先进县。同年，被评为肉牛生产科技推广先进县。

2002年

2月5日，中共哈尔滨市委决定任继福任宾县委书记，王振范任副书记、代县长。

3月1日，县政府将乡（镇）教师工资上收县财政管理。

3月5—20日，实施县直机关机构改革，减少机构和编制。

3月13—15日，县第十三届人民代表大会第六次会议召开，选举韩国良为县人大常委会主任，王振范为县长。

7月，原鸟河乡党委书记徐锡成作为援藏干部任西藏自治区日喀则地区仁布县委副书记。

8月21日，哈尔滨宾安肉牛交易市场竣工。

9月11日，省政府批准建立哈尔滨宾西经济开发区。

10月25—27日，政协宾县第十届委员会第一次会议召开。选举产生第十届委员会，主席王晓光。

10月28—30日，县第十四届人民代表大会第一次会议召开，选举产生第十四届人大常委会，主任孙彦斌，王振范当选县长。

12月4日，国际滑雪节哈尔滨赛区开幕式在二龙山龙珠滑雪场举行。

是年，三宝乡、常安镇、宁远镇、平坊镇被国家批准为二类革命老区。

2003年

全县抗击"非典"疫情传播。

7月，黑龙江省原省长陈雷到中共北满分局宾县旧址参观。

9月29日，松花江大顶子山航电枢纽工程在满井镇江南村举行奠基仪式，省市领导出席仪式。

2004年

全县五保户由县财政统一供养，统一拨款。

开始实行农村税费改革，实行"一免两补"，极大地减轻了农民负担。

2005年

4—5月，维修建设"中共北满分局旧址"和"中共北满分局史迹陈列馆"。

6月13日，举行纪念陈云100周年诞辰暨中共北满分局史迹陈列馆开馆仪式。

7月，陈云之子、国家开发银行董事长陈元在哈尔滨市长石忠信陪同下瞻仰"旧址"和"陈列馆"。

是年，县政府出台《宾县农村居民最低生活保障实施方案》和《宾县城镇居民最低生活保障办法》，开始实行城乡低保制度。

2006年

7月18日，省内最大的肉类屠宰加工生产基地——黑龙江宾西牛业有限公司20万头肉牛加工项目在宾西开发区建成投产。

11月30日，中国共产党宾县十四届一次全会选举新一届县委班子，任继福当选宾县委书记，高福仁、赵革当选县委副书记。

12月18—19日，政协宾县第十一届委员会一次会议召开，高巍当选为主席。

12月27—29日，宾县第十五届人民代表大会召开，孙彦斌当选人大常委会主任，高福仁当选县政府县长。

是年，宾县经济综合实力排名跨入全省十强县。

2007年

1月1日，成立宾县新型农村合作医疗管理委员会，正式启动新农合试点工作。

5月16日，宾州镇城区集中供热工程举行奠基仪式。

9月10日，中共宾县委、县政府举行宾西开发区建区5周年庆祝活动，干部群众近万人参加。

10月3日，宾县城新公交车正式通车运营。

10月18日，县政府签署划转满井粮库为中储粮直属库协议书。

11月22日，哈尔滨市县域经济发展现场会在宾西开发区设立第一个参观现场，哈尔滨市八区十一县党政一把手参加会议。

是年，新建宾县妇幼保健院。

2008年

是年，宾西宾成铁路奠基开工建设。

2009年

2月，马旦曰任中共宾县委书记。

6月14日，第十四届"哈洽会"哈尔滨区域经济合作说明会在宾县召开，来自深港地区的企业代表及哈尔滨市各区县（市）主要负责人参加。

7月9日，宾县第十五届人民代表大会第四次会议召开，赵革当选为宾县人民政府县长。

2010年

6月26日，国务院批准宾西经济开发区晋升为国家级经济技术开发区，定名为"宾西经济技术开发区"。

10月，大顶子山航电枢纽工程竣工。

11月1日，第六次全国人口普查正式开始入户登记。

是年，新建宾县人民医院外科综合楼1.7万平方米。

2011年

4月13日，宾县招商引资项目集中签约仪式在宾西经济技术开发区举行，共有28个产业项目签订了投资合同，计划项目总投资33.3亿元。

11月27—29日，中共宾县第十五次代表大会召开，赵革当选为书记，刘金成、刘长河当选为副书记。

12月4—6日，政协宾县第十二届委员会第一次会议召开，满宏伟当选为主席。

12月7—9日，宾县第十六届人民代表大会召开，李大庆当选人大常委会主任，刘金成当选为县长。

是年，新建宾县第一中学建成使用。

2012年

6月24日，举行宾县一中"百年校庆"庆典活动。

是年，易址新建宾县职业技术教育中心。

是年，改造建设宾县体育场。

2013年

3月30日，香港"港人情深，志在龙江"百人经贸团深入宾西开发区考察。

4月6日，宾县产业项目招商引资签约仪式在宾西开发区举行，共签约产业项目23个，计划总投资164亿元。

4月25日，中共宾县委、县政府召开第十八届劳动模范、模范单位（集体）表彰大会。

2014年

2月19日，世界500强企业江苏洋河股份（苏酒集团）有限公司投资5亿元的白酒酿造、灌装生产项目正式签约。

2月22日，中共宾县委召开党的群众路线教育实践活动动员会议。

7月，哈佳快速铁路开工建设。

是年，投资3 000万元启动宾县中医院易址新建。

2015年

7月2日，郑永刚任中共宾县委书记。

是年，宾县荣获全国休闲农业与乡村旅游示范县；宾州镇友联村荣获国家首批美丽乡村称号。

2016年

10月，庄汝坤任宾县政协主席、中共党组书记。

12月14—16日，宾县第十七届人代会第一次会议召开，满宏伟当选人大常委会主任，任延辉当选为县长。

是年，新建宾县客运站。

2017年

6月6日，举行《陈云在宾县》一书首发暨赠书仪式，中央部委原有关领导张全景、朱佳木、陈云同志子女陈伟力、陈方等8人和参加哈尔滨"陈云与当代中国"研讨会代表约70人及宾县数百名机关事业干部参加了仪式。

6月14日，原中共中央政治局常委、全国政协主席贾庆林参观中共北满分局旧址和史迹陈列馆。

2018年

1月，宾县开始实施精准扶贫、脱贫攻坚三年规划。

9月30日，哈尔滨至佳木斯快速铁路正式通车。

12月，借助由中共哈尔滨市委主办、区县承办的"追梦40年"，哈尔滨辉煌成就摄影大展之机，通过生动写实的作品及文字介绍将宾县概况及发展宣传到深圳、香港等地。

是月，宾县举行2018年感动宾县人物（集体）颁奖典礼。

是年，宾县开展扫黑除恶专项斗争。

宾县历史沿革

宾县是黑龙江省哈尔滨市的下辖县，位于黑龙江省南部，东南以分水岭为界，与方正县、延寿县、尚志市接壤，北与巴彦县、木兰县、通河县隔松花江相望，西以蜚克图为界与阿城区为邻。总面积3 844.7平方公里，总人口569 697人（2018年末户籍人口）。

宾县早在虞舜时为息慎地；夏殷周为肃慎地；西汉、晋为挹娄；北魏为勿吉；隋为安东骨靺鞨；唐隶属渤海上京；辽为女真部落；金属上京会宁府；元属辽阳行省开元路合兰府；明属奴儿干都司。

清代时期

清初属宁古塔将军，1744—1880年（乾隆九年至光绪六年），归吉林将军阿勒楚喀副都统所属。

1880年（光绪六年）清廷批准在苇子沟建宾州厅，"宾州"由此而来。

1902年（光绪二十八年），宾州厅升为宾州直隶厅，在厅属地东南部成立长寿县（今延寿县），归宾州直隶厅管辖。

1909年（宣统元年），宾州直隶厅升为宾州府。辖阿城、延寿两县。

民国时期

1913年，宾州府改称宾县行政公署，隶属吉林省。即是"宾县"由来。

1931年，9月18日，日本帝国主义入侵中国东北。11月吉林省政府开始在宾县办公。

1932年，成立伪宾县公署。

1934年，宾县由伪吉林省划归伪滨江省管辖。

1945年，8月15日，日本投降，东北光复。11月建立宾县民主政府，由松江省直辖。

新中国成立以后

1949年，宾县政府行政区划，全县划分12个区、1个镇、181个行政村。

1954年，松、黑两省合并，宾县为黑龙江省直属县。

1958年，宾县划归哈尔滨市所属。全县43个乡（镇）合并为23个乡（镇）。后又改为18个人民公社。

1965年，宾县划归松花江地区公署所属。

1984年，基层政权体制改革，宾县划分6镇、16个乡、248个村。

1991年4月1日，宾县由松花江地区管辖划归哈尔滨市管辖至今。

2001年，合乡并镇。合并后全县为10镇7乡，143个村。

2018年，宾县辖12个镇、5个乡：宾州镇、居仁镇、宾西镇、糖坊镇、满井镇、宾安镇、新甸镇、胜利镇、宁远镇、摆渡镇、平坊镇、常安镇、永和乡、鸟河乡、民和乡、经建乡、三宝乡，共有143个行政村。宾县人民政府驻宾州镇迎宾路1号。

宾县英才

宾县英才辈出，历史人物蜚声，现代人物荟萃，英模榜上彪名。

从辛亥革命后的五四运动时起，面对四分五裂积弱积贫的中华民族，宾县知识分子代表邓洁民，奋起救国救民，学习借鉴俄国十月社会主义革命成功经验，信仰马列主义，追随孙中山、李大钊、周恩来，是宾县反帝反封建斗争具有影响的第一人，是哈尔滨市六大历史名人之一。

宾县早期的共产党员、中共党组织创立和主要负责人有吕大千、臧稜、冯仲云、张树声、金策等。

抗日战争时期，有爱国将领王以哲、抗日将领许亨植及抗日志士赵濯华、刘志恒、王哲、赵三声、孙太义、黄静亚、李光复、韩谋智、白明洁、刘烈志、何畏等。宾县的红军战士苏菲。

解放战争时期，张宏飞、臧稜、田俊若、齐英杰等壮烈牺牲。英雄范有才、刘家胜、王守金等，受到毛泽东主席、周恩来总理接见。

新中国成立后，宾县英模人物，主要有海军战斗英雄张逸民、抗美援朝战斗英雄范有才、烈士车臣才、空军英雄仇志民、20世纪80年代的刘英俊式英雄冯国文烈士等。

全国英模代表主要有：1957年宾县宾安中心校大队辅导员

董兰英，出席全国共青团第三次代表大会，受到毛泽东接见并合影。1960年宾安镇书记张喜被评为业余教育先进个人，出席全国群英会。1961年经建农业中学校长孙显扬出席全国文教群英会。

体育精英主要代表：代表国家速滑队参加5 000米国际比赛勇夺冠军的杨锦超；亚运会女篮冠军、中国女篮队长苗立杰；世界大学生运动会铅球冠军武宪春；亚运会越野滑雪冠军郭东玲；奥运会女子3 000米速滑接力赛冠军张会等。

全国劳动模范魏来春，全国模范教师王春晖，全国优秀教师刘友三、钱洪义，优秀班主任滕佩荣等。第七、八届全国人大代表陈华雄等。

从1950—2018年，荣获国家省、市级以上英模人物在百名以上。

在抗日战争、解放战争、抗美援朝战争以及在新中国成立后个别突发事件中牺牲的英烈千余人。

宾县英才是宾县人民的光荣与骄傲；是宾县人民的楷模与财富；是宾县人民与时俱进、奋发向上的强大动力。

革命遗址及革命纪念场馆

饮水思源，铭记历史；缅怀先烈，激励后人。新中国成立后，中共宾县委、县政府十分珍视革命老区红色资源，注重保护革命历史遗址遗迹，开发建设革命纪念场馆，大力宣传英烈事迹，使红色基因代代相传。

革命历史遗址

宾县革命历史悠久、厚重，在艰苦的革命斗争时期一批批革命志士、民族先驱、中华英烈，为祖国和人民上演了惊天动地的历史故事，留下了可歌可泣的革命历史遗址遗迹。

宾县第一个中共党组织成立地宾县大千中学

1931年7月，宾县早期共产党员吕大千、张树声和孙宝太成立起中共宾县中学工委支部委员会。吕大千任支部书记，张树声任委员。以中学为阵地，组织进步师生进行抗日救国活动。1937年5月13日，吕大千在宾县中学被宾县伪警务科警察抓走，面对敌人的审讯、酷刑、利诱，他宁死不屈、大义凛然、斗争到底。于1937年7月21日，英勇就义于哈尔滨圈河。1984年5月13日，中共宾县委、县政府将吕大千烈士战斗工作过的宾县中学原址建立的宾县第五中学命名为"大千中学"。现在校园内有吕大千烈士塑像。大千中学坐落在中共北满分局旧址西侧，是宾县教育质量较高的名校。

中共宾县第一个特别支部委员会成立会址——玲珑山

玲珑山位于平坊镇共和村罗家屯西北。1932年中共宾县党组织领导机关——中共宾县第一个特别支部委员会，在这里宣布成立。罗家屯附近的玲珑山东南方悬崖下有一天然山洞，洞内有石桌、石凳、石炕。为躲避日伪特务监视，选址在洞内召开中共宾县特支委员会成立会议，后成为特支革命活动地点。

中共宾县特支联络站——新宾书局

1935年3月1日，中共宾县特支在县城南门里道东设立新宾书局。发起人是特支书记孙宝太，具体负责人是中共党员韩谋智，是特支设立的秘密联络站。曾先后接转中共满洲省委、哈尔滨市特委、珠河中心县委以及抗日部队等大量信件和传单，吕大千特意制作了"新宾书局"匾额悬挂于书局门上。1937年5月，孙宝太被捕，"新宾书局"暴露。书局被破坏，韩谋智被伪警察带走。韩谋智严守秘密，7月20日被释放。韩将书局收拾一下继续开张营业，每天受特务监视，1942年停业。

抗日物资秘密输送地——香炉山联络站

香炉山位于平坊镇南，是宾县著名自然风景区。抗日战争时期，赵尚志将军率珠河反日游击队，在平坊一带开辟抗日根据地。当地群众很多人都与抗联有联系，有的直接参加抗日活动。1934年在香炉山北侧密林深处，有一为抗日游击队和珠河中心县委输送武器弹药、军需物资和转送信件的秘密联络站，负责人宋芳。他与南山一个出家人结交，利用特殊身份在庙里印发大批传单，又把筹集到的大批物资输送给抗日游击队。

三岔河之战遗址

三岔河之战遗址，位于三宝乡三岔村后王家屯。1934年6月5日，日伪军800多人包围了赵尚志、李兆麟率领的游击队司令部驻地后王家屯。凭借院墙炮台，赵尚志指挥抗联战士击退日伪军多次进攻，共击毙日伪军百余人，终于胜利突围，创下以少胜多经典战例，史称"三岔河之战"。战斗中共产党员、赵尚志亲密战友、中队长李根植英勇牺牲。

虎头山大战遗址

虎头山位于宾县宾安镇东枊板河畔。1936年8月26日，下午2时，日军守备队和县治安队200多人包围了抗联驻地李万斛屯和刘殿奎屯，抗联三军二师在师长关化新带领下，与敌人展开激烈战斗，战斗持续到27日凌晨4时结束，共歼灭日军43人，缴获很多战利品。

中共北满分局旧址

旧址位于宾州镇现宾县教育局院内。1945年11月24日下午，陈云率中共北满分局机关进入宾州城，分局机关住在院内一个天主教堂里至1946年4月28日撤离。期间，陈云在此居住和办公，许多重要文件、政令，都是陈云、高岗和张闻天等领导人在这里起草和颁布的。因此当时宾县有"东北小延安"赞誉。旧址室内保存有陈云当年用过的铁床、被褥、办公桌椅、油灯、壁炉等珍贵革命文物。1990年12月，被省政府批准为省级文物保护单位、黑龙江省红色旅游景点、黑龙江省爱国主义教育基地。正门上方悬挂邹家华题写的"中共北满分局旧址"匾额。

革命纪念馆

在宾县革命斗争史上，出现过许多做出历史性贡献的人物。其中老一辈无产阶级革命家陈云和从宾县走出去的爱国将领王以哲功勋卓著。在宾县建有二人的纪念馆。

中共北满分局史迹陈列馆

2005年仿中共北满分局旧址原貌的建筑风格，在旧址左侧建中共北满分局史迹陈列馆，建筑面积210平方米。2005年6月13日开馆，邹家华题写馆名，镌于馆门之上。被列为省级文物保护单位、爱国主义教育基地。展厅的主题为陈云与中共北满分局，是系统而翔实地展示中共北满分局历史和陈云同志部分生平业绩的传记性陈列馆。展厅面积150平方米，展示媒介用图片、文献、实物、文字和大屏幕电视等，回眸了中共北满分局历史风云和陈云当年率中共北满分局在宾县指挥松江、合江、牡丹江（绥宁）等省和哈尔滨特别市，65个县的建党、建政、建军、土改、剿匪、生产支前等一系列革命实践活动。

展厅正中显著位置，安放陈云半身塑像，令人肃然起敬。文字图片版块分12部分记叙了陈云和中共北满分局的斗争历史。展出的文物有：公文包、电台、马灯、军号、枪支、手雷、大刀、水壶、乌拉鞋、土地执照、房屋执照、东北解放纪念章等。展出的文献有陈云在北满分局时期的工作报告、信件手稿等。陈列着《陈云在宾县》等有关中共北满分局在宾县的一些传记书籍。展馆还存有党和国家领导及陈云子女等来馆参观的照片。

王以哲将军纪念馆

纪念馆坐落在以哲公园中轴线南侧，1993年为纪念宾县籍著名爱国将领王以哲将军而建。为哈尔滨市爱国主义教育基地。开馆于1996年王以哲将军一百周年诞辰之际。展馆共设两个展厅，馆中以大量的文字、图片、实物等记叙了王以哲将军的一生。其中有王以哲生平事迹简介、毛泽东给王以哲的信、周恩来冒险祭灵、邓颖超题词、中共中央追认王以哲为革命烈士、中共党员的决定等。是中共党史和中国革命发展史的历史见证。

烈士陵园

以哲公园

位于宾县城西南同三高速公路出入口处，占地3万平方米。是1952年始建的宾县烈士陵园，2004年称为"以哲公园"。园内建有革命烈士纪念碑、王以哲将军纪念馆、烈士墓群、烈士英名录等。

1986年，重新修建，竖立了革命烈士纪念碑。碑身正面镌刻"革命烈士纪念碑"七个金字，为陈雷省长手书。碑座镌刻的铭文是："中华沃土，战火硝烟；宾州儿女，共赴国难；驱虏杀敌，奋勇争先；舍生忘死，血染河山；丹心浩气，辉映宇寰；功垂青史，光照人间；缅怀先烈，修建陵园；竖碑镌文，流芳万年。""在抗日战争、解放战争、抗美援朝战争中牺牲的王以哲、吕大千、王哲、孙太义、何畏、齐英杰、张宏飞等千余名烈士永垂不朽！"现陵园内有烈士墓47座，无名烈士纪念碑1座铭记无名烈士33位。

园内苍松翠柏，庄严肃穆，幽静怡神，充满红色氛围。以哲公园是省级重点烈士纪念设施保护单位，哈尔滨市爱国主义教育基地、红色旅游景点。

糖坊烈士陵园

位于宾县糖坊镇。建于1966年，陵园内建有25米高的革命烈士纪念碑1座，现安放36位革命烈士陵墓。

后 记

宾县是国家级革命老区。按照国家、省、市老促会关于做好老区发展史编纂工作，即"1599工程"的统一部署，坚持以习近平新时代中国特色社会主义思想和党的十九大精神为指导，在中共宾县委、县政府的正确领导下，经过县老促会的积极运作和编纂人员的辛勤努力，仅用一年多时间，便完成了《宾县革命老区发展史》的编写工作。全篇总文字量达20余万字，是从革命老区视角记载宾县革命斗争历史和老区发展成就的具有重要史料价值的历史书籍。

《宾县革命老区发展史》一书，记叙了从清·光绪六年（1880年）至2018年近140年的发展历史。主要以老区人民革命斗争光辉历程为重点，把篇幅主要放在革命斗争史部分，讲好红色故事，传承红色基因。尽可能做到政治的严肃性、历史的真实性、事件的准确性、内容的可读性相统一。突出在不同的历史时期，老区人民不屈不挠、浴血奋斗所做出的巨大牺牲和重要贡献；突出社会主义革命和建设时期经过艰苦创业、不懈努力，全县经济社会所取得的发展进步和光辉业绩；突出改革开放40年，特别是党的十八大以来，在中国特色社会主义进入新时代的飞跃巨变中，中共宾县委、县政府带领全县人民团结奋进、攻坚克难所取得的辉煌成就和积累的宝贵经验。弘扬主旋律，传播正能量，为经济社会全面振兴发展凝心聚力。

　　《宾县革命老区发展史》终审稿能在编纂时间短、内容涵盖广、历史跨度大、资料搜集难的情况下，为确保史书质量，经过多次校对审读，几易其稿如期完成。得益于县委、县政府领导的高度重视，县委副书记苏晓明同志亲自主持召开专题会议部署此项工作；得益于县组织部、宣传部、文旅局、史志档案馆、财政局、统计局、发改局、扶贫办等部门的大力支持和县、市、省三级审读把关；得益于编纂人员的辛勤劳作和一丝不苟的敬业精神；得益于省、市老区建设促进会领导、专家学者的指导和县内外人士的热情相助。在此一并表示感谢！

　　由于编者水平有限，时间仓促，加之有关资料搜集不全等原因，致使此书稿还存在一些问题和不足，敬请读者批评指正。

编者

2019年11月